2012年教育部“新世纪优秀人才支持计划”（NCET-12-0280）
国家自然科学基金面上项目“不同市场状态下基金投资行为与市场稳定”（70872052）

金融学论丛

中国证券投资基金功能及其对资本市场影响的研究

——基于公司财务视角的经验证据

RESEARCH ON THE FUNCTION OF CHINA'S SECURITIES INVESTMENT FUNDS AND THEIR IMPACT ON CAPITAL MARKETS

姚　颐　刘志远◎著

北京大学出版社
PEKING UNIVERSITY PRESS

图书在版编目(CIP)数据

中国证券投资基金功能及其对资本市场影响的研究:基于公司财务视角的经验证据/姚颐,刘志远著.—北京:北京大学出版社,2012.12

(金融学论丛)

ISBN 978-7-301-21841-9

Ⅰ.①中… Ⅱ.①姚… ②刘… Ⅲ.①证券投资-基金-研究-中国 Ⅳ.①F832.51

中国版本图书馆CIP数据核字(2012)第311180号

书　　　名:中国证券投资基金功能及其对资本市场影响的研究
——基于公司财务视角的经验证据

著作责任者:姚　颐　刘志远　著
策 划 编 辑:叶　楠
责 任 编 辑:叶　楠
标 准 书 号:ISBN 978-7-301-21841-9/F·3457
出 版 发 行:北京大学出版社
地　　　址:北京市海淀区成府路205号　100871
网　　　址:http://www.pup.cn
电 子 信 箱:em@pup.cn　　QQ:552063295
新 浪 微 博:@北京大学出版社经管图书
电　　　话:邮购部62752015　发行部62750672　编辑部62752926
出版部62754962
印　刷　者:北京鑫海金澳胶印有限公司
经　销　者:新华书店
730毫米×1020毫米　16开本　16印张　261千字
2012年12月第1版　2012年12月第1次印刷
定　　　价:39.00元

本书得到2012年教育部“新世纪优秀人才支持计划”(NCET-12-0280),国家自然科学基金面上项目“不同市场状态下基金投资行为与市场稳定”(70872052)、“政府监管、询价机制与IPO高抑价研究”(71272187)、“制度环境、投资者情绪与企业投资行为(71072099)”,以及南开大学2011年基本科研业务费专项资金项目(NKZXB1116)的支持。

前　言

长期以来,我国股市中的投资者主要由中小散户构成,这种投资者结构一直被认为是中国股市剧烈波动的主要原因。而在成熟的资本市场,机构投资者占比较高,具有重要的市场地位,成为资本市场繁荣的重要助推器。正是借鉴于此,发展以证券投资基金为主体的机构投资者,成为我国资本市场的必然选择。那么,从1998年我国首只规范后的封闭式基金诞生,到2001年开放式基金诞生,再到现如今,历经15年迅猛发展的证券投资基金已成为中国股市最大的机构投资者,至2012年年末基金净值总规模已达到2.8万亿元,作为专业投资机构对资本市场发挥了极大的影响力。那么,基金的发展是否实现了“促进理性投资,减少市场波动”的初衷?在完善上市公司治理方面作用几何?其与成熟市场的基金又有何异同?在对证券投资基金持续10年的研究中,笔者通过理论与实证分析,对基金的融资功能、投资功能、公司治理功能进行了系统、深入的探求。

从战略意义上讲,培育本土机构投资者对一国资本市场长期健康、稳定的发展意义深远,本土机构投资者的有力支持也是规避金融危机的重要因素。然而,不同于国外成熟市场的是,目前我国尚处于资本市场发展初期,机构投资者未实现均衡布局,形成基金一方独大的局面:2009年年末基金持股市值占所有机构投资者的78%,其后大盘下跌基金市值严重缩水,但基金所占份额一直保持在50%以上。在这种态势下,基金的投资行为在引导资本市场的同时,给资本市场带来正反两方面的显著影响。积极方面:基金的入市能够增加资金供给、带来投资理念的变化、减小股指波动幅度、降低大股东“一股独大”所产生的治理风险。消极方面,则可能会导致如下风险产生:开放式基金的赎回压力所引发的流动性风险、基金在有限理性下的羊群行为、投机行为所引发的市场风险,以及基金与基金投资者间的委托代理关系导致对上市公司的监督不力,形成新的公司治理问题,这些风险经过叠加可能会导致更大的市场风险。

另一个值得重视的问题是:我国基金的诞生、发展属于一种强制性制度变迁,被赋予稳定股市的职责,但同时,基金又天生具有逐利本质。如此一来,我国基金的目标定位就产生了矛盾与冲突,它既不是独立运作的市场主体,又不是政府主导下的平准基金,而是二者的混合体。在双重目标下,基金的运作产生了诸多问题,它所发挥的功能也出现了变异。

我国基金发展的实践与特征表明,基于发达资本市场所获得的研究结论不能完全适用于我国新兴市场。因此,针对我国机构投资者的研究极具紧迫性和现实意义。此项研究的不足会导致两方面问题:一是从国外共同基金的成功经验推断我国要大力发展基金,忽略了制度环境和制度安排的差异,导致推理依据不足;二是以我国基金在资本市场中暴露出来的问题质疑监管层发展基金的思路,导致监管思路的摇摆不定。由于理论研究的系统性和前瞻性不足,因此对于我国资本市场是否应该大力发展基金以及如何发展基金的定位不清。

金融中介的功能观理论表明(Merton & Bodie,1993,1995),基金生存和兴旺的目的是为了实现资本市场的功能,提高资本市场的效率。功能观强调金融中介和金融体系之间的动态关系,同时也明确了政府对基金监管的方向和目标。本书将借鉴功能观理论对我国证券投资基金的融资功能、投资功能和公司治理功能进行系统性研究。基金的这些功能并不是各自为战、孤立存在的,它们是一种监管制度安排下的连锁反应,比如基金的融资会对其投资产生重要影响,而基金的公司治理功能又受到基金融资、投资的重要影响。

研究结论如下:

(1) 基金的融资功能。许多国外文献证实了基金业绩和现金流之间存在正向激励关系,但从我国的实证研究看,这种正向激励效应并不存在。进一步的研究发现,明星基金的品牌效应可以为明星基金带来净申购,但是并不能够对同家族的其他基金带来溢出效应。这表明基金公司的“造星”策略,对明星基金是有效的,但并不能够惠及同家族的其他基金。

(2) 基金的投资功能。首先,本书研究了震荡市场下基金的交易策略,发现机构投资者的交易行为从长期趋势看强化了市场的动量效应,加剧了市场的不稳定性,而且机构投资者和个人投资者对政府干预的认知与解读完全不同。在市场处于极度悲观时,政策利好能给机构投资者带来信心,但是对个人投资者不起作用,也就是说,个人投资者不看重政策的远景规划,更看重眼前的利益兑现。其次,本书对基金投资是否追求价值进行实证研究,发现基金作为知情交易者追求价值,并提高了市场的定价效率。最后,本书量化了基金的价格压力效应,发现基金完全退出时的价格压力最大,从幅度上看远高于基金首次重仓买入和进行增仓调整,这表明基金集中性卖出股票时支付了较高的压力溢价。

(3) 基金的公司治理功能。随着基金投票权价值的提高,本书发现基金持股可以加强对中小投资者的保护,该研究结论对我国现有股权结构下更合理地配置股东权利提供了新思路。但本书也指出,对基金投票的独立性必须严加监管,否则会产生新的代理问题,证据是在股改巨大利益的驱动下,出现“贿票”、“拜票”,上市公司向机构投资者进行利益输送。

总之,开放式基金是一种舶来品,其原型是美国的共同基金,本书比较了两种基金在两个市场下所发挥的不同作用。美国共同基金的积极作用为:活跃了资本市场,向市场源源不断地输入增量资金,有利于提高公司治理水平。但它也产生了一些消极作用:其“追涨杀跌”的动量交易策略加剧了市场波动性,是美国三大机构投资者(养老金、共同基金、保险公司)中投机性最强的机构投资者。同时,美国共同基金行业的运作几乎不受任何政府干预,是一种完全的市场化力量。

比较而言,我国证券投资基金与美国共同基金既有相似性也有不同点。我国基金从诞生到发展是一种自上而下的强制性而非诱致性制度变迁,其运作受到政府的干预,具有如下突出特点:我国开放式基金的融资能力远不如美国共同基金,基金规模的增长更多是靠不断地“发新补赎”。另外,美国共同基金是一种纯粹的市场力量,而改进后的中国基金虽然具有“追涨杀跌”的本能,但多多少少在承担稳定市场的职责。在这种双重目标下,我国基金所表现出的纯粹的财务利益追求者的角色效应弱于美国共同基金,投机性被淡化,但同时创新性也受到极大的压制。其市场化属性被淡化的同时,所发挥的股东积极主义作用也远不如美国共同基金。

由上述研究结论,本书提出如下建议:

(1) 单一发展某一种类型的机构投资者会令股市生态失衡,这种失衡体现在股市动量效应、价格压力效应方面,同时过分倚重某一种机构投资者会导致新的代理问题。只有当机构投资者实现多元化,长短期目标的机构投资者都存在,而且投资类型、投资风格迥异时,才有利于各方机构投资者的健康发展,实现市场的均衡和稳定。

（2）监管层需要澄清一个基本问题：发展基金的目的是什么？基金生存和兴旺的根本目的是为了实现资本市场的功能，提高资本市场的效率。基金只是一种市场中介，对其过度附加的政府职能，是基金不能承受之重，在淡化其市场属性的同时，也弱化了通过市场力量完善金融体系的最终目标。

Bogle（2005）针对美国共同基金发表了具有代表性的论文《共同基金行业发展六十年回顾：变得更好还是更糟》，对美国 1945—2005 年共同基金行业 60 年的发展作了完整回顾。作者在文章最后指出：共同基金的管理者并没有给予基金持有人应有的服务，基金的组织、经营和管理代表的是管理者和分销者的利益，而不是持有人的利益，共同基金应该回到其初始定位：保管职责和谨慎原则。如果基金对待其持有者以"最大限度的效率、正直和节约"的方式理财，共同基金业的前景才是光明而灿烂的。这一观点对于处在发展初期的中国基金业又何尝不具有警醒和提示作用呢？本书也同样回顾了我国证券投资基金业 15 年来的发展，通过对其融资功能、投资功能、公司治理功能的研究揭示了基金所带来的市场影响，以期引发监管层、实务界、投资者对我国基金发展的进一步理性审视。

目录

第一章　引　　言

第一节　问题的提出和研究意义

是什么在让股票价格发生变化？一直以来都是西方财务学研究的经典命题。在经典的财务模型无法有效解释股价变动的情况下，Shiller(1981)提出了著名的“波动率之谜”，发现股价波动的幅度远不是传统模型所谓“价格由未来红利的预期净现值决定”所能解释的。虽然反驳者对Shiller(1981)以一个不变的贴现率和分红过程的一些特别假定来计算未来红利的净现值提出批评(Marsh和Merton,1987)，但Shiller的工作为一个全新的研究领域指出道路：从投资者行为的角度出发，对股价波动展开深入研究(Roll,1984,1988)。

Lehavy和Sloan(2008)再次提出这个经典问题，即“是什么在让股票价格发生变化”。他们研究发现基本面变化，如盈余和现金流量等会计信息发生变化，对股票价格变化只有微弱的解释能力，即实际盈余变化的解释能力不到10%；分析师短期和长期的盈余预测(包括预测修正)的解释能力为30%左右，那么其余的60%全部来自于目前远没有研究清楚的投资者交易行为。由此，从投资者交易行为出发寻找对股价的影响成为重要的研究方向。而2004年Shiller在其《非理性繁荣》一书中指出：20世纪末美国股价处于一个惊人的高位，是由投资者购买行为尤其是共同基金的大发展造成的价格非持续性增长，不是股票真实的价值和基本信息引起的增长，再次引发了共同基金交易行为对资本市场影响的持续关注。

从20世纪末开始，我国政府为了改变股市以中小投资者为主的格局，促进理性投资，降低股市波动，实现市场稳定，提出了“超常规、跨越式”发展以证券投资基金(以下简称基金)为主体的机构投资者的战略(尚福林,2003)。

在其发展历程中，2008 年第 3 季度，基金持股占沪深流通市值比达到历史最高点 30.22%[①]，之后随着股权分置改革大量非流通股的流通，在巨大的稀释效应以及股市下跌市值严重缩水的情况下，基金持股占沪深流通市值比呈下降态势。2009—2012 年基金持股比例徘徊在 10% 左右，但总规模在不断上升，至 2012 年年末基金净值总规模已达到 2.8 万亿元[②]，基金持股市值在机构投资者持股比例中始终在 50% 以上，2010 年高点时曾达到 78%[③]，成为我国资本市场中最大且最为重要的机构投资者。基金已经成为关乎资本市场兴衰的重要力量，其投资行为也对资本市场产生了重大影响。那么基金投资在追求价值吗？基金投资是否有利于我国股市“降低投机性、提高投资性”？而在基金获得长足发展的背景下，另一个问题凸显，即机构投资者的布局失衡，基金一方独大。这一点和成熟市场如美国资本市场中机构投资者由养老金、共同基金和保险公司三分天下的布局完全不同，我国机构投资者间不能相互制约以期获得均衡发展。

在基金迅猛发展的背后，理论界对于我国基金发展对资本市场影响的研究严重不足。这种不足会导致两个方面的问题：一是从国外共同基金的成功经验认定我国也要大力发展以基金为首的机构投资者，忽略了制度环境和制度安排的差异，导致推理依据不足；二是以我国基金在资本市场中暴露出的问题来质疑监管层发展基金的思路，导致监管思路的摇摆不定。由于理论研究的系统性和前瞻性不足，因此对于我国资本市场是否应该大力发展基金以及如何发展基金的定位不清。

从战略意义上讲，培育本土机构投资者对一国资本市场长期健康、稳定的发展意义深远，本土机构投资者的有力支持也是应对金融危机的重要因素（Kaminsky et al.，1999）。不同于国外成熟市场的是，目前我国尚处于资本市场发展初期，机构投资者未实现均衡布局，基金一方独大，基金的投资行为在引导市场的同时，也承担了巨大的市场风险，从而对资本市场的发展可能带来正负两方面的影响，这就使得相关领域的研究极具现实意义和理论意义，对于完善资本市场制度建设、丰富资本市场理论起到重要的补充。

---

① 资料来源：2008 年 10 月 27 日《证券时报》报道的《三季度基金净值占流通市值比例微升》。

② 资料来源：2013 年 1 月 4 日《中国证券报》报道的《基金资产净值回升至 2.8 万亿元》。

③ 资料来源：2010 年 12 月 2 日《中国证券报》报道的证监会副主席姚刚的讲话《基金持股市值近 1.9 万亿元》。

从一般意义上推测,基金的发展会带来正负两方面的影响。积极方面,基金的入市会带来如下积极变化:增加资金供给,带来投资理念的变化,减小股指波动幅度,降低大股东“一股独大”所产生的治理风险。消极方面,可能会导致如下风险产生:开放式基金的赎回压力所引发的流动性风险,基金在有限理性下的羊群行为,投机行为所引发的市场风险,以及基金与基金投资者间的委托代理关系导致对上市公司的监督不力,形成新的公司治理问题,这些风险的产生加大了股市的系统性和非系统性风险,市场可能会呈现更大的波动。那么,基金的快速发展究竟给中国股市带来怎样的影响?基金作为一种金融中介,逐利才是其本质,这样稳定股市的外在职责与逐利的内在要求决定了基金目标定位的矛盾与冲突,由此引发了本书对基金的融资、投资、公司治理功能的研究。

(1) 基金的融资功能。国外很多的文献都证实了基金业绩和现金流之间的关系呈现凸性,也就是说当基金业绩好的时候,投资者会增加对该基金的申购而减少对它的赎回;而当基金业绩差的时候,投资者会减少对该基金的申购而增加对它的赎回。那么,在我国这样一个新兴市场,我国开放式基金的赎回率远远高于美国,这种正向激励关系是否依然成立?如果基金依靠业绩取胜成为明星基金或明星基金经理,其光环又是否可以对同家族其他基金形成溢出效应?

(2) 基金的投资功能。第一,我国证券市场是一个政府主导型的市场,那么政府干预又将对资本市场带来怎样的政策影响?政策效应是否会显著改变投资者的预期,对机构投资者的交易策略又会带来怎样的影响?第二,基金是否如监管层所期冀的那般促进理性投资,追求价值导向呢?基金投资是否有利于我国股市向“降低投机性、提高投资性”的方向转变?第三,我国基金的投资具有高度同质性,买卖相同股票所形成的合力必然会对股票收益率产生显著的影响,这样就产生了价格压力效应。那么,基金的价格压力效应又对市场风险带来怎样的影响?

(3) 基金的公司治理功能。随着基金的壮大,基金逐步发展成为流通股的大股东,基金的投票权价值显著提升,那么基金持股是否会加强对投资者的保护?基金对大股东以及内部控制人是否具有股权制衡功能,形成有效的外部制约?

到目前为止在这些问题上的相关研究薄弱,认识极为有限,而本书将就这些关乎我国基金业以及证券市场长远健康发展的重要问题展开实证研究。

第二节　金融中介的理论发展

基金是指以契约或公司的形式，通过发行基金份额（如“受益凭证”、“基金单位”、“基金股份”等）将众多的、不确定的社会闲置资金募集起来，形成一定规模的信托资产，交由专门机构的专业人员按照投资组合原理进行分散投资，获得收益后由投资者按出资比例分享的一种机构投资者。基金在资本市场中扮演着愈加重要的角色。基金作为一种金融中介，以下将介绍金融中介的理论发展脉络。

1.2.1　金融中介的界定

Freixas 和 Rochet（1997）认为，金融中介是从事金融合同和证券买卖活动的专业经济部门。Chant（1990）认为，金融中介的本质就是在储蓄—投资转化过程中，在最终借款人和最终贷款人之间的中间人。Gurley 和 Shaw（1956，1960），George（1976），Fama（1980）指出，金融中介（银行、共同基金、保险公司等）是对金融契约和证券进行转化的机构。金融中介发行的金融债权对普通储户来说远远比直接由企业发行的债权更有吸引力。在充当资产转换的媒介过程中，金融中介购买由企业发行的金融形式的权利——股票、债券和其他债权等所谓的一级证券，并以存款单和保险单等形式向居民投资者和其他部门出售金融形式的所有权为购买这些企业证券筹集资金。在理想的无摩擦完全金融市场上，投资人和借款人都能够很好地得到多样化选择和最佳的风险分担状态。但是一旦交易技术中出现较小的不可分性和非凸性，则理想的多样化状态不复存在，就需要金融中介的参与了。因此，金融中介也可视做单个借贷者在交易技术中寻求规模经济的联合，结果个体得到几乎完美的多样化选择。从现实形态来看，金融中介主要包括银行类中介（又称为吸存类中介机构，它主要包括商业银行、储蓄机构等存款机构）、保险公司、其他金融中介（包括证券公司和投资银行、财务公司、共同基金和投资基金等）。

1.2.2　金融中介的理论演变

西方经济学对金融中介的理论研究严格意义上始于20世纪60年代。对金融中介的研究是按照两条路径展开的：

一是以Arrow-Debreu范式为基准，将金融中介作为既定的要素，在成熟市场经济的背景下展开的。在Arrow-Debreu范式中提出的包含银行部门的一般均衡模型中，均衡时，银行的利润为零，且银行的资产负债表的组成和规模对其他经济部门无任何影响，企业和家庭通过市场相互作用，金融中介不扮演任何角色，当市场是完美和完整的时，资源配置达到帕累托最优。Modigliani和Miller(1958)提出MM理论，认为不存在可由金融中介改进福利并得出资本结构无关紧要的结论：家庭能够构建资产组合以抵消中介持有的任何头寸，中介不能创造价值(Fama,1980)。Friedman和Schwartz(1963)以及新古典学派的学者认为，金融中介是多余的和无关紧要的。

上述的金融中介无关紧要的论断明显与现实不符。历史上，银行和保险公司在金融市场上已经扮演了中心角色，即使在经济发展的初始阶段，中介的发展也会导致金融市场本身的发展(Mckinnon,1973)。以后的研究者正是在对上述模型的前提进行修正的情况下，认为信息成本、交易成本、参与成本和风险管理等是金融中介存在的原因。

二是Fisher(1930)发现，每个家庭都有一个跨时消费效用函数，在缺乏外部交易的情况下，每个家庭的消费效用函数将在两个时期效用的边际替代率等于同一时期家庭内部“生产”的边际转换率的那一点达到最佳。后来，人们对此作了引申并概括为Fisher分离定理。如果进一步引入消费者信贷，则会使家庭消费储蓄的个量和总量轨迹发生改变，且这种改变具有帕累托最优改进的性质(Tobin,1987)。这个所谓“内部信贷市场”的观点实际上凸显了金融中介的功能，即消费者信贷市场的存在会改变家庭的总效用和福利水平。Fisher的贡献开启了金融中介重要性的理论闸门，对后来经济学家产生了影响。其后的理论演变包括：

1. 交易成本、信息不对称

20世纪60年代以后，随着制度经济学和信息经济学的发展，交易成本和信息不对称成为解释金融中介存在的两个主要因素。正如 George(1976)所述："这一行业(指金融中介业)存在的原因在于交易成本"。交易成本包括货币交易成本、搜寻成本、监督和审计成本等。运用信息不对称来解释金融中介的存在,是20世纪70年代金融中介理论的热点。Stiger(1967)发现信息成本是导致金融中介产生的重要原因,并将其定义为:"信息成本是指从无知到无所不知转变的成本,而很少有交易者能够负担全过程的成本"。

2. 参与成本、风险管理

20世纪70年代以来,许多传统的金融市场扩大了,新的金融市场产生了,交易成本也降低了,信息容易得到,既然"这一行业(指金融中介业)存在的原因在于交易成本",但却没有伴随着中介的减少。反而,金融市场广度与深度的扩展却是中介和企业增加运用这些金融工具的结果,也就是说,金融市场的扩大并没有使人们对金融中介的依赖程度降低,反而,个人参与金融市场的方式急剧转向通过各种中介。因此,传统的以交易成本和信息不对称为基础的金融中介理论对此现象的解释就存在问题。在此之后,Allen & Santomero(1998)指出,最近20年来,随着人们特别是专业人士的单位时间收入的提高,他们花在风险管理和决策上的时间的机会成本大大增加了。另外,由于金融创新,金融工具越来越复杂,使得非金融从业人员了解金融风险交易和风险管理的难度也大大增加了。投资者学习某种金融工具需要花费固定成本,既然如此,虽然交易成本与信息成本可能已经大为下降,但由于学习成本的存在,投资者的最佳选择仍然是只持有有限的资产(Brennan,1975)。King 和 Leape(1984)提供了相应的经验证据。这两方面的原因,使得个人参与金融资产交易和风险管理的成本大大增加。而金融中介作为专业机构,可以利用其专业优势,代理人们进行风险交易和管理,从而大大减少参与成本。其中,金融中介的职能主要是代理金融资产交易和风险管理,已不同于传统的吸收存款和发放贷款的职能了。另外,Merton(1989)增加了金融中介的另一项重要功能,具有以最低成本有效地分配风险的风险管理功能。

1.2.3 基于功能观的金融中介理论

1.2.3.1 金融功能主导金融中介的发展

诸多学者从经济学视角解释了金融中介的产生原因后,又有一些理论从管理学的视角研究了金融中介与金融市场之间的动态关系。其中,对于金融中介有两种不同的分析方法:一种方法视现存的金融中介为给定,认为公共政策的目标就是帮助现有的机构生存和兴旺,这种方法被称为机构观;另一种方法则视金融中介的功能为给定,并探索实现这些功能的最佳组织结构,这种方法被称为功能观。Jensen 和 Meckling(1976),Leland 和 Pyle(1977),Greembaum 和 Higgins(1983),Diamond 和 Dybvig(1986),Black(1985),Williamson(1985,1988),Brennan(1993),Cossin(1993),Pierce(1991),Scholes 和 Wolfson(1992)都不同程度地论述了金融中介的功能,但系统地论述金融中介的功能并把它提升到金融中介功能观的贡献应归功于 Bodie 和 Merton(1993,2000),Merton 和 Bodie(1993,1995),Merton(1995)。

金融中介功能观大大地拓展了金融中介理论的视野,从而把金融中介理论的研究推向了一个更高的水平。金融中介功能观的核心内容可表述为:第一,金融功能比金融机构更稳定,亦即在地域和时间跨度上变化较小;机构的形式随功能而变化,即机构之间的创新和竞争最终会导致金融机构效率的提高。而且功能观首先要问金融体系需要行使哪些经济功能,然后去寻求一种最好的组织结构,而一种组织结构是否最好,则又进一步取决于时机和现有的技术(Merton,1995;Bodie,2000)。当然,这里关注的焦点并不在于金融中介功能的具体内容,而是金融机构的动态变化。第二,金融功能优于组织结构,即功能比组织结构更重要,只有机构不断创新和竞争才能带动金融体系具备更好的功能和效率。从功能观的观点看,首先要确定金融体系应具备哪些经济功能,然后据此来设立可以最好地实现这些功能的组织结构。这里因为关注金融中介的功能而关注其组织结构的动态变化。Oldfield 和 Santomero(1997)认为由于功能需求是稳定的,因此金融服务如发行、配置、支付及融资具备稳定性,可以说功能比金融中介提供的产品更具稳定性。

1.2.3.2 金融中介与金融市场的竞争与互补关系

Merton(1995)在功能观的基础上,开创性地提出了金融中介与金融市场的竞合问题,指出:从局部来讲,中介与市场在金融产品的提供上是竞争的,并且技术进步与交易成本的持续下降加剧了这种竞争,而且,另有证据表明最初由中介提供的金融产品最终都走向了市场,这种范式隐含着金融中介(特别是非透明中介如银行)正在被金融市场的制度性安排所替代。但是,从金融中介的总体来说上述观点是不成立的,因为中介除了提供定制的产品和服务外,还具有创造与检验新产品的潜在功能,基于此种考虑,Merton 根据金融产品的性质对金融市场与金融中介作了具体“分工”。相比之下,金融市场倾向于交易标准化的或者说成熟的金融产品,这种金融产品能服务于大量的消费者,并在定价时被交易者充分理解;而金融中介则更适合量少的新金融产品,这些新产品一般而言是严格定制的,只针对那些具有特殊金融需求的消费者,因此信息也是完全不对称的。当我们静态地审视某一特殊产品的活动时,中介和市场的确是两个相互竞争的制度,然而当我们动态地看待金融系统的演进时,两者又恰恰是互补性的制度,在功能的发挥上彼此加强、相互促进。从这种意义上讲,Merton 对金融中介理论的贡献是真正具有建设性的,甚至是革命性的。

1.2.3.3 金融中介的功能观有助于政府监管

Merton 和 Bodie 等人认为在快速变化的时代,与机构观相比,金融系统的功能应更有用,更便于政府的金融监管。这是因为:第一,功能观把注意力集中在预测未来最有效发挥中介功能的组织结构上。依据这样的预测,政府能够制定必要的政策以促进组织结构的必要变化,而不是试图维护和保留现存的组织结构。第二,随着交易技术的发展和交易成本的降低,不同金融中介的产品和服务的界限日益模糊,但是从功能角度看,产品和服务则是相对稳定的。第三,功能监管还会减少机构致力于“监管套利”的机会。第四,由于功能监管不要求监管或监管主体的同时修正,因而功能监管便于推进组织结构的变革。对于金融中介如基金来讲,只有从功能观出发进行不断地创新,寻找能够充分发挥自己比较优势的产品和业务,才能生存下去。

1.2.3.4 Bodie 和 Merton 的“中国功能观”

金融中介的功能观对我国金融理论研究、金融改革、金融市场发展等都具有很强的借鉴意义。Bodie(2000)认为,中国可以跨越一步,即抛开传统的中介体系,利用飞速更新的技术构建一个配置资本的整体框架。他进一步提出:我们必须抛弃银行,不要试图设置一个已经证明是十分脆弱的体系,改革的重点是建立提供金融功能的机制,而不必模仿西方国家,一一建立西方国家已有的各种金融机构。而 Merton(2000)也曾表态,Bodie 的上述观点基本上可以代表他的看法,同时认为,如果中国直接采用最先进的金融技术去设计自己的金融体系,而非单纯效仿现有的金融体系,它就能实现一个飞跃,远远超过现有体系的效率。然而,一国金融机构和金融体系都是随着时间而逐渐演变形成的,而且必然要受到所处的经济社会环境的约束，脱离了独特的中国社会制度背景的金融制度设计往往会在实践中产生重大失误（胡庆康等，2003）。

Merton，Bodie（1993，1995），Bodie，Merton（1993，2000）和 Merton（1995）提出了金融中介的功能观理论，他们认为金融体系主要执行六大类功能，而金融中介的意义在于实现金融体系的上述功能：（1）在时间和空间上配置资源的功能（Transferring Resources Across Time and Space）。（2）管理风险的功能（Managing Risk）。（3）清算和支付结算的功能（Clearing and Settling Payments）。（4）融资和股权分割的功能（Pooling Resources and Subdividing Shares）。（5）价格信息提供功能（Providing Price Information）。（6）解决激励问题的功能（Dealing with Incentive Problems）。这六项功能并不是相互独立地平行设立，第 1 项“在时间和空间上配置资源的功能”事实上是金融体系的整体目标，涵盖了其他所有的功能，是一种总括性的功能（朱宝宪，唐淑晖，2001）。第 2 项“管理风险的功能”是金融中介的重要功能，金融中介通过资产管理进行投资组合以追求理论上的效率前沿。第 3 项“清算和支付结算的功能”主要是面向银行类金融中介。第 4 项“融资和股权分割的功能”是金融中介通过发行股票、债券、基金等金融产品实现筹资的功能。第 5 项“价格信息提供功能”指金融中介通过发布金融产品价格完成金融交易。第 6 项“解决激励问题的功能”是指通过对金融中介的激励有利于解决金融体系的公司治理问题，如通过对金融中介的激励降低组织的代理成本从而更有效地发挥金融体系的功能。接下来，本书将第 2、4、6 项功能作为主要研究对象，归纳为基金的融资功能、管理风险的投资功能和公司治理功能。具体含义为：

融资功能，是指金融中介具有将储蓄转为投资的功能。基金通过发行基金份额集中投资者的资金，并通过投资实现在金融市场的资产配置。对开放式基金来讲，基金的融资功能取决于两方面：一是投资者的申购，二是投资者的赎回。其中，申购与赎回相抵后为基金的净融资额。

管理风险的投资功能，是指基金通过资产配置实现对资产的风险管理。对偏股型基金而言主要以股票为投资标的，本书将研究基金投资对股票价格产生的影响，其大规模资金入市对股票的波动性、流动性、收益性的影响，简称为投资功能。

公司治理功能，是指通过对金融中介的激励有利于解决金融体系的公司治理问题。众所周知，激励成本的存在会导致外部融资比内部融资成本更高，但是一个功能良好的金融体系可以利用有效的激励机制降低代理成本，从而提高资本市场的整体公司治理水平。基金的持股作为一个集合性大股东的出现较之中小散户更有利于监督上市公司，有利于资源的优化配置。

金融中介设立的目的是实现金融体系的功能，这是功能观的核心论点，因此后文本书将逐一分析基金在融资功能、投资功能、公司治理功能方面是否有利于金融体系的功能实现。

1.2.3.5 关于基金功能的相关研究

通过对金融中介文献的回顾可以看到，金融中介理论产生于经济学，但其后从管理学的视角又提出了新的发展框架，即研究金融中介与金融体系的动态发展。代表人物是 Merton 和 Bodie(1993,1995)的功能观理论，它跳出了经济学的固有思维。依照功能观的思想，基金生存和兴旺的目的在于有利于实现资本市场的功能，提高资本市场的效率。功能观从一个更高的高度论述了金融中介和金融体系之间的动态关系，同时也明确了政府对基金监管的方向和目标，从而把金融中介理论的研究推向了一个新的水平。

Merton 和 Bodie(1995)提到对金融体系的功能研究可以从四个方面展开：第一是从金融体系层面，即从功能观的角度分析一个国家的整体金融体系并提出指导性的金融框架，比如对于从计划经济走向市场经济其金融体系框架的变革和设计。第二是从机构层面指出功能观并不仅仅限于从金融体系层面研究功能，对于特定的机构形式，功能观同样适用。比如 Davis(2000)从功能观的角度对美国退休金所实现的六大功能进行了研究，发现退休金较银行或者个人持股可以更好地实现金融体系的功能，退休金对资本市场的发展起到了极大的补充作用，并且在金融环境的发展变化中扮演着重要的角色；Merton 和 Bodie(1992)从功能观的角度研究了美国 20 世纪 90 年代的商业银行的功能。第三是从金融活动层面研究金融体系的功能。第四是从金融产品层面研究金融体系的功能。

到目前为止，系统研究基金的发展与资本市场功能实现的文献在国内外都是空白，一方面是由于功能观的理论诞生较晚，另一方面是由于这是跨学科、跨领域的研究，而相关研究比较细分化，多局限于研究和评价共同基金的某项具体功能，缺乏对其整体功能的凝练和概括。而本书试图在这一领域进行探索和突破。

第三节 研究内容与研究创新

1.3.1 研究视角

国外有关共同基金对资本市场影响的研究是从20世纪90年代才大规模展开的。其中,对基金赎回、投资、参与公司治理展开了大量理论和实证研究,这些研究为客观评价基金的功能、确定基金的发展方向提供了重要的理论支撑。而在我国,对上述问题的研究还处于起步阶段,实证研究不足,因此对于基金发展对资本市场的影响,在认识上依然模糊。本书将对上述问题进行理论与实证分析,从客观上认清基金的发展对我国资本市场的影响,基金的发展是否有利于完善我国资本市场,从而间接判断我国监管政策的合理性,所获得的结论也是对监管经济学的丰富和发展。

不同于国内外已有研究,本书认为,由于基金的发行、赎回、投资、公司治理这些环节之间是相互制约、相互影响的,比如基金投资者的申购赎回在很大程度上会制约基金经理的持有头寸,基金经理必须考虑基金的流动性问题,因此基金的赎回特征影响基金经理的资产配置,影响基金的投资行为;而基金的公司治理作用发挥又受到基金融资、投资的重要影响,如果基金经理本着长期投资理念就会较短期投资更为关注上市公司的公司治理,并在公司治理中发挥作用。因此基金的融资方式会影响基金的投资行为和投票行为,这构成了一个相互影响的闭环。因此,本书将对基金的投融资行为进行系统性分析。

在国外共同基金的运作中,美国政府的监管职能只限于提供一个公平、效率的运作平台。相比较而言,我国基金从产生到发展都是一种政府主导下的强制性制度变迁,具有强烈的政府干预色彩。因此,我国基金业的制度背景也更具复杂性。在这种背景下,如果完全沿袭国外的研究路径,抛开了制度因素,就难以客观评价我国基金在市场中的定位和功能,也无法理解我国基金和国外共同基金的巨大差异,基于现实对未来的预判也将极为有限。因此,本书将运用西方理论,结合中国制度背景,将基金所发挥的市场作用和制度根源紧密结合,深入剖析我国基金发展对资本市场的影响，试图提出具有理论价值和现实意义的建议和预测。

1.3.2 研究内容

本书将从金融中介功能观的理论出发，研究我国基金发展对资本市场的影响，从而对基金未来的发展提出理论和政策建议。全书安排如下：

第一章　引言。这一章主要阐述研究背景、选题意义、对已有文献进行评论性回顾，提出本书的研究内容、逻辑框架与技术路线。

第二章　中美证券投资基金业的发展。这一章介绍中国证券基金的发展历程及现状，以及美国资本市场中共同基金业的发展。

第三章　监管理论及中美证券投资基金业的监管。这一章从经济学视角分析为什么基金需要政府监管，以及适度监管的边界。回顾政府干预下的我国证券市场及基金业的发展，并与美国基金业监管相对比。在转轨经济下，我国资本市场的设立与发展带有明显的政治意图，在政府“自利性”监管的驱动下，政府始终将支持国有经济作为其制度安排的重要因素加以考虑。在此背景下成立的证券投资基金，也承担着政府的部分职能，由此导致基金在目标定位上的冲突：基金作为独立经济人逐利的追求与承担政府职责的冲突。

第四章　基金的融资功能研究。我国开放式基金存在巨额赎回问题，这一章将研究影响我国开放式基金的赎回因素有哪些，为何与美国开放式基金的赎回机制存在显著差异，为何基金业绩与流量间的正向激励机制不存在。在此章中研究的另一个重要问题是有关明星基金的溢出效应，围绕基金管理公司中明星基金或经理的出现是否构成溢出效应进行研究。

第五章　基金的投资功能。这一章对以下问题进行研究：第一，我国证券市场是一个政府主导型的市场，那么政府干预又将对资本市场带来怎样的影响？政策效应是否会显著改变投资者的预期，对机构投资者的交易策略又会带来怎样的影响？第二，国外诸多研究认为机构投资者作为理性投机者是股市泡沫的制造者，指出当机构认识到资产定价已经偏离股票内在价值时，不是向内在价值回归，而是通过预判投资者的情绪或能力进行投资，这种具有“选美竞赛”(Beauty Contest)的投资行为在很大程度上加剧了资产定价远离股票内在价值，结果是延迟套利并吹大了市场泡沫。上述结论强调了机构投资者的赌性所带来的投机性一面,果真如此吗?财务学理论告诉我们任何脱离股票内在价值的过度投机行为,都会引发风险的不断加大。上述结论是否忽略了机构投资者作为知情交易者所具备的价值分析能力呢?那么我国基金在投资中更多地体现了投资性还是投机性?第三,诸多研究发现我国基金的投资具有高度同质性,买卖相同股票所形成的合力必然会对股票收益率产生显著的影响并形成价格压力效应。那么,基金投资同质性所产生的价格压力效应又对市场的流动性产生怎样的影响?

第六章 基金的公司治理功能。在美国,当机构的规模和平均持股集中度上升以后,机构的巨量持股导致机构在巨量卖出股票时流动性大幅降低而大大提升交易成本,在这种进退维谷的情况下,机构更可能转而运用它们不断增长的投票权去影响或是改变公司的管理,从而提升了公司治理水平。在我国资本市场上,侵害中小投资者的行为屡屡发生,这已成为制约我国资本市场以及上市公司发展的重要问题。随着基金的崛起,我国公司治理结构可能发生深刻变化。基金是介于内部股东与外部中小投资者之间的第三方力量,与个人投资者相比,它们拥有资源优势和专业能力,在与上市公司管理层及大股东的制衡中占据优势。那么,中小投资者是否有望借助于机构投资者实现投资者保护?在这一章中将以我国资本市场上近年来曾经实施过的两次分类表决制,实证研究基金的治理功能。

具体内容包括:第一,以再融资事件为例,实证研究随着基金的壮大,基金逐步发展成为流通股的大股东,其投票权价值显著提升,那么基金对大股东以及内部控制人是否具有股权制衡功能?是否可以实现对上市公司的监督治理?第二,将以股权分置改革为视角展开研究,以流通股股东最终获得的对价补偿作为投资者保护的替代指标,分析机构投资者参与股改是否可以为中小投资者争取更高的对价。

第七章 结论、改进。这一章总结归纳基金在我国资本市场所发挥的功能,从融资、投资、公司治理角度归纳对我国资本市场的影响,进行中外基金市场影响的结论比较,并结合我国现有的监管政策提出发展建议。

本书的技术路线如图 1.1 所示。

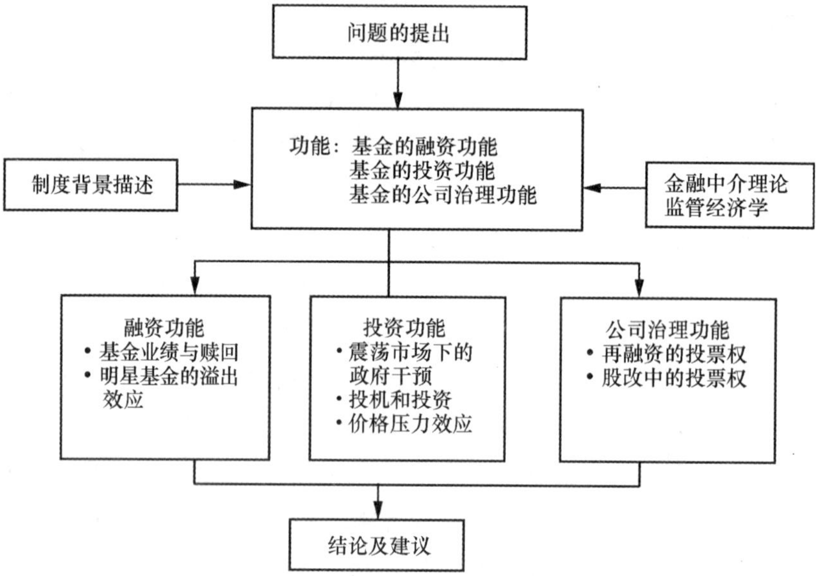

图 1.1 本书的技术路线图

1.3.3 研究结论

1. 基金的融资功能

国外文献研究了共同基金业绩与基金流量的关系，并证实基金业绩和现金流之间的关系呈现凸性，也就是说，当基金业绩好的时候，投资者会增加对该基金的申购而减少对它的赎回；而当基金业绩差的时候，投资者会减少对该基金的申购而增加对它的赎回。但从我国的实证研究看，并不存在好的基金业绩会导致更多现金流入的正向激励效应，这表明我国的投资者并不成熟。本书分析其中的原因，发现当净值增长率下跌，价格跌破投资者的成本时，投资者宁可套牢也不会赎回，因此基金业绩越差的时候净赎回率越低，但是，当净值增长率上升时，投资者的短期投机性明显，迅速赎回以达到"解套"目的。另外，投资者对待盈利和亏损的风险是不同的，会给予损失更多的权重，符合前景理论，也是行为金融学中投资者"有限理性"的生动写照。

同时，本书研究了明星基金、明星基金经理的声誉机制是否具备溢出效应，分析其品牌效应对资金流入的影响。本书的研究结论表明，明星基金的品牌效应可以为明星基金带来净申购，但是并不能够对同家族的其他基金连带产生正向影响。这表明基金公司的“造星”策略，对明星基金是有效的，但并不能够惠及同家族的其他基金。因此，基金公司应该致力于提高旗下每一只基金的业绩，那种寄希望于采用高举高打造就一只明星基金以期全部基金获益的策略是无效的。

2. 基金的投资功能

第一，本书研究了震荡市场下，机构投资者和个人投资者谁的反应更为强烈？又是谁的交易行为加剧了市场的震荡？在我国以往的文献中，没有对我国震荡市场的直接研究，本书以此为切入点，对机构投资者的交易行为进行了压力测试。发现机构投资者的交易行为从长期趋势看加剧了萧条期的持续下跌与繁荣期的不断攀升，强化了市场的动量效应，增强了市场的不稳定性。而且，本书首次发现机构投资者和个人投资者对政府干预的认知与解读完全不同，在市场处于极度悲观的情绪下，政策利好能够带给机构投资者信心，但是对个人投资者不起作用，个人投资者不看重政策的远景规划，更看重眼前的利益兑现，投资视野更为短浅。

第二，本书研究基金的投资是否追求了价值？基金投资是否有利于我国股市向“降低投机性、提高投资性”的方向转变？本书从基金的投资行为与投资效果出发，首次将基金的交易行为区分为新进入、新退出、增减仓三种情况，对基金投资是否追求了价值进行大样本的实证研究。研究结果表明，基金作为知情交易者有能力对未来价值进行预测，基金的投资体现了对于股票未来会计盈余的追求。同时，基金的交易行为发生后，股价对未来价值有明显的提前反应，说明提高了证券市场的定价效率。这表明基金投资追求了价值。本书的研究对客观评价我国基金的市场影响提供了理论支持，并在一定程度上纠正了人们对于基金评价过于负面的认知误区。

第三，基金投资究竟给股市带来多大的价格压力至今尚不清楚。本书首次量化了基金的价格压力效应，并且将基金的投资行为细分为首次重仓买入、完全退出、增仓和减仓四类分别予以研究，发现基金完全退出时的价格压力最大，从幅度上看远高于基金首次重仓买入和进行增减仓调整，这表明基金集中性卖出股票时支付了巨大的压力溢价。这源于机构投资者中基金一方独大的布局结构，不利于我国证券市场长远发展。

3. 基金的公司治理功能

第一,在国有股一股独大的背景下,基金的崛起是否给上市公司的治理结构带来重大变化?在我国上市公司股权高度集中的情况下,大股东的意志完全主导了股东大会,而小股东的意志对公司决策变得毫无意义,这样就极大地方便了大股东通过掠夺小股东利益的方式获取控制权私人收益。那么,投票权如何配置才能保护中小投资者的利益呢?本书以我国上市公司再融资中赋予外部股东超额投票权的分类表决制为研究背景,发现基金持股可以加强对中小投资者的保护,同时利用分类表决制可以解决财务学中的"再融资之谜"。本书的研究结论对我国现有股权结构下如何更为合理地配置股东权利提供了新思路。

第二,本书进一步研究随着基金投票权价值的提升,应加强对其独立性的监督。本书对我国股权分置改革过程中,机构投资者持股对中小投资者利益保护的影响进行了实证研究。研究发现,在股改过程中,机构投资者并没有实现对中小投资者利益的保护。在股改巨大利益的驱动下,上市公司向机构投资者进行利益输送。如果不能对机构投资者投票的独立性加以严格限制,杜绝舞弊现象,就会促成上市公司与机构投资者间的合作,损害中小投资者利益。二是在本次股改过程中,监管层一再强调"股改必须在年内完成","没有完成股改的公司不能再融资",这种政策精神违背了市场的博弈机制,在一定程度上催生了上市公司与机构投资者间的合作。

总之,开放式基金是一种舶来品,其原型是美国的共同基金,本书比较了两者市场作用的异同。美国共同基金是一种金融创新的产物,它作为市场中重要的机构投资者之一,具有出色的融资功能、较强的投机性和较强的公司治理作用。基金的参与极大地活跃了市场,源源不断地带给市场增量资金,同时基金"追涨杀跌"的交易行为也加剧了市场的波动性。基金作为机构投资者,是一柄双刃剑,它既可以带来资本市场的繁荣,也可以加速资本市场的萧条,它与养老金、保险公司共同塑造了美国资本市场的机构格局,也是其中投机性最强的机构。另外,美国共同基金行业的运作几乎不受任何政府干预。

比较而言,我国证券投资基金与美国共同基金既有相似性也有不同点。我国基金从诞生到发展是一种自上而下的强制性而非诱致性制度变迁,其运作受到政府的干预,具有如下突出特点:我国开放式基金的融资能力远不如美国共同基金,基金规模的增长更多是靠不断的"发新补赎"。另外,美国共同基金是一种纯粹的市场力量,而改进后的中国基金虽然具有"追涨杀跌"的本能,但多多少少在承担稳定市场的职责,在这种双重目标下,我国基金所表现出的纯粹的财务利益追求者的角色效应弱于美国共同基金,投机性被淡化,但同时创新性也受到极大的压制。其市场化属性被淡化的同时,所发挥的股东极积极主义作用也远不如美国共同基金。

综上所述,本书的结论带来如下思考:一味发展证券投资基金所带来的后果是基金缺乏机构博弈对象,只能以中小散户为套利对象,这在很大程度上会加剧市场的动量效应,造成股市的震荡(姚颐、刘志远,2008;蔡庆丰、宋有勇,2010)。而在美国证券市场中机构投资者主要由"三套马车"构成,2009 年年末三大机构持股占美国股票市场的市值分别为:退休金 18%、共同基金 20%、保险公司 7%,三方势力均衡、相互制衡成为稳定股市的核心力量。依靠某一种单一类型的机构投资者是不能实现市场均衡的,即便它是价值投资者比如美国的退休金,只有当机构投资者布局多元化,长短期目标的投资者都存在,投资类型、投资风格迥异时,才有利于实现整个市场的均衡和稳定。因此,多元化发展机构投资者,改变目前失衡的生态结构已成为当务之急。

最后,我们需要澄清一个基本问题——发展基金的目的是什么?基金生存和兴旺的目的是为了实现资本市场整体的功能,提高资本市场的效率(Merton 和 Bodie,1993,1995)。但是如何发挥资本市场的功能?不能靠过多的行政干预,而要靠法制、规则、技术完备后资本市场自身良性机制的发挥,监管的目的只是提供一个效率平台。基金只是一种金融中介,我们首先要搞清楚基金的本质,对其过度附加的政府职责,是基金不能承受之重。因此,对基金的监管应以实现金融体系的功能为主导,而不是借助基金实现政府对市场的调控以达到"自利性"监管为目标。

1.3.4 研究创新

1. 研究视角的创新

本书首次以 Merton 和 Bodie(1993,1995)的金融中介功能观为视角对我国证券投资基金的融资功能、投资功能和公司治理功能展开系统研究。本书认为,基金的这些功能并不是孤立存在的,它们是一种监管制度安排下的连锁反应。

比如正是基金的赎回特征对其投资行为产生重要影响,而基金的公司治理功能又受到基金融资、投资功能的重要影响。因此,有必要将这些功能相连进行系统研究。依照功能观的思想,基金生存和兴旺的目的是为了实现资本市场的功能、提高资本市场的效率,本书将依据基金在证券市场中所起的作用,客观评价基金的运作对我国证券市场效率的影响。

2. 研究问题的创新

本书所研究的内容紧密结合中国制度背景下的基金运作,并对现实中亟待回答的问题展开深入研究,其中相当数量的问题是基金在发展中所遇到的中国特色问题,因此从所研究的问题来讲具有较强的创新性。如在融资方面,我国基金的赎回率远高于美国,那么基金业绩和现金流之间是否依然存在凸性的正向激励?明星基金是否具备溢出效应?在投资方面,在我国政府主导下的资本市场,政策干预对资本市场是如何体现的?是否会显著改变投资者的预期,并显著影响机构投资者的交易策略?基金是否如监管层所期冀的那般促进理性投资,追求价值导向呢?我国基金的投资具有高度同质性,所产生的价格压力效应给市场风险带来怎样的影响?在公司治理方面,在国有股一股独大的背景下,基金的崛起,是否给上市公司的治理结构带来重大变化?基金是介于内部股东与外部中小投资者之间的第三方力量,与个人投资者相比,它们拥有资源优势和专业能力,在与上市公司管理层及大股东的制衡中占据优势。那么,中小投资者是否有望借助于基金实现投资者保护?

3. 研究方法的创新

本书采用理论研究与实证研究相结合的方法,运用有效市场理论、委托代理理论、行为金融学理论、市场微观结构理论、理性预期均衡理论和博弈论等多种学科的经典理论与最新成果,研究基金发展对我国资本市场的影响。这些实证研究上的突破是对相关理论的丰富与补充,为投资者和监管者的决策提供了科学依据。

第二章　中美证券投资基金业的发展

第一节　中国证券投资基金的发展历程及现状

证券投资基金，简称基金，是指将众多投资者的资金集中起来，通过发售基金份额形成独立财产，由基金托管人（一般指银行等金融中介机构）托管，基金管理人（也就是基金管理公司）管理，以投资组合的方式进行证券投资的一种风险共担、利益共享的集合投资方式。证券投资基金最早起源于英国，1868 年于英国成立的“海外及殖民地政府信托基金”（The Foreign and Colonial Government Trust）是目前人们公认的最早的基金。

2.1.1　基金的分类

依据投资对象不同，基金可以分为股票型基金、债券型基金、货币市场基金和混合型基金等。股票型基金主要以股票为投资对象，根据我国证监会对基金的分类标准，如果一只基金有 60% 以上的基金资产投资于股票，则该基金为股票型基金；债券型基金的主要投资对象为债券，规定 80% 以上的基金资产投资于债券的为债券型基金；货币市场基金主要投资于货币市场工具，根据规定，货币市场基金需 100% 地投资于货币市场工具；混合型基金则可以同时投资于股票、债券等证券市场产品，通过投资于不同资产类型的产品而得到风险与收益之间的平衡。我国证监会规定，同时投资于股票、债券和货币市场工具，且投资比例不满足股票型基金、债券型基金的规定为混合型基金。

2.1.2　开放式基金与封闭式基金的区别

证券投资基金分为封闭式基金与开放式基金。封闭式基金是指基金份额在基金合同期限内固定不变，基金份额可以在交易所交易，但基金份额持有人不得申请赎回的一种基金运作方式。而开放式基金是指基金份额不固定，基金份额可以在基金合同约定的时间和场所进行申购或者赎回的一种基金运作方式。封闭式基金与开放式基金主要有以下几点不同：

（1）期限不同。封闭式基金有固定的存续期，《中华人民共和国证券投资基金法》规定，封闭式基金的存续期必须在五年以上；而开放式基金则不受存续期的限制，可以无限期地存续。

（2）份额限制不同。封闭式基金份额固定，在封闭期内要想增减份额必须经法定程序认可；而开放式基金则不受份额固定的限制，基金份额也会随着投资者对其进行申购和赎回而变动。

（3）交易场所不同。在完成募集以后，封闭式基金份额须在交易所上市交易，投资者买卖封闭式基金是在投资者之间进行的；开放式基金的份额交易则仅需在基金管理公司指定的时间和地点向基金管理公司或者其销售代理提出申请，是在投资者与基金管理公司之间完成的。

（4）价格形成方式不同。封闭式基金的价格由二级市场供求关系决定，随着投资者的需求不同，其可能出现折价或溢价的现象；而开放式基金的价格则以份额净值为基础，与市场供求关系无关。

（5）激励约束机制不同。由于封闭式基金的份额固定，基金的业绩表现好坏并不能够体现在其规模的变化上，基金管理人的收入也随之固定。而开放式基金则与此不同，如果其业绩表现好，投资者可以对其进行申购，开放式基金的规模就会相应扩大，从而基金管理人的收入也会增多；如果其业绩表现差，基金管理人则面临着投资者赎回投资的压力。

我国证券基金业的发展历史可以分为三个阶段，分别是早期探索阶段、试点发展阶段及快速发展阶段。

2.1.3 我国证券基金业的发展历程

2.1.3.1 早期探索阶段

改革开放初期，我国开始了经济体制改革。随着经济体制改革的逐步深化，我国经济快速发展，社会对资金的需求逐渐迫切。这时，基金开始作为一种筹资手段受到某些中国驻外金融机构的关注。1987年，中创公司与汇丰、渣打两大集团在中国香港地区联合设立了中国置业基金，并随即在香港联交所上市，这标志着中资金融机构正式步入投资基金行业。随后，一些中资金融机构联合外资金融机构相继推出了概念基金。

在概念基金与资本市场发展的影响下，淄博乡镇企业投资基金于1992年经中国人民银行批准正式成立，淄博基金是中国境内第一家比较规范的投资基金，它的设立揭开了投资基金业在国内发展的序幕，并引发了1993年上半年中国投资基金发展的短暂的热潮。1994年后，我国开始进行经济金融治理整顿。与此同时，基金发展过程中暴露了很多问题，很多基金的资产也趋于恶化，持续经营问题遭到了外界的质疑。中国基金业的发展由此进入了停滞状态。

此时的老基金[①]存在着许多的问题，主要表现在三个方面：一是法律规范力度不足，这个时期规范基金的法律尚未制定，不仅无法可依，监管部门的监管力度也不够；二是受地方政府的经济需要以及当时资本市场规模较小且发展不完善的影响，这些老基金并不是以证券市场产品为投资方向，而是主要投向了房地产企业等实体部门，它们的本质是直接投资基金，并不属于严格意义上的证券投资基金；三是这些老基金投向的实体产业的发展具有局限性，这些基金的资产质量普遍较低。总体来说，这一阶段我国基金行业的发展有着很大的探索性。

2.1.3.2　*试点发展阶段*

1997年11月14日，经国务院批准，《证券投资基金管理暂行办法》由国务院证券监督管理委员会颁布，成为我国第一部规范基金运作的行政法规，为我国基金业的发展奠定了法律基础，此后，我国基金业进入了规范发展的试点阶段。

在基金形成上，国外基金的产生是金融创新的产物，而且其发展又进一步推动了金融创新。但是我国基金的形成则不然，它是一种政府推动的、“超常规跨越式”发展的金融创新。从我国基金业发展历程看，证券投资基金业起步于20世纪80年代中后期。依主管机关管辖权力过渡分为两个阶段：第一阶段是1992—1997年，该阶段是由中国人民银行作为主管机关的阶段。此时基金规模很小，运作也很不规范，俗称“老基金”。第二阶段是1997年至今，《证券投资基

---

① 1998年《证券投资基金管理暂行办法》实施之后新发展起来的基金被称为“新基金”，相对于新基金，1997年以及以前存在的基金被称作“老基金”。

金管理暂行办法》向社会公布后，由中国证监会作为基金管理的主管机关，此后发行的基金被称为“新基金”。在“新基金”诞生后，出现了两次大扩容。第一次是 1998 年 3 月基金开元、金泰两只封闭式基金成功发行，第二次是 2001 年 9 月南方、华安两只开放式基金诞生。

2000 年 10 月，证监会发布了《开放式证券投资基金试点办法》。此后，开放式基金开始取代封闭式基金登上了我国基金的舞台。与此同时，开放式基金的发展也为我国基金产品的创新开辟了新天地。2002—2003 年，我国相继推出了以债券投资为主的基金南方宝元、系列基金招商安泰以及货币型市场基金华安现金富利。

2000 年，证券监管层提出了“超常规发展机构投资者”的战略方针。超常规发展证券基金是“超常规发展机构投资者”战略的重要组成部分。在这一阶段，监管部门为了确保试点成功，首先对基金公司和基金的设立实行严格的审批制，提高了基金公司和基金设立的准入条件，包括规定了基金公司的主要发起人必须是证券公司或者信托投资公司，并规定每个发起人的最低实收资本等，之后建立了较为规范的信息披露制度。在我国基金行业发展的初期，对基金的设立实施严格的审批制度，并采取较高的准入门槛。

2.1.3.3 快速发展阶段

2004 年 6 月，《中华人民共和国证券投资基金法》开始实施，从此我国基金业进入快速发展阶段。在这一阶段，我国相继出台了《证券投资基金管理公司管理办法》、《证券投资基金运作管理办法》、《证券投资基金销售管理办法》、《证券投资基金信息披露管理办法》、《证券投资基金托管资格管理办法》等法规，我国基金行业的法律体系日益完善。

从基金业的产品种类看，开放式基金逐渐取代了封闭式基金成为我国基金市场的主导。截至 2009 年年底，我国封闭式基金从高峰时的 54 只下降到 31 只，而开放式基金的数量则达到 535 只，数量占到全部基金数量的 94.3%，资产净值占到全部基金资产净值的 95.4%。在基金品种上，开放式基金的种类多样，包括保本型基金、货币型基金、债券型基金、股债混合型基金及其他类型股票基金，2004 年起上市型开放式基金（LOF）、交易所交易型基金（ETF）及 QDII 基金相继推出，这些创新品种推动了我国基金业的快速发展。基金管理公司除了管理公募基金以外，还可以开展社保基金管理、特定客户资产管理、企业年金管理及 QDII 基金管理等其他委托理财业务，基金管理公司的业务在向多元化发展，规模也在不断壮大。在投资者结构方面，个人投资者逐渐取代了机构投资者成为基金的主要投资人。2006 年以前，开放式基金的持有者中有 50% 左右都是机构投资者；而 2006 年以后，随着人民生活水平的提高，个人投资者也逐渐加入开放式基金的投资者中，截至 2009 年，大约 80% 以上的基金资产是由个人投资者持有。

截至 2010 年年末，我国基金总份额为 22 835.53 亿份，资产总规模达到 24 843.77 亿元，总净值为 23 741.86 亿元。我国的基金数量达到了 688 只，其中开放式基金数量为 634 只，规模达到 23 397.58 亿元。表 2.1 显示了我国基金行业 2001—2010 年资产规模变化情况，可以说，证券投资基金已经成为中国证券市场举足轻重的影响力量。表 2.2 列示了截至 2010 年年末我国各种类型基金数量及规模统计。

表 2.1　我国基金行业 2001—2010 年资产规模变化

年份	基金数量(只)	基金总份额(亿份)	基金净值总额(亿元)
2001	3	117.30	118.00
2002	17	513.40	488.40
2003	56	769.90	809.50
2004	107	1 838.10	1 783.10
2005	164	2 019.90	1 990.90
2006	255	4 592.50	6 121.40
2007	311	20 446.70	29 269.90
2008	394	21 128.70	14 888.80
2009	533	24 459.90	26 307.90
2010	634	22 835.53	23 741.86

资料来源：WIND 数据库。

表 2.2　截至 2010 年年末我国各种类型基金数量及规模

基金类型	基金数量(只)	基金规模(亿元)
股票型	236	9 546.16
混合型	161	7 072.24
债券型	95	1 265.10
指数型	70	2 962.13
保本型	5	228.47
货币型	46	1 532.77

（续表）

基金类型	基金数量(只)	基金规模(亿元)
封闭式	26	790.71
QDII	28	729.20
其他	21	716.99
总计	688	24 843.77

注:(1) 其他类型基金包括大成优选、建信优势、瑞福分级、富国天丰、长盛同庆、招商信用、银华信用、瑞和300分级、国泰估值分级、兴业和润分级、德盛双喜100、银华深证100、富国汇利分级、信诚增强、华富强债、大成景丰、申万深成、易基岁丰、中欧强债、天弘添利、鹏华丰润共21只创新型基金。

(2) 指数型基金中的ETF联接基金资产规模不计入基金资产规模,另外所有联接基金均不计入基金个数。

(3) 样本为全部688只基金,包含QDII基金。

资料来源:中国证券业协会网站(http://www.sac.net.cn/)。

可以看出,截至2010年年末,在我国基金行业中,开放式基金共有634只(除去封闭式基金与QDII),占基金数量的92%,是我国基金行业的主导力量。其中,股票型基金是开放式基金的主要品种,共236只,占开放式基金总数的37%。

第二节　美国共同基金的发展历程及评价

2.2.1　美国共同基金的发展历程

美国投资基金起源于20世纪20年代。由于当时投资者初入市场,理财能力十分有限,而基金具备专家理财、管理风险等特点,因此吸引了许多投资者。1924年3月21日,“马萨诸塞投资信托基金”在美国波士顿成立。它是世界上第一只公司型开放式基金,成立当年便吸引了将近200名投资者,募集资金达40万美元。

20世纪30年代,美国经历了第二次世界大战和经济大萧条,投资基金业的发展受到了一定的阻碍,但是随后美国国会颁布了一系列的法律,诸如1933年颁布的《证券法》、1934年颁布的《证券交易法》和《税法》,1940年颁布的《投资公司法》以及《投资顾问法》等,为后来共同基金行业的飞速发展奠定了坚实的法律基础。第二次世界大战后美国经济高速增长,带动了美国投资基金业的稳步前进。到了七八十年代,美国基金业开始飞速发展,首先是货币基金的发展,由于货币基金的收益高于银行利率,同时又不需多冒风险,所以深受投资者的青睐。在1974年至1982年短短的6年间,美国货币基金的资产增加到2000多亿美元,而这一数字在1974年仅为不到20亿美元。接着是退休投资工具的变革进一步促进了共同基金的发展。1981年美国政府创立的“退休金计划”开始实行,这一计划的目的是鼓励个人进行储蓄,并且该计划享有税收优惠,这一政策吸引了成千上万名投资者的资金。20世纪80年代以后,为了促使经济快速发展,美国采用较低的利率政策,资本市场得到了更大的发展,基金业也进一步加速发展,尤其是在80年代后期,股市的平均收益远远高于银行存款和债券的收益,投资基金的规模急速扩大。进入90年代以后,经济的全球化促进美国共同基金的投资领域进一步扩展;同时国内经济的增长也对股票价格的高涨起到了推动作用,此时的共同基金规模迅速膨胀。表2.3显示了美国共同基金从1995年至2010年的资产变化,从中可以看出美国共同基金近20年来在迅速扩张。

表2.3　1995—2010年美国开放式、封闭式基金的资产变化

单位:十亿美元

年度	共同基金	封闭式基金	总计
1995	2811	143	2954
1996	3526	147	3673
1997	4468	152	4620
1998	5525	156	5681
1999	6846	147	6993
2000	6965	143	7108
2001	6975	141	7116
2002	6383	159	6542
2003	7402	214	7616
2004	8095	254	8349
2005	8891	277	9168
2006	10398	298	10696
2007	13002	313	13315
2008	9604	186	9790
2009	11120	225	11345
2010	11821	241	12062

资料来源:ICI 2011。

根据ICI 2011年报告显示,截至2010年年末,美国的共同基金资产已经达到11.8万亿美元,相较2009年年底增长了7 000亿美元,占全世界共同基金市场份额的48%,总规模世界第一,如图2.1所示。

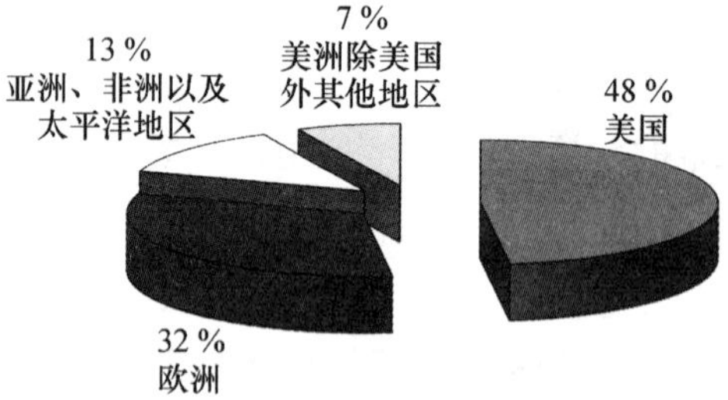

图2.1 2010年年末全球共同基金分布图

资料来源:ICI 2011。

各种类型基金占共同基金总资产的比例如图2.2所示。其中,股票型基金占48%(本土股票型基金,主要投资于美国公司的股票,占35%;国际股票型基金,主要投资于外国公司的股票,占13%),货币型基金、债券型基金以及混合型基金则分别占22%、24%和6%。

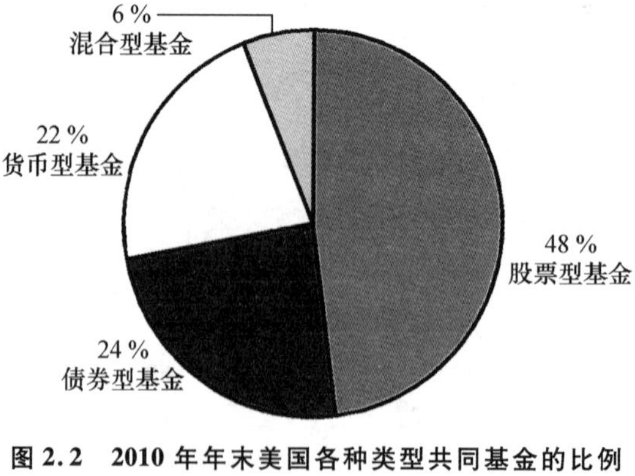

图2.2 2010年年末美国各种类型共同基金的比例

资料来源:ICI 2011。

图2.3显示了1996—2010年美国共同基金的资金净流入情况。在总体呈现增长的态势下,美国共同基金经历了两次衰退:一次是2003年呈现净赎回,因美国股市高科技泡沫的破灭导致股市大跌;另一次是2009年、2010年由美国金融危机所致。

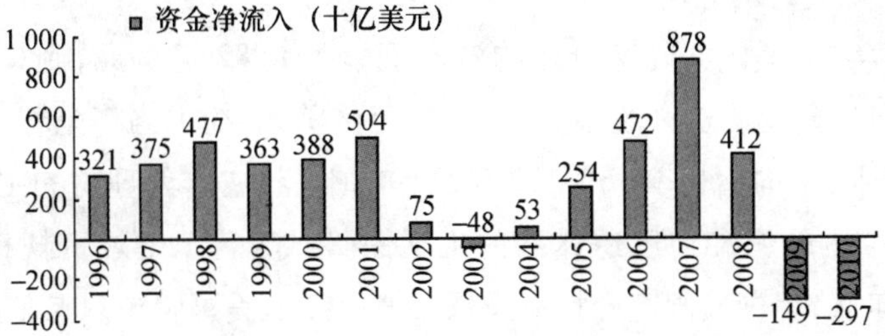

图 2.3　美国共同基金 1996—2010 年资金净流入

资料来源：ICI 2011。

2.2.2　对美国共同基金的评价

目前，美国共同基金市场不论在基金数量、投资者人数，还是在基金资产总值上，都高居世界第一。美国基金业的快速发展得益于良好的治理结构和监管框架，保护投资者利益成为其重要监管目标。Bogle（2005）发表了一篇具有代表性的论文《共同基金行业发展 60 年回顾：变得更好还是更糟?》，该文对美国 1945—2005 年共同基金行业 60 年的发展作了完整回顾，并对成熟市场机制下基金所发挥的市场功能作了全面的归纳与总结。Bogle 在文章最后指出：回顾美国共同基金业 60 年的发展，批评者认为共同基金的管理者并没有给予基金持有人应有的服务，基金的组织、经营和管理代表的是管理者和分销者的利益，而不是持有人的利益，共同基金应该回到其初始定位：保管职责和谨慎原则。如果基金对待其持有者以“最大限度的效率、正直和节约”的方式理财，共同基金业的前景会是光明而灿烂的，这些评价对于处于发展初期的中国基金业更具有警醒和提示作用。

2.2.2.1　基金的融资与赎回

基金具有将储蓄转为投资的功能，基金通过发行基金份额（或股份）集中投资者的闲置资金，并通过投资实现在金融市场的资产配置。20 世纪 70 年代以来，基金在欧美、中国香港和中国台湾等发达国家和地区发展迅速，其资产总值超过了商业银行存款总额。基金的发展有助于调整金融结构，分流储蓄，防范金融风险。

1. 基金规模的迅猛增长

1945 年年初,美国共同基金业的资产规模为 8.82 亿美元,到 2003 年 7 月份,美国共同基金业的资产规模高达 6.87 万亿美元,约占当年全球共同基金资产的 60% 以上,年均增长率 16%。9 500 万美国人将它作为理财的主要工具,包括子女上大学的开销和自己退休后的生活保障。随着基金融资规模的不断扩大,1999 年年底,美国共同基金持有股票市值已经占美国股市总市值的 17.3%,共同基金持股占机构持股的 30.9%,共同基金与养老金、保险公司、外国投资者并驾齐驱构成机构投资者的主要力量,见表 2.4。而在我国,根据 WIND 数据库统计,截至 2010 年 10 月底,基金持股市值 18 957 亿元,占沪深两市流通 A 股市值的 10.61%①,虽然从相对比例上看还是很小,但由于机构发展的不均衡,基金持股市值在机构投资者中已超过 78%,成为我国资本市场中最大且最为重要的机构投资者,由于其他机构投资者的规模弱小,使得基金缺乏机构博弈对手。

表 2.4 美国机构投资者持股情况

类型	机构持股(1999)	
	单位:十亿美元	占美国股票百分比
公共退休金	2 042	18.8
私人退休金	2 500	23
退休金小计	4 542	41.8
共同基金	3 359	30.9
保险公司	1 167	10.7
银行	336	3.1
外国投资者	1 203	11.1
其他	261	2.4
机构投资者持股总计	10 868	100
机构投资者持股占所有股票比例	10 868	57.57
家庭所有者持股[a]占所有股票比例	8 009	42.43
总计	18 877	100

注:[a]包括非营利性组织。

资料来源:Securities Industry Association(2000)。

① 资料来源:2010 年 12 月 2 日《中国证券报》报道的证监会副主席姚刚的讲话《基金持股市值近 1.9 万亿元》。

2. 投资者对基金的持有期在缩短

共同基金变化也在深刻地影响基金持有者的行为。20 世纪 50 年代基金的赎回率(基金股份的流动性)平均为年度资产的 6%,也就是说基金投资者的持有期为 16 年,基金投资者多为长期投资者。随着基金越来越以追求业绩为导向,投机性、专业性和集中性成为许多基金的特征,基金的市场属性也越来越像股票,投资者像买卖股票一样频繁地买卖基金,短期行为特征明显。到 2002 年,赎回率已经飙升到资产总额的 41%①,平均持有期为两年多。以往的"买入—持有"策略(Buy-and-Hold)已经逐渐被"选择—再选择"的策略替代(Pick and Choose)。

表 2.5　股票型基金投资者的年周转率　　单位:%

年度	1945	1950	1955	1960	1965	1970	1980	1985
赎回资产占总资产的份额[a]	10.10	12.5	6.4	5.1	6.1	6.2	22.8	36.5
年度	1975	1990	1995	2000	2002	2003	2004[b]	
赎回资产占总资产的份额[a]	9.7	38.2	29.3	39.6	41	30.9	24.8	

注:[a] 赎回率不是净赎回率的概念,没有考虑资金流入。
[b] 2004 年数据是以 9 个月的数据预测全年。
资料来源:Wiesenberger and Investment Company Institute。

3. 基金的投资者结构

退休金是共同基金的主要投资者。截至 1996 年年底,委托共同基金管理的 1.24 万亿美元退休金占据了全部共同基金的 35%。共同基金的增长主要来自两个部分:资产价值增值和新增投资,在共同基金的增值中,2/3 来自资产价值增值,1/3 来自退休金的新增投资。在美国退休金主要由两部分组成,个人退休账户(IRA)和雇主发起的退休计划,前者属于商业性质的养老金,后者属于法律强制的养老金。在投资于共同基金的退休金账户中,个人退休账户(IRA)和雇主发起的退休计划大约各占 50%。

① 共同基金属开放式基金,投资者以申购或赎回的方式进出,因此其基金规模随时变动。此处,虽然投资者的赎回率较高,但同时美国共同基金的申购率也非常高,两相抵减后净赎回率并不高。

2.2.2.2 基金的投资功能

1. 基金是否具有稳定股市的功能?

基金本质上是一种“代客理财”,因此在风险一定的情况下为投资人赚取最大收益应是其理财目标,在客观上并不负有稳定市场的责任,基金不会把稳定市场作为其目标,但客观上基金是否会起到稳定市场的作用取决于市场条件。也就是说,如果证券市场具备投资价值,拥有一批高质量的上市公司,通过长期持有这些公司的股票基金可以获得较高回报,那么基金会长期持有,从而间接起到了稳定市场的作用;反之,如果证券市场不具备投资价值,那么基金为了获取收益必然会采取各种短期投机行为,此时基金便不会发挥稳定市场的作用,并且可能会进一步加大市场的风险。

可见,基金是否具有稳定股市的作用,基金重仓股的选择和交易策略是决定因素。在基金重仓股的选择上,以美国共同基金为例,1945 年美国股票型基金主流的投资方式是投资于大市值的美国公司,收益波动性与当时的股市几近相似。但是,到 2005 年在 4 200 只基金中只有 579 只延续了先前的投资蓝筹公司的做法,其他基金的投资在一定程度上提高了市场风险。另外,在 455 只专业型基金中投资行业主要集中在技术和电信,是 2003—2004 年美国高科技网络泡沫破灭的主要缔造者;另有 686 只基金主要投资于全球股市。

表 2.6 股票型基金的数量和种类

投资种类	1945 年		2004 年	
	基金数量	占全部的%	基金数量	占全部的%
美国大市值股票	38	77	579	14
其他分散投资于美国的股票	0	0	2 484	59
专业型	11	23	455	11
国际型	0	0	686	16
总数	49	100	4 204	100

注:1945 年数据取自晨星公司数据库中所包括的全部股票型基金。

资料来源:Wiesenberger and Morningstar。

另一方面,基金过度投机,频繁进出的投资行为会加大市场的波动性。其交易策略是采用长期投资、中线波浪操作还是过度投机,将受到公司价值、投资者结构和市场投资情绪等多方面的影响。美国共同基金多数采用的是一种“追涨杀跌”的市场运作。20 世纪 90 年代是新基金创建最多的标志性年代,共有

1 600 只新的股票型基金诞生，这一数量是 90 年代初期股票型基金总量的两倍，新创建基金所承担的风险显著高于旧基金。这些新成立的基金为市场带来了前所未有的活力，既带动了市场的上扬，也承受了随后而来的市场下跌，基金持有者经历了几千亿美元的损失。在 1994—2003 年间，共有 1 900 只基金消失，大部分是新经济时代产生的基金。而在 60 年前成立的保守型股票基金坚持了下来，基金消亡的比率也从 50—80 年代的 10%—20% 上升到 90 年代的 36%，详见表 2.7。

表 2.7 股票型基金的成立和流动性

年代	新基金的数量	新创立基金的比率（%）	消亡的基金数量	失败基金的比率（%）
1950s	28	80	10	13
1960s	211	88	37	21
1970s	123	34	202	61
1980s	534	110	78	17
1990s	1 604	125	462	36
2000s	980	52	1 045	56

注：[a] 每十年中创建和失败的基金比率是年度比率的合计数。

[b] 2000s 是前四年的年度数，统计截止到 2004 年。

资料来源：CRSP Database。

2. 基金是“投机”还是“投资”？

在 1945 年，共同基金经理的投资几乎完全是长期投资，体现了共同基金的信托性。但是 60 年后的今天，基金经理的基本信条就是短期投机。1945 年投资组合的周转率平均为 24%，也就是说基金持有股票平均为 4 年，但是这个比例逐年下降，2004 年其平均周转率已经到 112%，见表 2.8，即平均持有期只有 11 个月。

表 2.8 股票型基金投资组合周转率 单位：%

年度	1945	1950	1955	1960	1965	1970	1975
周转率	24	25	14	14	20	39	36
年度	1980	1985	1990	1995	2000	2003	2004
周转率	51	83	90	77	108	110	112

资料来源：Morningstar 股票型基金的年度平均周转率。

如果基金的股票持有期从 6 年下降到 11 个月,说明其投机性越来越强。因此,许多人认为今天的基金经理已经不是投资者,而是投机者。而且这种投机性会不断加强,因为机构投资者①在与处于信息劣势的社会公众竞争,他们所追求的股价预期不是源自股票盈余、股利或账面价值的增长,而是预期公众的投资偏好,这越来越像一场“选美竞赛”。② 共同基金正在由股票所有者变为股票交易者,从而愈加远离沃伦·巴菲特(Warren Buffett)所倡导的“最喜爱的股票投资方式是永远持有”。③

3. 基金是否具备“战胜市场”的能力?

在最近 20 年中,市场收益率平均为 13%,而股票型基金的平均收益率为 10.3%,低于市场水平。60 年前,3/4 的基金其收益与美国股市相近,到 2005 年这样的机会只有 1/7,这就促使很多投资者不得不对基金而不是股票选择投资组合。

2.2.2.3 基金的公司治理作用

按照金融中介理论,基金参与公司治理可以较中小投资者起到更好的公司治理作用。但是 Sherman et al. (1998) 的研究表明共同基金只是中等程度的“股东积极主义者”,共同基金较其他机构更多地采用动量交易策略(Jones et al., 1997),投资视野更短(Brancato,1995),共同基金经理由于受到投资者赎回压力的牵制,而且共同基金的业绩是以季度为考核期,导致股票的换手率非常高(Chaganti et al.,1993),因此基金经理不会对股票进行长期投资。以往的证据表明,共同基金经理对业绩不好的公司多数是通过卖出股票而非发出股东积极主义者的声音表达不满(Davis 和 Thompson,1994;Hirschman,1970)。另一方面,随着共同基金的持股比例在快速扩张,基金参与公司治理的情况在发生较大的变化。1945 年共同基金只持有美国股市全部股票的 1.4%,到了 2004 年其持有量达到 25%(见表 2.9),可以说共同基金已经“挥舞着大棒”。当基金的规模和

---

① 机构投资者与散户投资者在资金实力、市场影响力、信息获取能力及知识加工方面相差很大,在许多实证研究中将机构投资者近似为理性投资者。

② 在凯恩斯的叙述中,投资股市与“选美竞赛”同出一辙。竞猜者不是去选择最美的选手,而是去推测“别人会认为谁最美”。

③ 巴菲特是美国伯克夏基金公司的董事长,世界上最为著名的股票投资家之一。他倡导价值投资理论,其投资策略是:寻找自己真正了解的企业,该企业具有长期令人满意的发展前景,由既诚实又有能力的人来管理;在有吸引力的价位上买入该公司股票,并长期持有。

平均持股集中度上升以后,机构的巨量持股导致机构在巨量卖出股票时流动性大幅降低而大大提升交易成本。此时机构要被迫承担大量交易损失。在这种进退维谷的情况下,机构更可能转而运用它们不断增长的投票权去影响或是改变公司的管理,而不再是简单地卖出股票。

表 2.9 共同基金的股票持有比率 单位:%

年度	1945	1950	1955	1960	1965	1970	1975
股票持有比率	1.40	3.1	3.3	4.8	5.7	6.2	4.9
年度	1980	1985	1990	1995	2000	2003	2004[a]
股票持有比率	3	5.2	8.1	16	22.4	23.1	24.9

注:[a] 2004 年数据是截止到 6 月 30 日。

资料来源:NYSE, Wilshire Associates, and Federal Reserve Flow of Funds Report。

1940 年,美国 SEC 要求:共同基金应该成为大量势单力薄的个人投资者的有力代表,在共同基金感兴趣的领域发挥作用。如果共同基金从股票拥有者变成租赁者,其所起的作用会有天壤之别,并且共同基金对上市公司公司治理的失败也负有不可推卸的责任。如果作为交易者,则主要关心所持股票在不到一年内的股价变化,由于持有时间短,很可能在第二年公司召开股东会进行投票的时候,基金已经不再持有了;而如果作为拥有者则不然,会关注上市公司的长期价值,并且别无选择地关注公司的治理问题。

2.2.3 基金带给市场的是更好还是更糟?

从以上分析可以看出,美国共同基金作为市场中重要的机构投资者之一,具有出色的融资功能、较强的投机性和较强的公司治理作用。基金的参与极大地活跃了市场,源源不断地带给市场增量资金,同时基金"追涨杀跌"的交易行为也提高了市场的波动性。基金作为机构投资者是一柄双刃剑,它既可以带来资本市场的繁荣,也可以加速资本市场的萧条;它与养老金、保险公司共同塑造了美国资本市场的机构格局,也是其中投机性最强的机构。但是,美国共同基金行业的运作几乎不受任何政府干预。基金行业是一种以诚信为本的行业,在美国法律制度的约束与基金公司治理结构的自我约束下,美国共同基金业近六十年没有发生过基金黑幕,令人叹服,这也是这一行业得以健康、迅猛发展的根本。

第三章 监管理论及中美证券投资基金业的监管

第一节 政府监管的经济学分析

按照公共利益理论,政府对基金的监管是政府在市场失灵领域的直接干预,以防止无效率资源配置的发生和保护投资者的利益。也就是说,政府监管是从公共利益观点出发,以纠正在市场失灵下发生的资源配置的非效率性和分配的不公正性,以维护社会秩序和社会稳定为目的。所以,哪里有市场失灵,公共利益理论就主张在哪里实施相应的政府干预,以矫正市场缺陷,因此,按照公共利益理论,政府监管的潜在范围也就几乎是无边际的。尽管人们已逐步认识到在某些场合,政府监管的成本可能比政府矫正市场缺陷的潜在收益要大得多,但政府的监管仍然在产业中广泛地实施。

3.1.1 基金为什么需要政府监管?

在市场经济中,随处可见到因垄断、外部性、公共失灵引起的市场机制发生扭曲的现象,市场中存在大量导致资源配置低效率的市场失灵(Market Failure)问题。所谓市场失灵,是指市场失去效率;也就是说,其价格偏离理想化状态,致使市场对资源的配置出现低效率。为了消除这些缺陷和弊端,除了不断完善市场制度外,政府的监管是不可或缺的。那么,对基金进行监管的主要原因有:

1. 垄断

市场本身存在一个悖论:竞争是市场机制发挥作用的前提,但市场竞争往往导致积累和集中,形成垄断,从而抑制竞争,妨碍效率的提高。垄断会造成价格扭曲和产量扭曲,构成市场扭曲,并降低社会总福利。就证券行业来讲,一方面,证券经营机构规模经济的特点使证券经营机构的自由竞争很容易发展成为高度的集中垄断,而证券业的高度垄断不仅在效率和消费者福利方面会带来损失,而且将产生其他经济和政治上的不利影响。另一方面,在证券市场中,基金通过控制一定数量的流通股,间接地控制了某种证券的价格。在经济学的意义上,垄断和操纵行为的存在使得证券市场不能符合完全竞争市场的前提条件,这种对股价的操纵,严重损害了中小投资者的利益,并且扭曲了价格信号,这就要求监管者界定此类行为并给予监管。

2. 外部性

外部效应的概念最早由美国经济学家 A.C.庇古提出,斯坦利·费希尔和鲁迪格·唐布什所著的《经济学》中也表达了同样的思想,“当每一商品的生产或销售所产生的外部效应扩散到商品消费者或生产者之外,外部效应就产生,这些扩散到外部的效应并没有在市场价格中反映出来”。对于基金行业来讲,基金行为的外部性体现在:基金操纵市场行为加剧市场的不稳定性,内幕交易行为影响市场的公正性,利益输送行为损害投资者的利益,基金管理公司的破产倒闭会波及其他基金管理公司甚至银行,等等。因此,当存在外部经济效应时,仅依靠自由竞争就不能保证资源的有效配置,不能保证正常的经济效率。

3. 公共性失灵

所谓公共性失灵,是指“公共物品”和“公共服务”的提供是无效率的或低效率的。由于这类产品是社会共同消费的,具有非排他性,所以市场无力迫使任何企业和个人为消费这类产品付费,从而也就无法保证充足的供应。从经济学角度来说,私人供给公共物品是典型的帕累托无效。在证券市场上,对众多基金投资者而言,对基金管理人的监督明显具有公共产品的特征,一方面,由于监督降低了基金管理人的道德风险,可以使所有的基金投资者受益,即具有非排他性;另一方面,单个基金投资者由此享受的好处或效用的增加并不影响其他基金投资者的效用增加,即具有非竞争性。因此,政府对基金业的监管可以通过制定相应的制度予以监督,从而可以解决由于公共产品供给不足而造成的巨大负面外部性,提高基金投资者的福利及整个社会的福利。

3.1.2 实施证券市场监管的理论模型解释

1. 证券市场监管存在的必要性

Albrecht 等(1997)描述了证券监管存在的必要性。在图 3.1 中,交易量由 Q 表示,假设单位交易成本固定,供给曲线是水平的 S,无监管且无欺诈(诚实)条件①下交易需求曲线为 D,实际情况中存在着对被欺诈的预期,这个预期的影响值 T_F 类似于征税,它使得需求曲线由 D 向下移动至 $D-T_F$,诚实条件下的均衡交易量为 Q_u,欺诈条件下的均衡交易量为 Q_0。监管者通过制定和实施各项措施来使得需求曲线 $D-T_F$ 向需求曲线 D 移动,以减少欺诈所带来类似征税的效应,同时增加投资者(消费者)剩余。

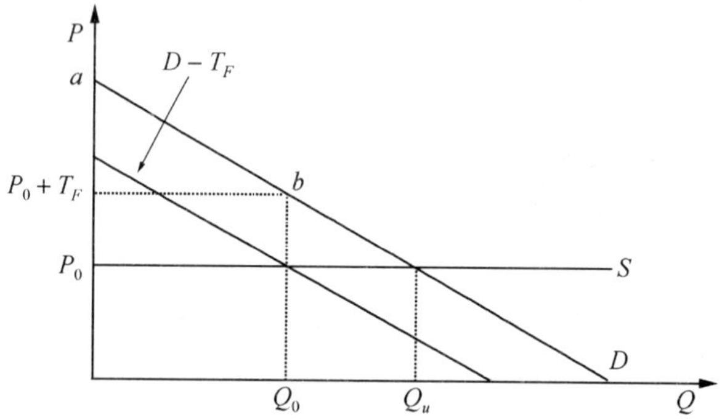

图 3.1 预期的欺诈对投资者的影响

2. 适度的证券市场监管

所有欺诈影响值减少和单位交易成本增加的效应都在图 3.2 中反映出来。由于监管减少了投资者对欺诈影响值的预期,减少后投资者对欺诈影响值的预期值为 T_R,因此需求曲线移动到 $D-T_R$;同时单位交易成本由于监管的增加而增加到 $S+T_C$,由于 T_C 小于 $(T_F - T_R)$,交易量 Q 将会增加到 Q_R,投资者剩余增加到三角形 $a(P_R+T_R)b_R$。因此,监管者应该寻求最大化投资者剩余三角形,同时最小化 (T_R+T_C)。也就是说,监管者应该追求的是在约束条件下最大化的交易量 Q。

---

① Albrecht 模型将监管的目标定义为反证券欺诈。

假设监管者的目标是在最低成本下减少预期欺诈影响值,监管行为会带来两方面的影响:一是降低了投资者对证券市场的欺诈预期(ΔT_F),二是增加了监管成本(ΔT_C)。如图 3.2 所示,当监管增加的边际成本 T_C 等于监管所减少的边际预期欺诈影响值 T_R 时,这种均衡状态 b_R 达到的监管效率最高。

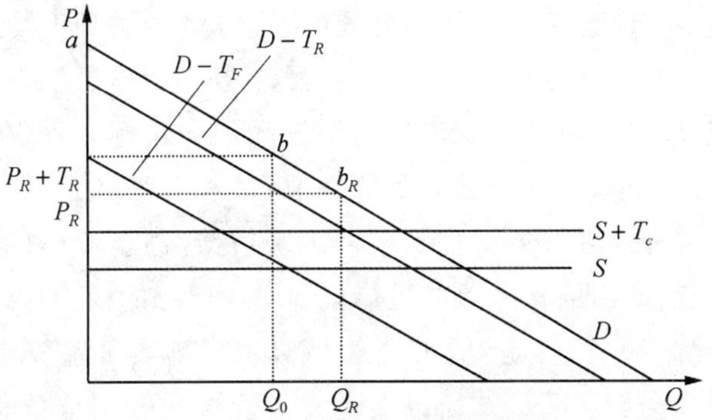

图 3.2　有效监管下的供给与需求

在不同的监管水平下,可以推导出相对应的不同均衡点,这些均衡点反映了监管变化所导致的 ΔT_F 和 ΔT_C 共同作用的均衡结果。连接这些点,就形成了不同监管水平下的监管均衡轨迹(The Locus of Regulatory Equilibria, LORE),如图 3.3 所示。从 O 点到 e 点,监管水平从 0 增加到 R,期望的欺诈影响值的减少比单位交易成本增加得快,在这个区域内,投资者剩余和交易量 Q 都在增加。当监管水平超过 R 时,单位交易成本增加比期望欺诈影响值的减少要快,因此投资者剩余和交易量 Q 都在减少。因此,拥有完全信息的监管者将选择监管水平 R,市场均衡点为 e,在此点,投资者剩余和交易量 Q 达到最大。

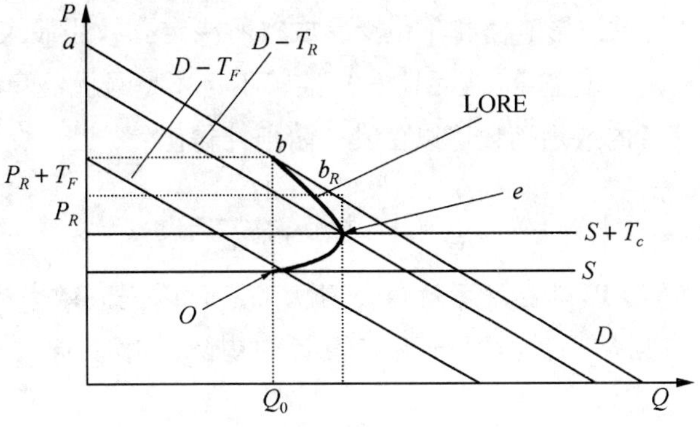

图 3.3　监管均衡轨迹(LORE)

3.1.3 证券市场的过度监管倾向

Albrecht 等(1997)从福利经济学的角度构造监管者的效用函数,分析了为何监管者天生就存在过度监管的倾向。这一理论模型说明在市场经济下,政府管制为何同样存在过度监管的倾向,并提出了适度监管的理论模型。

监管者进行监管的目标是多层次的,虽然减少欺诈影响值可以增进效率进而保护投资者利益,但是监管者制定监管政策的目标并不仅仅限于保护投资者利益和增进效率,体现监管者的职能、效率和业绩,维护监管者的利益是其目标的另一部分。在不完全信息条件下,监管者甚至不能确切地知道自己的监管是否过度,或者监管者可能更热衷于增加自己的权力和地位,尤其是在中国的转轨经济下,通过“自利性”监管可以更多地实现监管者的利益,因此过度监管的倾向会更加明显。所以在考虑监管者的效用函数时,必须考虑其他一些重要的变量。Albrecht 等(1997)构造了市场 i 的监管者的效用函数如下:

$$U^{Ri} = U(Q_i, R_i, T_{Fi}) \tag{3.1}$$

其中,变量 Q_i 表示交易量,变量 R_i 表示监管措施,变量 T_{Fi} 表示预期的欺诈。对 Q_i 的一阶偏导为正,因为交易量对于监管者的收入和声望都具有重要的影响;对 R_i 的一阶偏导为正,因为监管者制定的监管措施越多,监管者自身的权力也就越大,而通常监管机构都倾向于扩大自己的权力;对 T_{Fi} 的一阶偏导为负,因为它对于社会是不利的,也是监管机构所要减少的。虽然监管的成本没有明确地被包含在以上方程中,但是它们通过对供给和需求量的均衡约束来进行作用,$\mathrm{d}Q_1/\mathrm{d}R_1$ 由预期的欺诈影响值和单位交易成本所决定。效用最大化的监管者具有哪一种取向?是过度监管(滥用监管)、监管不足还是最优监管(追求效率)?

最大化监管者的效用函数可以由其一阶条件得出:

$$U_{Q_1}\frac{\mathrm{d}Q_1}{\mathrm{d}R_1} + U_{R_1} + U_{TF_1}\frac{\mathrm{d}T_{F_1}}{\mathrm{d}R_1} = 0 \tag{3.2}$$

如果 $\mathrm{d}Q_1/\mathrm{d}R_1 > 0$,则监管者就存在着增加监管以提高效率的潜力,但这符合监管者自身的利益吗?考虑一下监管者的边际效用表达式中各项的正负符号:

$$\overset{+}{U_{Q_1}\frac{\mathrm{d}Q_1}{\mathrm{d}R_1}} + \overset{+}{U_{R_1}} + \overset{-}{U_{TF_1}}\overset{-}{\frac{\mathrm{d}T_{F_1}}{\mathrm{d}R_1}} = \mathrm{MU}_R \tag{3.3}$$

公式(3.3)等号左边中的各项符号都意味着随着 R_1 的增加,监管者的效用也随之增加,这表明监管者没有监管不足的激励,即使当监管者的监管达到了有效点($\mathrm{d}Q_1/\mathrm{d}R_1=0$),监管者仍具有增加监管的动力,因为:

$$\overset{0}{U_{Q_1}\frac{\mathrm{d}Q_1}{\mathrm{d}R_1}} + \overset{+}{U_{R_1}} + \overset{-}{U_{TF_1}}\overset{-}{\frac{\mathrm{d}T_{F_1}}{\mathrm{d}R_1}} > 0 \tag{3.4}$$

这个结论可以通过图 3.4 得到进一步说明,监管者的均衡监管轨迹在坐标 Q_1—R_1 中绘出,监管者的效用函数为正,自身效用最大化的监管者的效用函数的无差异曲线为 U_0,因此均衡点的监管水平为 R_0。而追求效率的监管者的效用函数与变量 R 不直接相关,因此其效用的无差异曲线为水平的 U_e,均衡点的监管水平为 R_0。从此可以看出,理性(自身效用最大化)的监管者有一种自然的过度监管的倾向,过度监管量为 R_0-R_e。

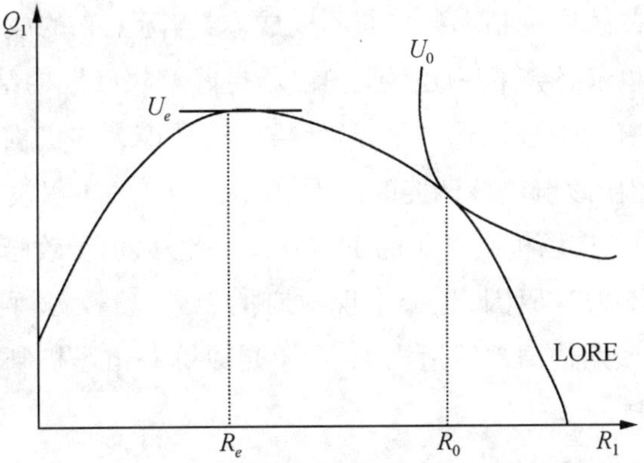

图 3.4　监管者的激励与监管结果

3.1.4　经济学家对政府监管的评价

3.1.4.1　批评

1.“诺思悖论”

新制度经济学派的代表人物诺思(1991)提出“诺思悖论”,认为政府从其“公共利益”目标出发,为市场提供的基本服务就是市场的制度供给,没有政府的介入,市场各经济主体的行为和权力边界无法得到有效界定、保护和实施,市场效率受损;但政府的介入,从其“自身利益”考虑,又会给市场其他经济主体的边界和权力带来限制和侵害,也会导致市场效率受损。陷入这一“诺思悖论”的关键不是市场排斥政府介入,而是排斥政府的“过度”介入,因而,要打破证券市场的“诺思悖论”,促使市场回复到“均衡态”并向着市场“理想态”逼近,关键在于政府的适度监管。这也是政府监管的难点所在:如果过度,就会失去市场活力;如果监管太少,就会失去公信力。

2. 科斯的批评

许多经济学家对政府监管市场的行为予以了批判。古典制度经济学派的代表人物科斯认为:“政府机制本身并非不要成本,实际上它的成本大得惊人……直接的政府监管也未必会带来比企业和市场更好解决问题的结果”。政府的缺陷主要表现在政府的干预无限扩张,从而导致设置庞大的机构,人员臃肿,成为“大政府”,而且超出政府应该调控的范围、层次和力度,不仅没有弥补市场的机制缺陷,反而妨碍了市场机制作用的正常发挥。此外,由于政府制定法规政策的失误和执行措施不力等原因,也会出现政府的无效监管。这种监管的方式、范围、层次、力度和预期选择都不适当,从而不足以弥补市场机制的缺陷和难以维护市场的正常运转。

3. 其他经济学家的批评

新制度经济学派的代表人物格拉斯·斯诺认为,没有国家就办不成事,但是有了国家也有很多麻烦:国家的存在是解释经济增长的关键,但也是造成人为经济衰退的根源。斯蒂格利茨指出,与民间部门相比,政府的最大优势表现在四个方面,即征税权、禁止权、处罚权及能够降低交易成本,即主要克服搭便车问题。但是政府的这些优势后面又隐藏着很多成本,因为很难避免政府滥用职权并使民间部门遭受损失的现象发生。即使政府不滥用职权,由于政府工作人员对他所从事的工作不具有剩余索取权利,因而有可能在工作中动力不足,容易出现官僚主义作风和行为以及产生各种低效率的现象。该理论认为,在市场自发秩序下,其实并不需要任何政府干预和监管,竞争和私人秩序就可以解决绝大多数的市场失灵问题。而更进一步的批评,是以斯蒂格勒、波斯纳(Stigler,1971;Posner,1974)等人为代表,开始质疑监管者的"道德"和"能力",这对监管在解决市场失灵中的作用的讨论,形成了监管到底是"援助之手"(Help-hand)还是"攫取之手"(Grab-hand)的争论。尽管争论至今没有得出结果,但我们已经认识到,正因为监管成本的存在,监管也会失灵。因此,如何在市场失灵与金融监管失灵之间寻找一个合适的均衡点,既是金融监管实践的需要,也是之后金融监管理论发展的方向。

3.1.4.2　肯定

虽然政府监管市场遭到了经济学家无数的批判,但是仍有部分学者提出了政府对证券市场监管具有正面作用。Modigliani 和 Porotti(1990)指出在市场不完善的假定下,监管者介入证券市场,促进交易规则的制定和执行,对市场发展产生正面效应。而 Rozeff(1990)则将文献中关于证券市场监管的原因归纳为五类:一是市场失败,二是强化投资者信心,三是维持市场公平,四是国家的"父爱主义",五是公共选择。

有趣的是,对证券市场监管却成为争议最少的监管措施,就连监管经济学的创始人斯蒂格勒本人也曾表示:在所有对经济活动的公共监管中,最受赞扬的也许要属证券交易委员会(SEC)对证券市场的监管了。那么,可以说在理论与现实之间,政府对证券市场的监管既可以得到褒奖,又可以招致非议。关键是政府以怎样的目标介入监管,又将监管的边界设定在哪里?正如前中国证监会副主席史美伦所言:监管永远是在过度与不足之间争取平衡。

第二节　政府干预下的中国证券市场发展

3.2.1　中国证券市场的发展是一种政府主导下的强制性制度变迁

按照制度形成的原因、产生的驱动力不同，制度变迁可划分为两种基本形式：诱致性变迁和强制性变迁。成熟的市场经济国家一般采用的是诱致性变迁模式，即一种自下而上的自发性过程，变革首先是在个人或集团发现了制度的外在利润时，为获取外在利润而自发倡导、组织和实行的创新，并要求政府提供相应的制度安排。这一模式以美国、英国、加拿大为代表，政府为市场提供的基本服务是市场制度供给，按照美国经济学家奥尔森的理解，一个市场扩张型的政府的基本职能是为市场提供制度规则，清楚地界定产权，保证合约有效履行及保护个人财产不受到掠夺。这是整个社会繁荣的关键，换句话说，政府的职能主要是"规范"。而中国的证券市场属强制性制度变迁，政府介入证券市场除了对证券市场行使"规范"职能外，还承担了证券市场"发展"的职能。

在强制性制度变迁的证券市场，创新的驱动者是集权型政府，由于政府的政治力量以及在社会资源配置结构上的绝对优势地位，因而在参与制度创新的博弈中，政府是决定制度变迁方向、速度、形式和战略安排的主导力量，从而决定创新的基本方式是自上而下的供给型变迁。新兴证券市场基本上采取的是强制性变迁模式，这是由国家推动证券市场发展的"路径依赖"以及创新动力、创新方式所决定的。同样，我国证券市场的产生、发展也是一种强制性变迁模式。我国并没有走西方国家证券市场自然发育的道路，而是选择了政府主导下的证券市场的发展模式，政府不仅是制度的设计者，而且是制度的参与者；政府通过强制性的制度变迁，在短时期内将证券市场的基本框架建立起来，由此导致政府监管在许多时候不能跳出行政性管理的思维惯式。

3.2.2 "公共利益"与"自利性"监管的双重目标冲突

政府作为监管者具有双重目标,一是以"公共利益"为目标;二是作为特殊利益主体,又要追求"自利性"。在"公共利益"目标下,作为社会管理者,政府要维护市场的公共利益目标,要维持市场运行的公正有序,提高证券市场的效率。但是,在目前转轨经济中,政府的监管又有"自利性"的追求,虽然"自利性监管"是国内外市场所共通的,但不同的是我国政府的监管带有更加明确的政治意图,即在中国证券市场政府与国企既定的制度框架下,始终将支持国有经济作为其制度安排的重要因素加以考虑,证券市场承担着"为国有企业融资"的重任,也就是说以证券市场的发展完成改革的阶段性任务,并通过资本市场转移银行风险,监管的主要目的成为"如何创造条件为国有企业融资服务"。

由于政府的目标带有浓厚的政治意图,所以它的很多决策从经济效益角度讲,相对于私人企业来说具有更多的扭曲。这并不是说政府是非理性的。就它的非经济目标而言,它是理性的。如果我们把经济效率作为主要的标准,那么政府行为的目标常常与市场相悖。因此,在证券市场中政府绝不仅仅是一个第三者而是一个市场的参与者。当政府拥有了对市场的控制权时,它就可以比较容易地、低成本地干预市场。在转轨期间,政府侵权是一个严重的问题,因为政府的权力很大却对它没有有效的制约,由此导致制度失灵,包括市场失灵和监管失灵两个方面。在转轨经济中,最难以控制的是政府的监管边界,许多情况下政府的监管远远超出了适度监管的界限,权力越大,控制的资源越多,直接导致的是对投资者私有产权的侵犯。①

政府的自利性目标同公共利益目标在一定情况下会存在冲突,这种情况下就存在一个问题,如果国家利益高于投资者利益,那么就会以损害投资者的利益实现国家利益,以效率换取公平。证券市场的制度扭曲导致了监管行为的扭曲,而扭曲的监管行为又被扭曲的市场放大。由于政府监管不是以独立的第三者身份出现,而是带有"自利性"的为国企服务的目标,因此政府的目标需要借助股市的发展来实现。这种情况下就要依靠政府的信用为证券市场背书,也就衍生

---

① 本部分内容借鉴了钱颖一所著的《市场与法治》中关于在中国转轨经济下政府为何干预市场的分析,发表于《经济社会体制比较》,2000 年第 3 期。

出中国上市公司基本不需要自身的“信誉”,就可以为证券市场所接受。其原因在于上市公司的国有性质,政府信誉是国有上市公司的最大担保,投机炒作的背后是政府对股市负无限责任的认同。因此就会出现政府从自身利益最大化出发,频频干预市场,使股市运动服从其效用函数。市场自身的供求均衡演变为政府干预下的“控制均衡”。依据上述内容,笔者整理出“政府对证券市场干预的成因”图,见图3.5。

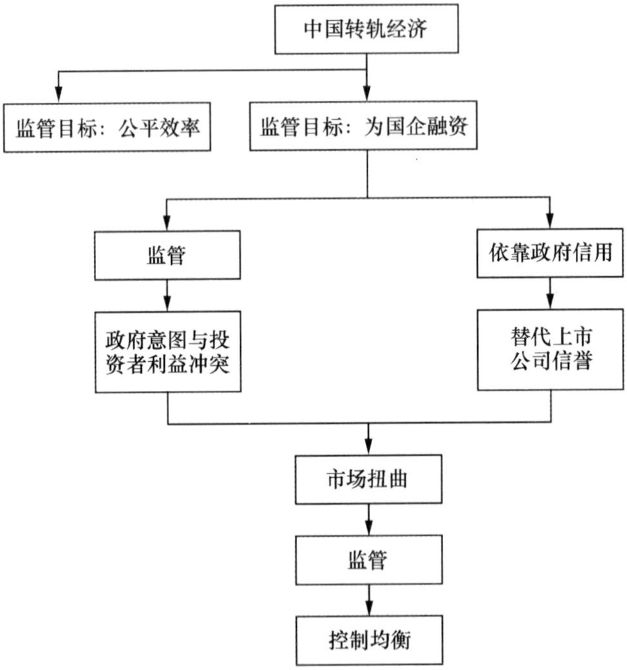

图3.5 政府对证券市场干预的成因

资料来源:笔者整理。

3.2.3 政府干预下的我国证券市场的发展

中国资本市场迄今为止的发展可称得上是一个奇迹。从1990年年底沪深两地的证券交易所开业算起,中国资本市场在短短的22年中基本完成了其他国家需要上百年时间走过的历程。资本市场在市场经济体系中的作用渐趋重要,但是这种跨越式发展也为中国证券市场带来了很深的困惑。

第一，政府对股指涨跌的干预。中国证券市场自成立以来政府监管就秉承着在稳定中实现为国企脱困、为国企融资的政府目标，因此监管更为注重的是股指变化，而不是对市场机能、机制及市场三公原则的培育。在市场低迷时，为了社会稳定，政府和监管机构多次采取行政或政治手段进行“托市”或“救市”。如1994年7月出台的“三大救市政策”和1999年6月15日《人民日报》发表的特约评论员文章。[①] 当市场处于牛市时，监管机构由于担心市场出现过热和投机，监管与规范上升为首要目标。此时，监管机构采取多种手段抑制市场过热，但由于与市场发展趋势和投资者预期相反，这些政策收效甚微，难以达到预期目的，最后迫使政府和监管机构采取极端的手段来抑制和冷却股市，造成市场剧烈震荡。如1996年至1997年上半年长达一年半的牛市期间，为抑制股市过热，从1996年4月份开始，政府和监管机构先后出台了12项措施抑制股市上涨，包括严禁信用交易和市场操纵、限制证券商自营、处罚违规机构和加强风险教育等，并史无前例地于12月16日在《人民日报》上发表了特约评论员文章《正确认识当前的股票市场》。比较而言，美国股市在遭遇重大事件时，政府的干预主要体现在运用市场手段调控。[②] 但在1997年，爆发亚洲金融危机后，我国政府的目标又发生转换，政府意识到通过股市的财富效应可以刺激消费，从而带动国民经济的增长，于是一系列的利好政策又成为1999年“5·19行情”的重要因素。

第二，既然政府成为股市发展的最大获益者，那么政府信用的重要性也就掩盖了对上市公司的信用需求。政府要为股市发展承担无限责任，市场对上市公

---

① 1999年6月15日，《人民日报》头版发表署名为特约评论员的文章，标题为《坚定信心，规范发展》，给当年5月19日以来的行情定性，认为调整两年之久的中国股市开始出现了较大的上升行情，反映了宏观经济发展的实际状况和市场运行的内在要求，是正常的恢复性上升；并指出证券市场的良好局面来之不易，各方面都要倍加珍惜。此文发表后，股市随即出现大涨，从6月15日的1 387点激活，6月30日最高达到1 756点。

② 2001年的“9·11”恐怖袭击事件发生后，投资者丧失信心，股市面临大幅下跌的危险。美国政府没有采取直接措施干预市场，而是通过降息、向银行系统提供资金和政府官员讲话来稳定投资者的信心和市场。9月17日，美联储宣布将联邦基金利率和贴现率分别下调0.5个百分点，以刺激经济复苏，并表示利率可能会进一步下调。在袭击当天，美联储就立即宣布保证向银行系统提供充足的现金。在12日至14日的三天里，美联储就向金融系统注入了1 180亿美元。美联储还于14日发出通知，要求各银行与受到恐怖袭击事件直接或间接影响的客户密切合作，以确保信誉可靠的借款者能够得到贷款。政府官员还发表讲话看好美国经济。这些措施使得市场在突发事件后没有出现恐慌性的下跌。

司的诚信要求反而退居次位，导致市场出现了一大批上市公司的黑幕、丑闻，如红光实业、大庆联谊等，造成了极为恶劣的影响，投资者的信心受到严重打击。市场随之又陷入长达近两年的低迷状态。目前政府及监管部门虽然意识到了市场的自我调节功能，应尽可能地避免直接干预，更重视调控市场的方式，但是当政府提出利用股市大规模变现非流通股实现股改目标时，对市场遇到的空前阻力依然采用了直接行政干预的惯有手段。

第三，政府的监管与行政干预混为一谈。证券市场需要监管毋庸置疑，但政府对市场所表现出来的介入行为，已远远超出了证券市场的“内生性需求”。在相关法制体系不完备的情况下，这些监管链条上产生大量寻租行为。① 股票的融资与再融资需要经过政府严格的审批，导致融资行为成为企业、证监会、地方政府、国家主管部委之间的多重博弈；券商、基金公司等的市场准入需要政府审批；证券市场上各类投资产品的产生和创新需要政府审批。由于监管与行政干预的界限模糊，导致在需要监管层严厉监管的方面，监管层反倒失去权限，而在需要市场自身完成的方面却有大量行政干预。

通过对我国证券市场22年来监管目标和政策因素的分析，可以初步得出以下结论：(1) 在“稳定是压倒一切的大局”及“为国企改革服务”的政治诉求下，对市场三公原则的培育是第二位的，或者是附属于前者的。(2) 在监管方式上，以行政手段为主，忽视市场自身的发展规律和运行效率。市场运行的驱动机制不再依托于市场自身的素质(如上市公司质量等)，而是依赖于政府的推动，从而强化了市场参与者对政府和监管者的路径依赖，损害了市场发展的基础；同时由于政策多变和监管尺度不一致，导致市场缺乏预期和理性，进一步加剧了市场的投机和不规范运作。

3.2.4 “政策市”的文献回顾

在中国证券市场的发展历程中，政府对股市的干预非常频繁，因此“政策市”成为中国股市的一大特点。胡金众(2002)认为政府从市场监管的角度出发

① 典型案例是王小石案，2004年11月4日，中国证监会发审委工作处副处长王小石，涉嫌向拟发行上市的公司出卖发审委资料被检察机关带走。王小石事件引起监管层的反思，并由此促进发行制度改革和完善，以大大提高证券市场的透明度。

过多地干预了股市的运行，导致股市频繁波动，股市效率低下，存在“政策反应不足”或“政策反应过度”。潘伟荣、梅雪（2002）、胡金众（2002）研究了沪深两市的异常波动事件，发现股指的异常波动几乎都与政策出台相对应，政策以 52% 的比例位居影响股指原因的第一位。史代敏（2002）运用干预模型分析了政策影响股市波动的特征，认为中国股票市场的供需矛盾、结构矛盾及市场参与者不成熟等原因，使政府加强了对股票市场的监管和调控；政策干预及调控成为市场波动的一个主要影响因素。彭文平等（2002）用经验实证和建立的理论模型，证明了股市政策内生的动态不一致性；政府运用股市政策，不但不能稳定股市，反而会造成和加剧股市的波动。许均华等（1996）利用 Wichem 和 Miller 的办法，先鉴别出我国股市运行中的波动点，然后确定这些波动点有多大比例是由政府股市政策造成的，最后得出的结论是：股市政策较大程度地影响了中国股市的波动，股市运行受短期性的政策事件影响较大；但政策事件对股市的冲击作用正在逐步弱化，股市政策调控趋于成熟。金晓斌和唐利民（2000）统计发现，1992—2000 年年初，政策性因素是股市波动的最主要的动因，其占总影响的 46%；类似地，施东晖（2001）的实证研究表明，在 1992—2000 年年初沪市的 52 次异常波动中，由政策性因素引起的共有 30 次，占到了 60%。“政策市”对我国的投资者的行为已经产生显著的负面影响，使得投资者对市场利好和利空消息存在不对称反应，“政策依赖性极强”（李心丹等，2002；刘金全，崔畅，2002；陆蓉，徐龙炳，2004）；另一方面，“政策市”也使得本来用以分散银行系统风险的目标扭曲，在证券市场上又重新形成了风险积聚（张宗新等，2001；唐寿宁，2001）。成九雁、朱武祥（2005）分析了 A 股市场政府低迷托市和高涨打压的起因、机制和后果，并且指出了双向干预下监管者的均衡收益要大于没有干预下监管者的收益。张宗新、姚力和厉格非（2001）使用非对称信息动态博弈，解释了政府对证券市场发展的隐性担保契约对证券市场制度风险的形成机理。

众多研究趋向的统一结论是：政府的干预是导致我国股市价格波动的重要因素。另一方面，监管本身也存在诸多负面效果，比如政策干预造成市场预期的不稳定，滞后的监管政策反而可能加剧市场的波动等（马黛，孙国良，1993；王晋斌，2000；张宗新等，2001）。因此部分学者提出，只有在市场处在高度投机或者大崩溃的时候，监管者才应当直接干预市场价格，否则监管者最好不要插手（马黛，孙国良，1993；钟伟，宛圆渊，2001）。

第三节　政府干预下的中国基金业发展

我国基金业的快速发展在很大程度上归因于“自上而下”的政府推动型发展模式。1997 年亚洲金融危机的爆发也是我国政府下定决心发展机构投资者的导火索,政府认为以基金为主体的机构投资者的壮大,能改变我国股市以中小投资者为主的格局,促进理性投资,提高市场效率,减少市场波动;在基金发起人是国有企业的情况下,还能在一定程度上贯彻政府对证券市场的政策意图;在市场发生剧烈波动时,政府还可以通过窗口指导来影响基金的运作,以实现政府对证券市场的调控目标。

3.3.1　我国基金监管法律体系不完善为政府的干预提供空间

钱颖一(1998)对政府的作用作了精辟的论述。经济人,如果没有制度的约束,都是机会主义者。但是,引进一个强大的政府马上会引入另一个问题,政府监管可以带来两方面的影响:政府既可能用它的权力去保护产权,实施合同,并做有利于市场的监管,也有可能以它的权力破坏产权,不公正地实施合同,做不利于市场的监管,令人忧虑。本来,赋予政府垄断的“守夜人”职责是为了节省成本,但是这一垄断性强制权力使经济人受到政府的威胁。那么什么制度可以较好地解决这一两难问题呢? 既约束经济人,又发挥政府的作用,同时又约束政府呢? 只有依靠法治。以下我们将简述我国法制框架对基金投资者的保护程度,以及在法律体系不完善的情况下,政府对基金的干预尚且存在较大的空间。

法治的第一个作用是约束政府,约束的是政府对经济活动的任意干预。法治的第二个作用是约束经济人行为,其中包括产权界定和保护,而且应保持一定的稳定性和独立性。基金法律体系主要由三个层次组成,即法律约束、规章制度约束、行业道德规范。而当前我国投资基金法律监管层次主要是以《中华人民共和国信托法》、《中华人民共和国公司法》为基本法律,以《中华人民共和国证券法》、《中华人民共和国证券投资基金法》为核心法律,虽然也颁布了相关的指引和行业规范，但缺少诸如美国《证券交易法》、《投资公司法》[1]、《投资顾问法》、《投资者保护法》等的配套法律体系。而且就2004年6月1日开始实施的《证券投资基金法》来看，我国刚刚推出的《证券投资基金法》比以前的《证券投资基金暂行办法》虽然在放宽组织与个人市场准入的条件、基金上市交易流通问题、由证券交易所制定基金上市交易的具体细则等方面有所改进，但是对于基金的约束和规范条款还比较弱，作用力比较差。例如，对保证基金管理人与基金托管人依法行事，保证对他们的行为进行有效监管等方面。目前《证券投资基金法》与以往的经济立法一样，仍然过于强调事前的行政监管，而事中的监管、事后的法律补救依然不足。保护投资者利益已经无可争议地成为各国基金法律共同的目标，但是由于我国基金法律的不完备，造成法律对一些违法事实仅凭《证券法》、《证券投资基金法》等大法难以从立法角度具体保护基金投资人利益，保护投资者利益的法律精神不能得以落实。

3.3.2　为何我国采用契约型基金？

证券投资基金在组织形态上一般有契约型与公司型两种，前者依信托原理运作，以信托契约为建构基础；后者依公司原理运作，以公司章程为建构基础。英国和美国的基金多为公司型基金，日本以及我国香港、台湾地区多是契约型基金，我国大陆也选择了契约型基金。虽然我国证券市场在其发展过程中充分借鉴了欧美发达市场经济国家证券市场发展的经验，但是我国基金在组织形式上却是另辟蹊径。

我国的《证券投资基金法》回避了公司型基金的存在，采用契约型基金。由于公司型基金与契约型基金相比最大的区别在于公司型基金多了一层“投资公司”的中间层，即基金投资者以股东的身份面对投资公司，而由投资公司再挑选基金管理公司，并对基金管理公司的经营管理予以制约监督。在投资公司中设有董事会，投资者作为股东，享有公司经营成果的分配权和公司资产的剩余分配权，有权投票选举公司的董事会，对公司重大变化进行投票表决，这就在组织形

①　美国自1940年颁布《投资公司法》后，投资公司得到很大的发展，成为美国一支相当巨大的金融力量。该法对基金信息披露及运作，投资公司独立董事的组成和选举要求，托管人安排及会计师选择，有关基金运作记录的存档要求等，均有详细规定。

式上保证其独立性，更加有利于保护基金投资者的利益。在契约型基金中，管理人的权限被无限放大，基金的投资决策完全由管理人做主，由于基金不以某种独立的组织形式存在，自然也就不存在基金的公司治理等内外部制约问题，因此基金管理人占有了除基金收益权以外的在契约中没有明确说明的所有剩余控制权。例如在分类表决和股权分置改革中授予流通股的重大表决权，也稀里糊涂地完全成了基金管理人的权力，并导致新的道德风险产生，如基金管理人与上市公司间的利益输送渠道①，同时在政府的行政干预下这种剩余控制权进一步衍生为政府干预下的投票权。由此可见，在中国现有基金全部采用契约型基金的制度背景下，基金的治理存在先天缺陷，这种组织形式为政府对基金的调控与干预提供了方便。

可以说，我国契约型基金最大的制度缺陷是基金管理人居中心地位，对其权力缺乏真正制约，表现如下：

第一，目前我国的情况是基金发起人在基金成立后大多就是基金管理人，这种基金管理公司参与基金发行的做法是有不妥之处的。主要表现在管理人与发行人之间易合谋操纵舞弊行为，即易产生大股东操纵基金或主要发起人与管理人合谋，从而影响一般投资人的利益，或者可能产生管理人为主要发起人谋取自身利益的弊端，实践中这种情况非常普遍。

第二，剩余控制权与剩余索取权的不对称。基金管理人拥有对基金资产的剩余控制权，而不享受基金剩余收入的索取权，基金投资者承担基金运作中的所有风险，而不拥有对基金的控制权，这是基金合约的本质特性。受托人因信托关系而对受信托人所负的债务（支付信托利益），仅以信托财产为限度负有限清偿责任，也就是说，在信托事务处理过程中，只要受托人没有违反信托和已尽了职责，即使未能取得信托利益或造成了信托财产的损失，受托人也不以自有财产负个人责任。未能取得信托利益时，可以不向信托人支付；信托财产有损失的，在信托终止时，只将剩余财产交给受益人即可。

目前，经济学关于公司治理研究的初步成果是剩余索取权与控制权应当尽

① 2005年5月23日，神火股份被否决的再融资方案，在进行再表决后又被通过，此前重庆百货也有类似的表演。为何当初反对的机构出尔反尔？这其中有何内幕？在非流通股股东抛出巨额申购基金单子的时候，基金管理公司极易以投票权作为“对价”，与当事上市公司的非流通股股东或其关联企业进行利益交换。

可能地对应起来,即拥有剩余索取权和承担风险的人应当拥有控制权;反之,拥有控制权的人应当承担风险。但是基金管理公司拥有剩余控制权,却不承担相应的风险,因为基金管理公司的收益是来自于依据基金规模提取的管理费,即无论基金盈亏,基金的管理费是旱涝保收的。那么在剩余索取权与控制权不对称的情况下,唯一的制约机制就只剩下激励机制。如果基金收益越高,基金规模做得越大,基金的管理费越高,那么对基金管理公司就存在正向激励。但是遗憾的是,总体上看,目前我国这种基金业绩与基金规模之间的正向激励关系不存在①,这就形成了投资者对基金管理公司的制约真空。

总之,公司型基金较契约型基金在组织形态上更加高级,但是公司型基金的代理链条更长,在我国现有的制度背景下,以公司型存在的基金,其组织形式即投资公司同样可能存在严重的代理问题,从而使得投资公司无法对基金管理公司进行有效监督。在这种情况下,我国法律限定了基金采用较为简单的契约型组织形态,以政府对基金管理公司的直接干预或者说是过度监管来替代市场的制约机制。

3.3.3 我国基金业发展中存在的行政干预问题

在我国证券市场,基金业的发展在一定程度上也受到了监管层的行政干预。这种行政干预既体现为对其发展的大力支持,也体现为对其作为市场主体独立决策机制的干预。本书在进行总结后进行例举。

1. 新股配售

在基金业发展的初期,政府通过行政手段对基金给予大力扶持。1998 年 8 月 11 日,中国证监会发布了《关于证券投资基金配售新股有关问题的通知》,公开发行量在 5 000 万股以上的新股均可向基金配售。1999 年 11 月 11 日,中国证监会发布了《关于进一步做好证券投资基金配售新股工作的补充通知》,公开发行量在 5 000 万股以上的新股,按不低于公开发行量 20% 的比例供各基金申请配售。巨大的一级市场无风险利润,使基金公司加速完成原始积累,提高自身的整体实力。2000 年上半年,舆论和专家开始对基金享有新股配售的特权产生

---

① 实证表明只有在业绩较高的个别阶段,我国基金流量与基金业绩间才存在正向激励。但由于总体上,我国股市的赚钱效应较差,基金的整体业绩不理想,因此回归结果证明基金业绩与流量负相关。后文将予以证明。

质疑,认为基金所取得的业绩主要来源于配售的新股,假如没有这部分“无风险收益”,多数基金的表现将令人失望。而且最重要的是在一定程度上损害了证券市场的“三公”原则和市场效率。最终,证监会于2000年5月18日发布了《关于调整证券投资基金认购新股事项的通知》,取消了基金配售新股的特权。

2. 基金发起、设立及产品设计

我国的基金发行制度是政府审批制,从发起人的资格条件认证、发起设立、基金的募集运用、基金各参与主体之间的利益分配都会受到政府监管。其中,对基金发起人和托管人的设定门槛较高、条件限制很多,使基金管理公司的设立成为一种稀缺资源,导致了寻租现象的发生。它同时造成基金管理公司缺乏竞争机制,间接导致基金费用居高不下。政府对我国基金业行政干预的另一方面体现在对基金产品设计和发行的干预,在产品发行时由于采取行政“调节”,基金难以发挥自己的特长。在2005年股市萧条时,各基金公司纷纷将新产品开发转向固定收益类基金等低风险产品,货币市场基金的发行更是火爆。管理层为了以新增资金托市,要求基金公司的新产品申报应以股票型基金为主,并要求基金公司做好股票型基金营销工作,政府的这种干预行为在一定程度上降低了股市的市场化。

3. 基金的投资策略

一般情况下监管层不应干涉基金作为市场主体的买卖行为,因为基金是独立运作的主体,代表的是持有人利益,而不是监管层的意愿,买卖股票属于基金的正常投资决策。但是,当股市面临极度恐慌性下跌时,监管层通常会召开会议或以口头下达的方式要求基金公司减少卖出股票进行护盘。这也从一个侧面暴露出政府对市场监管手段的匮乏。基金不是政府调控股市的窗口公司,如果需要在危机时刻救市,那么履行这种职能的应该是政府的平准基金,而不是证券投资基金。在这里我们可以深切地体会到由于证券市场具有外部性效应,政府对证券市场可能出现的市场风险,以及由此传导到整个金融体系的风险所表现出的极度忧虑。那么在市场失灵的时候,我们应该建立怎样的市场调控机制,更重要的是为了这一机制的建成又需要完善哪些市场法制基础?这是理论界、实务界及监管层需要深入思考的。

4. 股改中基金的投票权

2005年,我国政府下大决心解决困扰中国股市多年的“二元股权结构”问题,同年中国证监会颁布《关于上市公司股权分置改革试点有关问题的通知》。在通知中表明非流通股股东需向流通股股东支付对价获得流通权,制订的股改方案如要获得通过,不仅要经参加表决的股东所持表决权的三分之二以上通过,并且要经参加表决的流通股股东所持表决权的三分之二以上通过。新规定给予流通股股东对股改方案的一票否决权。在巨大的杠杆效应下,流通股股东手中的投票权成为关注的焦点。流通股股东的否决权起到了威慑作用,它促使非流通股股东提高对价。为了股改试点工作的顺利进行,证监会在基金公司的联席会议上,一再要求基金公司统一思想、支持改革。为了配合股改的完成,管理层下达了“股改必须要在今年内(2006 年)完成”的死命令,而完成股改的前提要件就是作为流通股大股东的基金投出赞成票。相关部门动用绝对权力后的效果是显而易见的,第二批 42 家试点方案全部通过。而且股改至今,少数没有通过股改的公司,恰恰是基金所持股份较少或没有。

5. 基金赎回

2005 年 3 月 9 日,中国证监会向各基金管理公司下发通知,要求各基金管理公司每周一将上周每个交易日的基金申购赎回情况上报证监会基金部。通知称“此举是为了及时了解市场投资资金的流动状况”。不过此举遭到了保险业内人士的质疑,监管部门采取此项举措是担心开放式基金的机构投资者巨额赎回引发的市场大跌。机构投资者投资的目的是为了盈利,将稳定市场的责任寄托于机构投资者是不恰当的。既然机构投资者对于后市没有信心当然会选择赎回基金,况且开放式基金本身就是可以随时申购赎回的理财产品,赎回属于合情合理的行为,证监会严查基金赎回行为带有明显的行政干预色彩。

6. “超常规、跨越式”发展基金战略

从 2000 年开始,证监会多次提出要“超常规、跨越式”发展机构投资者,而这种“超常规、跨越式”发展的核心就是基金。但是,基金是否能够“超常规”发展应是市场运作和市场主体自主选择的结果,而不是政府设计和选择性政策的结果。其实质是政府利用强制性的行政权力来代替市场进行利益分配,政府在处理其与证券市场的关系上试图取代市场而不是补充市场。在不存在市场失灵的地方干预市场的正常运行,其结果既引致市场失灵,又使得政府失灵问题更为突出。

总之,作为一种金融中介,基金管理公司有权按法律的规定设立并依据章程运作基金,政府不应对此过多干预。政府的监管责任应该是监督并运用法律来加强对基金管理公司的治理,确保经理人诚信履约,减少基金经理人的欺诈行为和道德风险,规范基金的信息披露,建立对基金管理公司的检查与惩罚机制、诉讼机制等确保市场秩序的运行,最终实现对投资者利益的保护。

基金的财产是委托人的私有财产,基金管理公司负有对委托人而非政府的信托责任,政府对基金的监管不能以损害基金持有人的私有产权为前提。当证券投资基金成为政府调控市场的工具时,政府的信誉受到严重损害,政府在实现了调控市场的短期目标时,将以损害市场公平为代价。

第四节 美国基金业的政府监管

3.4.1 完善的法律体系

美国对共同基金的管理基本上是依法进行的。基金立法是双轨制即联邦立法和州立法(“蓝天法”)。联邦基金法体系以 1940 年的《投资公司法》为核心,辅之以 1933 年的《联邦证券法》和《信托契约法》、1934 年的《联邦证券交易法》、1940 年的《投资顾问法》、1970 年的《证券投资者保护法》。在强调公司内部治理作用方面,美国 1940 年的《投资公司法》的关键内容就是强调投资公司的董事、独立董事对基金投资者保护的行为规范。在强调公司内部治理基础上,美国还强调投资者对于自身权益的保护,投资者有权对投资顾问协议、董事成员和收益分配的安排等影响到投资者权益的关键事项进行表决,有权批准公司投资策略的变动,有权影响董事会的构成等。因此,在美国基金市场上,基金持有人参与公司的内部治理在保护投资者权益方面处于十分积极主动的地位,相比之下,监管机构则处于相对消极的超脱地位,这是以美国完善的市场机制和法制环境为基础的。

3.4.2 基金的监管体系

美国对共同基金实施监管的机构主要是证券交易委员会(SEC)。证券交易委员会是一个完全独立的准司法性质的管理机构，不受任何政府机构、政党和上市公司的影响，具有一定的立法权和司法权，证券交易委员执法权高度集中，对基金市场实行统一管理，对共同基金的发行与交易活动进行管理，检查、审核基金公司的经营活动，监督基金法律的执行，它只是扮演着“裁判员”的角色。证券交易委员会是美国政府机构里受政治因素干扰最少的机构。通常情况下，白宫对证券交易委员会的运行没有直接影响力。在美国，强调市场的约束力和公司内部的治理对保护投资者权益的积极作用，其监管机构相对处于一个比较超脱的市场地位。另外，交易所、全国证券商协会(NASD)和托管人(TRUSTEE)起辅助的监管作用，它们常被比喻为“三驾马车”。作为基金行业的自律性组织，美国投资公司协会(ICI)是全美共同基金的协会组织，它历来与监管部门合作愉快且相处融洽。美国共同基金的监管体系见图3.6。

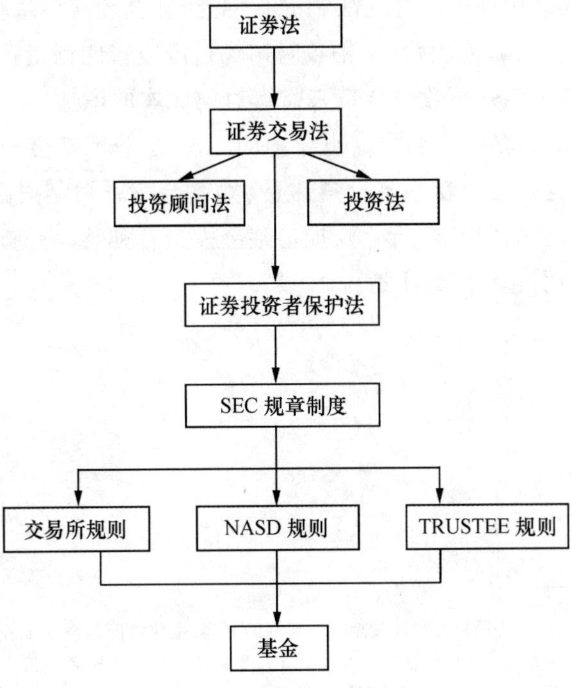

图3.6　美国基金监管体系

资料来源：笔者整理。

3.4.3 政府是否存在过度监管?

美国基金业市场化的程度非常高,在这样一种法制的环境下,诚信原则极为重要。政府对共同基金监管的主要特点可概括为:注重监管立法、独立权威的裁判员、基金行业自律及企业自由式经营的有机统一。监管目标集中在制定有关基金法规,监管基金管理人、托管银行、过户代理商、分销商及其他为基金提供服务的机构和人士是否合规经营,基金资产是否得到安全保管,基金信息披露是否及时、完整、充分。美国对基金的设立采取注册制,即只要满足条件,任何机构和个人都可以通过注册的方式进入基金行业。注册过程中美国证监会关注的是基金所提供材料是否包含投资决策所需要的各种信息,至于基金本身的优劣、基金本身对于投资者保护的合理程度等,则主要由投资者自己对基金管理公司披露的信息作出判断。因此可以说在法制的基础上,美国政府对基金的过度监管非常罕见,一些监管措施的出台,会招致对市场过度监管的指责,但是这些指责也主要是停留在认为监管新政也会带来监管对象成本的增加,最后损害基金投资者的利益。例如,过多的信息披露也会增加工作量,分散基金管理人的精力,增加基金成本,而且还会泄露基金投资信息(如基金按季强制披露其投资组合可能引发别的投资者的"抢跑"行为),损害基金投资者利益,特别是集中出台一些监管政策可能会引起市场的不适应。①

---

① 但是近几年,由于美国证券市场发生的一系列的丑闻,也使美国基金业步入了一个低迷的状态。2001 年冬,美国证券市场发生的以安然为代表的公司丑闻事件降低了投资者的信心,SEC 面临着前所未有的危机,于是只好加强监管,SEC 为了发挥机构投资者在上市公司治理的作用,要求基金公司和基金管理公司应披露其在有关涉及影响上市公司投资者利益的问题上的投票政策和程序,保存投票记录,披露与投票政策不一致的信息。当时,美国投资公司协会强烈反对这一针对共同基金的政策,以致业内两家死对头——诚信基金的主席雷德·约翰森(Ned Johnson)和先锋基金的主席约翰·布雷兰(John Brennan)在报纸上发表联合声明强烈反对,并指责 SEC 过度监管。

第四章　基金的融资功能研究

第一节　研究背景与文献回顾

在我国开放式基金的融资功能并不理想，体现为开放式基金存在巨额赎回问题，本章将研究影响我国开放式基金的赎回因素有哪些，为何与美国开放式基金的赎回机制存在显著差异，为何基金业绩与流量间的正向激励机制不存在。

根据基金发行后能否赎回，基金可分为开放式基金和封闭式基金。开放式基金的规模是不确定的，随投资者的申购和赎回而增减变动；而封闭式基金募集完成后，其规模固定不变。在国际上，开放式基金相当于美国的共同基金，已经成为一种主流基金的形式。①

我国开放式基金自 2001 年 9 月成立之初就一直伴随着巨大的赎回压力，为了应对赎回，各基金公司一方面采取各种对策，包括扩大营销渠道，高额分红、增加融资等措施；另一方面基金公司不断地用新基金“发新补赎”，实现基金整体规模的扩大。从理论上说，开放式基金相对于封闭式基金的优越机制就是通过申购赎回产生的“优胜劣汰”。当投资者对基金的管理不满意时，投资者可以直接按照基金净值赎回，这一方面加大了基金管理公司的压力，只有不断提升业绩才能够吸引新的投资者并巩固老的投资者，从而壮大基金规模获取更多的管理费。

2003 年，我国开放式基金的净赎回率为 32.7%②，与全球最大的共同基金市

---

① 到 1998 年年底，美国开放式基金资产为 55 252 亿美元，封闭式基金资产为 1 516 亿美元，仅是开放式基金资产的 2.7%。

② 净赎回率，如赎回大于申购，净赎回率为正，基金流量体现为净流出；如赎回小于申购，净赎回率为负，基金流量体现为净流入。各基金按照等权计算。

场美国相比,我国开放式基金的净赎回率显著高于美国。美国共同基金在整个20世纪90年代,一直处于净申购状态,表现出基金绩效提高,基金申购增长,基金规模扩张的良性循环。而且即便在2000—2002年美国历史上的第三大跌幅期,美国共同基金面临的赎回压力也并不大,2002年净赎回率为0.9%,见图4.1。

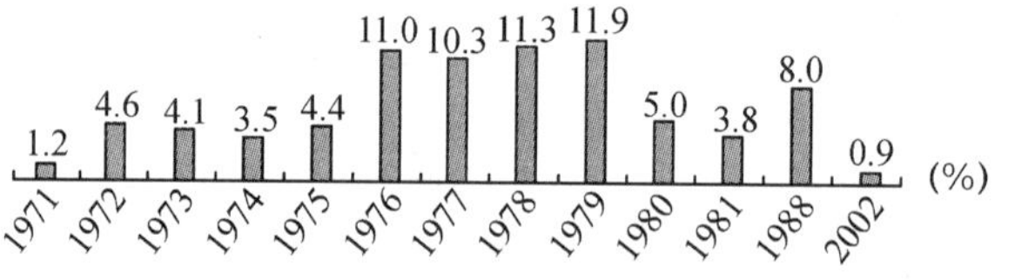

图4.1 美国股票型共同基金净赎回率统计表

注:(1) 净赎回率指标,即全年资金净流出额除以年初、年末资产均值。

(2) 股票型基金在1971年以前每年没有发生过净流出。

资料来源:ICI(2001)。

在美国ICI(2001)提供的研究报告摘要中对共同基金持有者的赎回行为、持有时间及交易频率进行了分析和研究。对过去10年所有共同基金赎回行为的实证研究发现:典型股票型基金持有者的赎回行为是不频繁的,而且投资者通常是在有大额的支出项目时(如买房、买车、支付教育费和其他)才会赎回基金。随后在由美国ICI和SIA(Securities Industry Association)联合发起的美国股票所有者调查显示:82%的拥有股票型基金的家庭在1998年12月至1999年1月的12个月内没有赎回基金,有9%的家庭赎回1次,只有1%的家庭赎回6次以上。在20世纪90年代ICI连续进行的三次调查中均显示债券和货币型基金的赎回率高于股票型基金。Mrcis et al.(1995)研究认为典型的个人或家庭美国共同基金持有者是长期投资者,他们购买共同基金是为退休储蓄,因此对市场短期的快速下跌不会匆忙地作出反应,在市场面临巨大波动时,美国共同基金面临的赎回压力并不大。

Reid,Kimball(2003)研究了2002年的美国基金市场。2002年是美国股市历经20世纪90年代的快速发展后暴跌的一年,股票型基金市值较之2000年顶峰期缩水42%,2000—2002年也是继1929—1931年经济大萧条之后的第三个巨幅下降期,但股票型基金投资者对此的反应并不激烈,共有270亿美元的资金流出,占股票型基金总资产的0.9%,是继1988年之后14年来首次出现资金净流出的年度,但是显著低于70年代和80年代的熊市赎回率。其研究同时证明了股票型基金的赎回率和当月(*T*)股票指数的下跌以及*T*-1、*T*-2、*T*-3期股票指数的上涨相关,并且和*T*-1、*T*-3期的资金流量相关。

许多国外文献研究了共同基金业绩与基金流量的关系(Flow-Performance Relationship,FPR)问题。Roston(1996)认为二者存在非对称性和凸性的特点,即投资者是通过基金的历史业绩了解基金品质的,而且对于不同品质的基金,相同的业绩也会带来不同的市场反应。对于历史业绩较好的基金,即便是当年收益率较差,投资者也大都会被归结为偶然运气不好所致,并不会影响在此期间对该基金的投资额;如果当年的收益率高更会加深投资者对该基金的认同,并迅速导致新资金的流入;而对于历史业绩较差的基金,即便某年出现较高的收益率也只是被归结为偶然运气,而坏业绩的连续出现将导致资金流出。但是业绩好的基金其FPR曲线较业绩差的曲线更为陡峭,这就是说好业绩带来的资金流入比差业绩导致的资金流出更为显著。Gruber (1996)的研究发现基金投资者虽然偏好投资于业绩好的明星基金,但是并未同等程度地卖出业绩差的基金。

Hu(2001)验证了美国1962—1996年间所有国内基金,发现即便在控制了基金的已上市时间后,上述关系仍然存在,而且上市时间短的基金存在更明显的非对称性和凸性的特点,由此认为基金历史业绩和已上市时间是影响投资者认知基金的重要因素。

有关FPR问题从代理模型看基金公司和投资者是站在对立的角度上,基金公司希望所管理的资产最大化,而投资者希望基金公司做到风险调整后的收益最大化。由于基金公司是按照固定的比例依据所管理资产的多少提取管理费,而为了达到所管理的资产最大化,基金必须以优秀业绩面对投资者,因此具有提高风险追求收益的动机,所以FRP的存在也就具有了隐性激励契约的性质。

Zheng(1999)对“聪明的钱”(Smart Money)效应进行了阐述,她发现净现金流入的基金其后续业绩表现比净现金流出的基金要好,规模较小的基金“聪明的钱”效应更明显,即现金流入越大,后来业绩越好。因此可以根据净现金流的情况来预测小规模基金的后续业绩表现。Ippolito(1992)指出投资者在选择基金时总是根据基金的历史业绩,流入赢家基金的资金量要显著地快于流出输家基金的资金量。Froot et al. (1998)也发现了基金收益和基金流量之间的正反馈关系。Annaert et al. (2001)发现基金业绩同历史业绩相关,在其他许多有关基金业绩持续性的文献中同样证实了这一点，而且有“弱者恒弱”的现象；他们发现欧洲的股票型基金业绩和规模正相关，大基金表现优于小基金，这说明了在欧洲的股票型基金具有规模经济性的特点。Barber et al.(2000)对1991—1996年美国共同基金的家庭投资者进行了研究，发现投资者选择基金主要是依据基金过去的业绩表现，投资者买入基金时一半以上是选择了上一年度中排名前20%的基金；投资者卖出基金时同样依据其以往业绩，但是投资者不愿卖出已有损失的基金，而且卖出盈利基金的可能是卖出亏损基金的2倍，基金交易中40%的卖出集中在业绩排名前10%的基金中，只有不到15%的卖出是出现在业绩最差的10%中；最后，投资者对基金所设定的费用方式敏感，但是对费率不敏感。

Sunder(1998)研究发现基金成立时间和收益是投资者在选择基金时的重要因素，而基金的品牌形象和收益是投资者考虑的基本因素。Chakarabarti，Rungta(2000)强调了品牌效应的重要性，虽然影响品牌的因素不易衡量，但是它确实影响了投资者的认知和对基金的选择。在有关投资者如何选择基金的行为金融学研究中，Goetzmann et al.(1994)指出投资者的心理影响基金选择和转换计划。

再有，一些文献研究了资金流入共同基金的总量与整个市场回报的关系。一般而言，这些研究集中在以下问题：共同基金流量是因变于同步的还是滞后的股票收益？股票收益是因变于同步的还是滞后的共同基金流量？Warther(1995，1998)发现非预期的流量与股票收益在月度频率上有很强的同步关系。但他也认为这种关系并不足以推断流量和收益之间有因果关系，因收益可能推动了流量，或者流量推动了收益，或者有第三方因素，比如新信息推动了两者。Edelen和Warner(1999)用高频数据研究了美国股票型共同基金整体资金流量与市场收益率间的关系，得到的结论是：基金的资金流量影响股市收益率，并将之归结为是新信息对收益率和资金流量产生了影响，而它们之间并不直接相关。Keim(1999)，Edelen(1999)指出资金流动产生机构交易，未预期的资金流量应该作为随后发生的未预期机构交易的代理变量，当未预期流量可以被察觉到时，在交易预期下，价格效应就会发生。

最后，实证研究发现共同基金流量会影响股市收益。但是基金流量会影响股市流动性吗？如果是这样，资金流与流动性的关系是怎样的？Wang and Wang(2002)认为共同基金经理人为了应对共同基金的赎回风险，需要卖出股票，而且基金经理人往往在股市下跌时对市场信息反应过度，恐慌性卖出股票。他们的实证结果支持了股市波动性与基金流量存在负的同步相关的假设,并且进一步发现基金流入和基金流出对股票市场的影响存在显著的不对称,基金流入与市场波动性负相关,而基金流出与市场波动性正相关。张文魁(2001)提出开放式基金在赎回压力下为保持流动性不能长期持股,频频通过短线交易保持现金量,导致投机特征明显,甚至成为股市不稳定的力量。

第二节 中国开放式基金业绩与赎回的分组统计

图4.2绘制了我国开放式基金在2003年第1季度至2004年第3季度基金流量与业绩的十分位数关系图;图4.3绘制了我国2004年第4季度至2007年第4季度基金流量与业绩的十分位数关系图;图4.4绘制了我国2003年第1季度至2004年第3季度按季度分布基金流量与业绩的关系图,并加入了平均净值指标;图4.5绘制了我国基金2004年第4季度至2007年第4季度按季度分布基金流量与业绩的关系图。从这几张图中可以明显地看出我国开放式基金市场上基金流量与业绩的关系的转变。

4.2.1 净赎回率与基金业绩

共同基金流量和业绩之间(FPR)的研究证明基金业绩与基金流量之间存在正相关①,而且流入赢家基金的资金量要显著地快于流出输家基金的资金量。但我国开放式基金在成立初期却出现了一种"背离",从图4.2中可以明显地看出,随着基金业绩增长,净赎回率不降反升,而且随着业绩的不断提高净赎回率在第7组时达到峰值,之后伴随业绩增长的稳定提升净赎回率开始下降。另外,从这10组数据中看到,唯一出现净申购的只有在业绩最差的第1、2组,表明市

① Barber et al.(2000)对1991—1996年美国共同基金的流量与业绩十分位数关系图中表明,在业绩最差的第1组中赎回率最高,之后随着业绩的提高赎回率逐渐下降,到业绩最好的后3组中开始出现净申购,直至业绩最好的第10组时,买入、卖出量都显著放大,但是买入资金明显高于卖出资金,净申购大幅提高。

场“抄底”的心态强烈，或者说在业绩的谷底套牢的投资者不会再变现出局。上述结果表明，在基金业发展早期如样本期间2003年第1季度至2004年第3季度，市场的赎回率高企，净申购很少，只出现在套牢时(第1、2组)，这是因为当净值增长率为负时，如果卖出基金即意味着兑现亏损，因此投资者宁愿选择“套牢”也不会选择兑现，从而有力地抑制了资金流出，另外部分抄底资金涌入导致净申购。综合上述分析，可以说投资者并不是非常认同基金的投资业绩，基金业绩的增长没有导致净申购，只是大幅降低了赎回率。

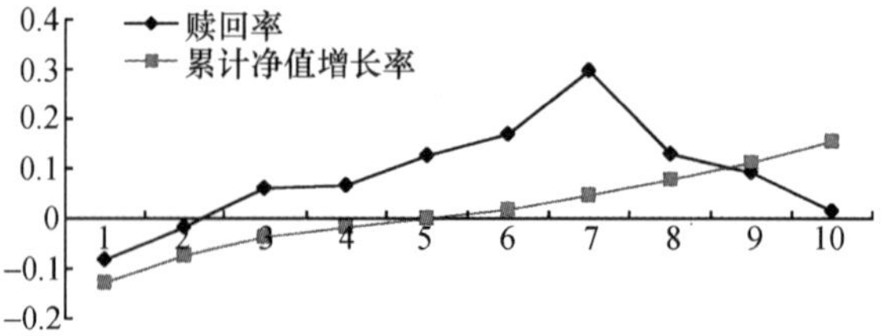

图4.2 净赎回率和净值增长率十分位数关系图(2003年第1季度至2004年第3季度)

注：横轴表示按照基金净值增长率的十分位数排序，第1组表示业绩最差，第10组表示业绩最好。

4.2.2 极值分析

在图4.2中，当净值增长率最高时(第10组)，资金流向为净流出，即净赎回率为1.4%。虽然无法判断净赎回率的降低是由于赎回显著降低还是买入资金踊跃[①]，但可以肯定的是新增买入资金绝对没有踊跃到大于卖出资金。另外，当净值增长率最低时却出现净申购。

如果将上述时期称为基金发展的初期，那么接下来本节将研究基金的后续发展。图4.3显示了2004年第4季度至2007年第4季度基金赎回与业绩增长的关系。可以看到这一期间，基金的业绩与净赎回率的背离程度开始下降，净赎回率在第1—9组都为负，表明市场在进行净申购。但是意想不到的是到第10组即业绩最高时反而出现净赎回，并且净赎回率达到了8.2%，这说明基金的业

① 在样本期间我国开放式基金并不是每个季度都分别披露基金份额的买入、卖出，只有二者相抵后的净流量。

绩达到最好时，市场呈现出“见好就收”、“落袋为安”的心态。而且从第1—9组的趋势看，净申购率（<0为净申购率，>0为净赎回率）出现反复。如在第4—5组，净申购率接近停滞，而到了第7组，趋势发生反转，净申购率开始掉头向上，直至第10组时出现正向的净赎回率。这进一步说明随着基金入市时间的增长，基金逐渐获得投资者的认同并开始大幅申购，但投资者在基金业绩增长的最高点“落袋为安”的心态也尽显无遗。

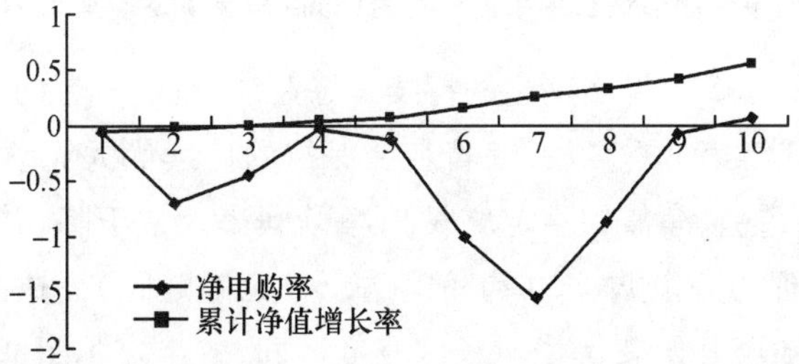

图4.3 净赎回率和净值增长率十分位数关系图（2004年第4季度至2007年第4季度）

注：横轴表示按照基金净值增长率的十分位数排序，第1组表示业绩最差，第10组表示业绩最好。

4.2.3 业绩持续与投资者的“处置效应”

一方面，投资者的赎回行为具有明显的短期行为特征，表明投资者存在强烈的“处置效应”[①]（Disposition Effect）心理，即长期持有亏损基金，而快速兑现盈利基金，见图4.4、图4.5。投资者将面值1元（新基金成立时的发行价）作为心理底线，当基金净值高于1元时，投资者获利快速套现，净赎回率大幅增长；当净值跌破1元时，投资者宁可套牢也不会赎回，体现为净赎回率较低或为负。但更令人关注的是，当净值从低于1元到突破1元时，投资者“解套”后净赎回率大幅提升，如2003年第4季度、2004年第3季度、2005年第4季度。这正符合前景理论[②]（Prospect Theory），即投资者对待盈利和亏损的风险是不同的，会给予损失更多的权重，也是投资者“有限理性”[③]（Less-perfect Rationality or Bounded Rationality）的生动写照。

① 最早由Shefrin and Statman（1985）提出。

② Kahneman和Tversky（1979）通过实验对比发现。

③ 这一观点由Herbert Simon提出。

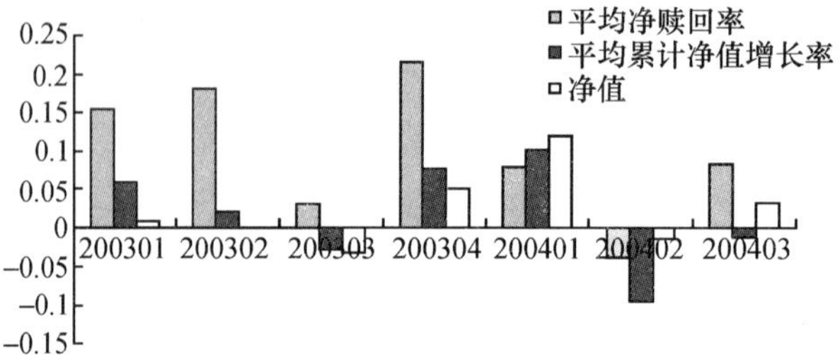

图 4.4　净赎回率和净值增长率季度分布图(2003 年第 1 季度至 2004 年第 3 季度)

另一方面,图 4.5 也说明基金的持续良好业绩,对投资者的赎回决策产生重要影响。在 2006 年第 1 季度后,随着基金保持的持续优秀业绩(表现在累计净值增长率的保持,基金净值的稳定增长),净赎回率大幅下降,并且在 2006 年第 3 季度后一直体现为净申购(<0 为净申购,>0 为净赎回)。这说明随着基金业绩的不断提高,基金开始获得了市场的高度认同,资金在不断涌入,基金规模增长最快的时期是 2007 年的第 1 季度。

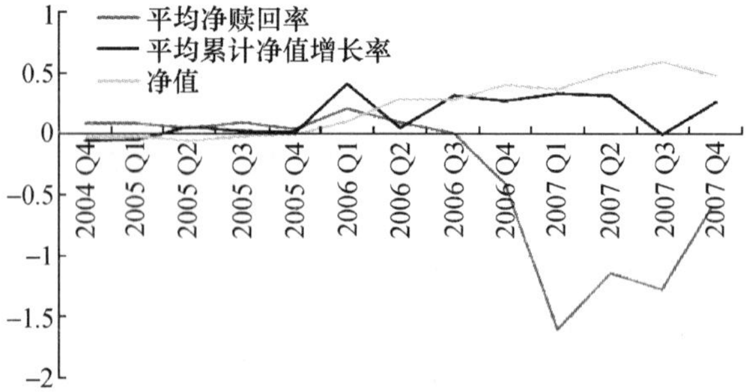

图 4.5　净赎回率和净值增长率季度分布图(2004 年第 4 季度至 2007 年第 4 季度)

第三节　开放式基金赎回的影响因素

4.3.1　研究假设

国外学者对开放式基金赎回的研究表明,过去的业绩是投资者选择基金的重要影响因素(Gruber,1996;Sirri 和 Tufano,1998;Chevalier 和 Ellison,1999),很多文献证实了基金业绩和现金流之间的关系呈现凸性,也就是说当基金业绩好的时候,投资者会增加对该基金的申购而减少对它的赎回;而当基金业绩差的时候,投资者会减少对该基金的申购而增加对它的赎回。

Spitz(1970)最早提出 FPR,对美国 20 只共同基金 1960—1967 年的业绩表现(Performance)和净现金流入(Net Cash Inflows)之间的关系进行了研究,并加入了可支配收入的变量。研究结果发现,业绩表现与净现金流入呈现正相关关系。Ippolito(1992)指出投资者根据基金的历史业绩来选择基金,他们将基金依照历史业绩分为赢家基金及输家基金,结论是流进赢家基金的现金流要显著地快于流进输家的现金流。基于上述结论,本书预期基金赎回与基金业绩的水平变量或增量显著负相关,其中水平变量以基金期末净值表示,增量以基金净值增长率表示。由此得出:

假设 4.1 在其他条件不变的情况下,基金净赎回率和基金净值增长率负相关。

假设 4.2 在其他条件不变的情况下,基金净赎回率和基金期末净值负相关。

接下来,是有关分红的研究假设。虽然我国《证券投资基金管理暂行办法》规定了基金收益的 90% 必须用于分红,而且每年必须至少分红一次,但这种净收益在何时兑现还是由基金管理公司掌控的。Jensen(1986)从代理成本角度提出自由现金流量假说。Bhattacharya(1980)提出股利信号理论,发现市场累计超额收益率和现金股利之间存在正相关关系,股利的发放受到市场的追捧。Graham 和 Dodd(1951)的实证研究同样表明“双鸟在林”不如“一鸟在手”(A bird in the hand is worth two in the bush),因此在股利研究方面,实证检验的结果是股利可以提高公司价值,与经典的 MM 理论相悖。由于股利政策和开放式基金的分红存在相似性,因此我们以股利政策的实证结论推导,分红越多的基金投资者实际获利越多,可以提高基金的价值,因此分红的金额、次数与基金净赎回之间存在负相关。

其二是合理避税的要求,许多基金打出“持续分红”的旗号,也是为了迎合法人投资者避税的需要。现行政策规定,法人投资者(不含个人)赎回基金时获取的盈利收入应缴纳企业所得税,而对所有投资者(包括个人和法人)从基金分配中取得的红利收入暂不征收所得税。从合理避税的角度出发,法人投资者必然希望通过最大程度的分红来降低基金净值，以在需要赎回时规避所得税。

其三是受人们行为心理驱动，行为金融学提出了“心理账户”（Mental Accounts）概念[①]，认为投资者心理上将红利和资本利得纳入不同的心理投资账户，对待红利等资本保值型心理账户，具有较强的风险厌恶特征；对待资本利得等资本增值型心理账户，具有较强的风险承受能力甚至表现为风险追求，因此分红可以使人们的心理账户获得满足。虽然基金分红类似于股票分红，但二者又存在显著差异：股票中股东的收益无论是否分配都已是既定收益；而基金则不然，基金收益是变量，基金分红来源于净值增长，如果基金在净值高时没有套现分红，随着未来净值下降，持有者就会有“上上下下的感受”，经历了业绩增长却并没有享受到胜利果实（虽然股东收益也会在未来发生变化，但显然波动性远低于基金的净值），所以从短期效应考虑持有者有“落袋为安”的心理情结。同时国外研究结果证明大部分基金缺乏对市场时机的把握能力，对我国基金的研究也得出相同的结论，因此如果基金不分红，投资者就极有可能以资本利得的方式自行“获利了结”。

其四是基金分红是基金管理公司获取投资者信任的重要手段，也是确立基金个体及基金行业品牌形象的重要途径之一，可以为今后的基金发行打下良好基础。由此得出：

假设 4.3 在其他条件不变的情况下，净赎回率和分红金额、分红次数负相关。

国外的基金市场存在这样的存续（Survivorship）规则：经营失败的基金将被终止，基金管理公司通常会将这样的基金并入旗下一只或多只业绩优良的基金，该基金的不良业绩也将随着这种“无痛苦死亡”的过程而被埋葬。正是因为市场不断淘汰失败者，所以存在这样一种趋势：只有更成功的基金才能得以存续，因此已上市时间长短成为衡量基金业绩持续性的重要变量。Sunder（1998），Hu（2001）发现基金已上市时间是投资者认知基金品质的重要因素之一。在我国虽然尚未出现基金被淘汰的案例，但基金管理公司的设立依据“好孩子举手”政策，监管当局总是选拔优秀的证券公司先行设立基金管理公司，因此老牌基金有业绩更加优良的可能。

另外，Annaert，Broeck 和 Vennet（2001）发现欧洲的股票型基金效率和基金

① 这一观点最早由 T. Thaler（1999）在“Mental Accounting Matters”中提出。

规模正相关,大基金表现优于小基金。由于基金管理费是按照基金规模提取,因此大基金具有资金优势,从而可能会形成人才优势、信息优势,也具有更大的市场影响力,最终吸引更多的投资者。由此得出:

假设 4.4　在其他条件不变的情况下,净赎回率和基金已上市时间、基金规模负相关。

4.3.2　样本及数据来源

在本节中,选取从 2004 年 1 月 1 日至 2007 年 12 月 31 日各季度已上市[①]的开放式基金的净赎回情况予以检验。共包含了 331 只基金,这其中 2004 年 1 月 1 日前已上市的基金有 61 家。在这 331 只基金中,股票型基金有 151 只,债券型基金有 31 只,货币性基金有 51 只,混合型基金有 98 只。从 2004 年年初至 2007 年年底,这 331 只基金构成 2 689 个观测值,剔除数据不全,并按照 1% 和 99% 分位数进行 Winsorize 后,最终获得 2 233 个观测值。数据分析采用 SPSS 18.0 统计软件,模型均使用非标准化系数,数据来源于国泰安数据服务中心。

4.3.3　实证分析及结果

4.3.3.1　变量设计

本节选取净赎回率为被解释变量表示基金的净流量,净值增长率、基金净值、分红金额、分红次数、已上市时间、基金规模为解释变量,托管费率、管理费率为控制变量,变量定义如表 4.1 所示。[②]

表 4.1　变量一览表

变量类型	变量名称	计算方法
被解释变量	SHV	净赎回率 $=1-\dfrac{\text{期末份额}}{\text{期初份额}}$,如为正表示净赎回率,为负表示净申购率

① 开放式基金在发行后有三个月的封闭期,之后才进入上市期可以自由赎回。

② 本书没有考虑基金的户均持有份额,这主要受制于我国基金信息披露的要求。因为原有指标的设计是以基金成立时披露的份额/户数计算,基金上市后不再披露持有人结构和户数变化,按照新规定其从 2004 年 7 月 1 日起在半年报中必须予以披露。随着上市时间越来越长,上市初的持有人变化很大,继续采用上市初数据没有意义。而如果采用上市后的动态变化数据,在 2004 年 7 月 1 日前的数据则无法取得。

（续表）

变量类型	变量名称	计算方法
解释变量	RETURN	净值增长率 $=\dfrac{\text{期末累计净值}}{\text{期初累计净值}}-1$
	JZ	期末基金净值
	FH	每份额基金在各期分红金额
	CS	每份额基金在各期分红次数
	T	已上市时间，以月计算
	JJGM	基金规模
控制变量	TGL	托管费率①
	GLFL	管理费率

关于控制变量的说明：

(1) 托管费率。尽管托管费是托管人向投资者收取的费用，但是托管费用是基金投资者的投资成本的重要组成部分，对投资者选择申购或者赎回基金有重要的影响。

(2) 管理费率。管理费率是根据四种不同的基金类型设置，费率依照管理难度不同，从积极投资到消极投资，也收取不同的专家理财费用，由高到低依次为：股票型平衡型、指数型及债券型。管理费率高的基金具有更高的收益预期，也意味着需要进行更多的管理。

(3) 基金净值。基金净值代表了基金的绝对价位，是水平变量；净值增长率是一种相对指标，是增量指标。

将所有变量代入方程(4.1)：

$$\begin{aligned}\mathrm{SHV} &= c+\beta_1\mathrm{RETURN}+\beta_2\mathrm{FH}+\beta_3\mathrm{CS}+\beta_4\ln T+\beta_5\ln\mathrm{JJGM}\\&\quad+\beta_6\mathrm{TGL}+\beta_7\mathrm{GLFL}+\beta_8\ln\mathrm{JZ}+\varepsilon \qquad (4.1)\end{aligned}$$

4.3.3.2 描述性统计

表4.2的描述性统计显示，在7个季度中基金的净赎回率、业绩增长、分红情况有巨大差异：基金最大净赎回率为63.6%，最大净申购率为2 107%，净值增长率也从 -20.1%到69.1%不等。基金的分红金额和次数都有较大差异。

---

① 根据持有期的不同分为不同档，本书统一按最大托管费率和管理费率计算。另外，由于无法获得相应资料，本书没有考虑伞型基金间的相互转换。

表 4.2　描述性统计

	样本数	极小值	极大值	均值	标准差
净赎回率	2 233	-21.077	0.636	-0.439	2.198
净值增长率	2 233	-0.201	0.691	0.170	0.204
期末基金净值	2 233	0.723	12.307	1.429	0.772
分红金额(元)	2 233	0.000	0.979	0.009	0.038
分红次数(次)	2 233	0.000	9.000	0.450	0.836
上市时间(月)	2 233	0.767	76.400	23.864	15.597
基金规模(对数)	2 233	16.949	24.468	20.945	1.387
管理费率(100%)	2 233	0.410	1.500	1.338	0.314
托管费率(100%)	2 233	0.100	2.500	0.239	0.101

4.3.3.3　实证结果

该模型调整后的 R^2 为 0.17，说明模型的可靠性较好，且 VIF 系数均小于 2，说明模型不存在多重共线性问题。

表 4.3 是模型的回归结果，结论如下：

与国外研究结论相同的是，净赎回率与基金净值增长率负相关，但是这个系数却不具有统计上的显著性，假设 4.1 不成立，这说明并不存在基金业绩增长越快基金赎回越少的正向激励。另一方面，净赎回率与期末基金净值显著负相关，假设 4.2 成立，这说明基金历史业绩是投资者决策的主要依据。

净赎回率与分红金额在 1% 的置信度上显著负相关，和分红次数在 5% 的置信度上显著正相关，说明分红金额越高、分红次数越多，净赎回率越低，假设 4.3 成立。

净赎回率与基金已上市时间、基金规模在 1% 的置信度上显著负相关，说明上市时间越长、基金规模越大，净赎回率越低，假设 4.4 成立。

净赎回率与托管费率、管理费率不显著相关。

表 4.3　回归结果

	系数	T 值	VIF
(常量)	8.89	12.461***	
净值增长率	-0.269	-1.175	1.175
期末基金净值	0.717	5.431***	1.228
分红金额	-13.263	-11.127***	1.106

（续表）

	系数	T 值	VIF
分红次数	-0.138	-2.554**	1.104
已上市时间	-0.308	-5.473***	1.108
基金规模	-0.397	-12.296***	1.084
托管费率	0.519	1.159	1.101
管理费率	-0.171	-1.133	1.209
调整后 R^2		0.17	

注:本表是方程(4.1)的回归结果,表明基金净赎回率变化的影响因素。各变量的含义和计算方法见表4.1。样本选自2004年第1季度至2007年第4季度共12个季度的所有开放式基金,共335只基金,2233个观测值。*、**、***分别表示在10%、5%和1%的显著性水平下显著。

第四节　溢出效应与基金赎回

本节所要研究的另一个重要问题是基金管理公司中明星基金的存在是否能够降低该基金以及整个基金管理公司中的其他基金的赎回率,即基金的明星效应是否存在并且可以构成溢出效应。在凤凰网的一次对投资者是否关注基金业绩排名的调查中,有50%以上的投资者选择了非常关心以及比较关心,说明投资者还是非常关心基金业绩排名的。

4.4.1　引言

在我国证券市场上,基金的竞争愈发激烈,因此明星基金的品牌对于基金公司非常重要。对于基金公司来说,如果旗下有一只明星基金,会在短期内大大提升该基金公司的品牌知名度。基金公司借助明星基金出色的品牌,发行新基金和持续经营老基金时底气十足,更加容易被市场接受。比如华夏基金管理公司旗下的华夏大盘精选及该基金经理王亚伟成为华夏基金管理公司的金字招牌。那么,基金管理公司中明星基金的出现是否能够为该基金以及整个基金管理公司中的其他基金带来现金流入,即基金的明星光环是否具有溢出效应?本节还将进一步剖析明星基金背后的明星基金经理的光环效应是否会惠及其所管理的其他基金并带来资金流入？

随着开放式基金的发展，基金管理公司旗下都不只管理一只基金，这些基金被称作基金家族（Funds Family）。但现阶段我国的文献在对开放式基金赎回问题进行研究时，却很少考虑基金家族间的联动关系。然而，如果基金的明星光环能够形成品牌效应，那么就会产生外部效应，对整个家族的其他基金产生积极影响。在文献中将同一家族中的基金成员之间互相影响的这种效应称作基金的溢出效应（Spillover Effects）。溢出效应的本质体现了一种外部性。行为金融学理论认为，对于普通投资者来说，他们搜集信息并分析信息的能力有限，对于海量信息中把握有用信息的能力也较差。如果某种信息在市场中脱颖而出从而吸引了投资者的注意，便容易引发联想，该信息所代表的现象也容易被看做具有发散性，这就是代表性启发理论。该心理现象会使得投资者在关注明星基金的同时，发散性地关注其整个基金家族，认为其整个基金家族的基金都会有相似表现。因此，投资者也会受代表性启发的影响而申购同一家族的其他基金，从而产生溢出效应。而事实上即使是明星基金业绩表现良好，也无法说明同家族的其他基金也会有同样的业绩表现，因此这种溢出效应不是一种完全理性的选择。

Sirri 和 Tufano（1998），Nanda et al.（2004）发现美国共同基金市场上有很多实力较弱的基金管理公司其旗下的基金差异程度较大，它们将资源集中在一只优势基金上，“打造”一只明星基金，从而吸引更多的现金流；而实力较强的公司旗下的基金差异化程度较小，它们更倾向于将信息和资源平等地分配到旗下的各只基金上，从而实现整个基金家族的价值最大化。实力较弱的基金公司就是利用了投资者对明星效应的这种依赖心理，一旦成功地打造了一只明星基金，将令它们旗下的其他基金产生溢出效应，从而使整个基金家族获益。现阶段我国基金市场上也存在着基金公司为了达到自身目的刻意进行的“造星”运动，那么这种“造星”是否可以有效地降低赎回率并提高申购率呢？

本节将从溢出效应出发对明星基金、明星基金经理进行研究，不仅考察明星基金自身的赎回率变化，也考察是否会波及同家族的其他基金，即在基金的资金流入上是否带来正向影响，如果带来正向影响，则它的赎回率应与其品牌效应显著负相关。本节的研究将在一定程度上对市场中各基金管理公司所热衷的集中优势资源打造明星基金的“造星”运动给出答案，分析市场是否认同明星基金或明星基金经理的溢出效应。

4.4.2 文献回顾与研究假设

明星基金由于其业绩优秀在市场上能够形成品牌效应，并容易形成稳定的现金流入，即使当期业绩表现不尽如人意，投资者也愿意将之归结为偶然情况所致，不会马上进行赎回。Goetzman 和 Lbboson(1994)的研究认为投资者在选择基金的时候，基金品牌是一个不可忽略的因素，它直接影响着投资者的申购赎回，进而影响基金的现金流。Sunder(1998)的研究表明了基金的业绩以及品牌是投资者选择基金的基本要素，而且基金存续期间越长其品牌效应越好，投资者对该基金的认同感越强烈。Chakarabarti 和 Rungta(2000)认为虽然对影响品牌效应的因素进行衡量有一定的难度，但它确实影响着投资者的选择。大部分投资者对基金品牌都有较高的认同感，他们愿意选择那些知名度高、声誉好的基金进行投资。

明星基金的声誉对于基金公司来说也是非常重要的。国内外的很多文献都证明了如果一只基金是明星基金，那么这种明星效应会对该只基金及该家族的其他基金都带来现金流。Sirri 和 Tufano 在他们 1998 年的经典文献中就提出基金家族中的基金不应该被孤立地看待，它们之间存在着相互影响，如果将其视为相互独立的个体予以研究是不恰当的。他们的研究也证实了同一个基金公司如果有一只基金业绩表现极其优秀，会令整个基金公司受到投资者的关注，一定程度上也加速其他基金的成长。Kempf 和 Ruenzi(2004)以 1993—2001 年的美国共同基金作为样本，对同一基金家族旗下所有的基金进行了排名，发现目标基金在该基金家族的相对位置(排名)与该基金份额增长具有显著的正相关关系，说明基金家族内部的业绩-现金流比也是呈现凸性的。Nanda et al.(2004)研究了美国共同基金市场中 1992 年至 1998 年间股票型明星基金的收益对其所属基金家族中其他基金现金流的影响，实证结果发现明星基金的确会给该基金以及同一家族中的其他基金带来现金流入。他们的研究同 Khorana and Servaes(2000)发现明星基金对于整个基金公司的市场份额有积极影响的结论一致。

国内研究如游智贤、曾婉祯(2003)研究了媒体对基金的曝光程度对该基金同家族其他基金产生的影响,发现如果基金家族中有一只基金因为好消息而使媒体曝光率增加,那么同家族的其他基金的现金流入也会增加,但是这种溢出效应并不是立即产生的,而是经过一两个月之后才产生影响。张炯(2005)研究了2002—2005年的28家基金公司,结果表明与目标基金相同的公司旗下的其他基金的表现也会对投资者的投资决定产生影响。他们的文章证实了溢出效应的存在,并且发现当某基金所属基金公司中其他基金当期现金流入比较多时,该基金当期的现金流入反而会减少。朴树、李翔等(2009)对我国基金市场上2005—2007年的数据进行分析,发现我国明星基金家族中的确存在明星基金的正向溢出效应,但排名靠后的基金却没有带来整个家族的现金流出。此外,他们从"造星"动机方面考察了基金公司旗下基金业绩的差距,发现基金业绩的差距越大、基金家族的规模越大、前期越无明星基金的基金家族"造星"的动机越强。张婷(2010)从明星基金对基金现金流入影响的角度来研究明星基金对基金家族的溢出效应,发现这种溢出效应是不对称的,即明星基金的确能够显著提高整个家族的现金流入,但是垃圾基金也不会导致显著的现金流出;明星基金能够给其自身带来更多的现金流,相比之下,非明星基金则没有这样的能力。但少数研究如许宁、刘志新、蔺元(2010)发现基金业绩与基金净流入显著负相关:对于明星基金自身来说,表现为净现金流出,但是会为该基金家族的其他基金带来正的现金流入;并且,从整个基金家族的层面来看,尽管存在着溢出效应,但是明星基金的存在并没有为整个家族带来显著的现金流入,说明一些基金公司的"造星策略"并没有作用。

从多数文献的研究结论出发,明星基金会给基金本身带来现金流入,并在溢出效应下带动同家族的其他基金的现金流入。由此本节提出如下两个假设:

假设4.4a　在其他条件不变的情况下,明星基金的品牌效应与其赎回率负相关。

假设4.4b　在溢出效应下,明星基金的品牌效应与其同一家族其他基金的赎回率负相关。

以上研究是针对明星基金。以下将研究明星基金经理的品牌效应是否具备溢出作用。由于一个基金经理通常不只负责一只基金,如果具备溢出效应,那么明星基金经理与其所管理的其他基金的赎回率应为负相关。

明星基金经理一般有着较好的择股能力和择时能力，他们所管理的基金一般有着比其他基金更好的业绩。例如被称为“最牛基金经理”的华夏基金经理王亚伟，由于其管理的基金有着“熊市跌得少，牛市涨得快”的美誉，他所购买的股票一旦被发现，都会受到市场的追捧，导致其股价被推高，这也是部分市场人士所谓的“王亚伟效应”。由此可见，一个好的基金经理其投资决策在市场中具有潜移默化的作用。而明星基金经理的这种效应类似于明星基金的效应，都是对投资者的心理形成一种暗示，并带动该基金的现金流入。诸多文献研究了基金经理的管理能力对基金业绩的影响。Sharpe(1966)，Jensen(1968)，Ippolito(1989)，Malkiel(1995)，Achadt(1996)等研究者都认为基金经理的管理能力对基金的业绩起着决定性因素。Chevalier 和 Ellison(1996)发现从名牌大学毕业的基金经理人所管理的基金业绩要好于从一般大学毕业的基金经理人的基金业绩。而 Edelen, Kadlec (1996)，Chalmers(1996)则认为基金经理的能力可以提高基金的运作效率，从而降低成本。

从理论上说，如果明星基金能够对投资者的申购赎回行为产生影响，那么我们预期作为基金管理者的明星经理也会对投资者的申购赎回行为产生影响。由此提出：

假设 4.5 在溢出效应下，明星基金经理的品牌效应与其所管理的多只基金的赎回率负相关。

4.4.3 样本及变量

4.4.3.1 样本选择

本节选取 2004—2010 年期间的股票型基金，共涉及 225 只股票型开放式基金，同时剔除当年新发行的基金，由于我国相关法规规定，基金成立后的前三个月属于基金的封闭期，在这段时间投资者只能进行申购而不能进行赎回，因此剔除成立期不满三个月的基金，并在 1% 的水平上进行 Winsorize，最终得到 563 个基金年度样本观测值。统计软件使用的是 SPSS 16.0。本节的所有样本来自 WIND 数据库。

4.4.3.2　变量定义

1. 被解释变量

开放式基金的赎回，用份额的赎回率（SHR）来表示，这里的赎回率指的是净赎回率，如果赎回大于申购即是净赎回。赎回率的计算公式如下：

$$SHR_{i,t} = \frac{N_{i,t-1} - N_{i,t}}{N_{i,t-1}}$$

其中，$N_{i,t}$代表第 i 只基金 t 年年末的基金份额，$N_{i,t-1}$代表第 i 只基金 $t-1$ 年年末的基金份额。本公式代表两期期末的可比净份额变动情况，如果本期份额小于上期，即 $N_{i,t} < N_{i,t-1}$，得到正的赎回率。

2. 解释变量

（1）明星基金

虚拟变量 $STAR_t$ 表示样本基金在当年是否为明星基金。对于明星基金的确定，本节依据 $RETURN_{i,t}$ 变量确定，按照基金业绩即净值收益率进行排名。计算公式如下：

$$RETURN_{i,t} = \frac{P_{i,t} + \text{第 } i \text{ 只基金当期的分红} - P_{i,t-1}}{P_{i,t-1}}$$

接着对本期的样本基金按照净值收益率进行排名，选出排名在前 10% 的基金，定义为明星基金，该变量取值为 1；若非明星基金，取值为 0。其中，$P_{i,t}$ 为基金本期净值。

（2）与明星基金同家族的基金

虚拟变量 FAMILY 表示样本基金所在的基金家族中是否存在明星基金，如果同家族中有明星基金，则该变量的取值为 1；否则，取值为 0。

（3）明星基金经理

$STAR\_M_t$ 表示基金经理是否为明星基金经理。在基金经理所管理基金超过 1 只的情况下，为对基金经理的业绩进行全面考核，本节将基金经理所管理的全部基金以份额作为权数计算加权平均收益率，再进行排名，取排名前 10% 的为明星基金经理。同时剔除任职不到半年的基金经理，如果由两个人共同任职的各按 50% 的权重赋值，分别计算加权平均收益率。依据上述计算方法，如果基金经理本期为明星基金经理，则该变量的取值为 1；否则，取值为 0。

3. 控制变量

(1) 上市时间

基金市场本应存在优胜劣汰的机制。开放式基金成立时间越早,其上市时间越长,表明该基金的生存能力越强,市场影响力越大。本节对每只基金的成立时间进行了统计,并计算从该只基金成立到本期期末的存续年度,以 TIME 表示在各季季末基金已上市时间。

(2) 基金规模

开放式基金的规模会对投资者的赎回行为产生影响,诸多研究如 Annaert, Broeck 和 Vennet(2003)发现市场环境相同的条件下,基金规模和赎回率呈反向相关关系,这是因为规模较大的基金资金雄厚,并且拥有信息、人才优势,在市场上具有举足轻重的力量。本节用基金总市值来表示基金规模 SIZE。

(3) 基金分红

本节将研究基金现金分红对赎回率的影响。设定变量:基金分红的次数(DIVIDENT_T)以及分红的金额(DIVIDENT_N)。

(4) 基金业绩

依据已有文献,基金业绩是影响基金现金流入或流出的最重要因素。因此本节将对基金的业绩予以控制,用净值收益率 $RETURN_{i,t}$ 表示。具体计算公式如下:

$$RETURN_{i,t} = \frac{P_{i,t} + \text{第 } i \text{ 只基金当期的分红} - P_{i,t-1}}{P_{i,t-1}}$$

其中,$P_{i,t}$ 为基金本期净值。

(5) 市场指数收益率

本节对上证综合指数的年度收益率予以控制,以控制大盘的系统性风险,用 INDEX 来表示。

本节所有变量定义如表 4.4 所示。

表 4.4 变量表

变量类型	变量名称	变量计算
被解释变量	$SHR_{i,t}$	表示第 i 只基金 t 年的赎回率 $SHR_{i,t}=\frac{N_{i,t-1}-N_{i,t}}{N_{i,t-1}}$ 其中,$N_{i,t}$代表第 i 只基金 t 年年末的基金份额
解释变量	$STAR_{i,t}$	对每年样本基金按照净值收益率进行排名,选出排名在前 10% 的基金,定义为明星基金。该变量为虚拟变量。$STAR_{i,t}$表示第 i 只基金本年是否是明星基金,若是明星基金,则 $STAR_{i,t}=1$,反之为 0。该变量为虚拟变量
	$FAMILY_{i,t}$	该变量为虚拟变量,考虑同家族中是否有明星基金。若第 i 只基金本年不是明星基金,但其所属的基金家族里有明星基金,则 $FAMILY_{i,t}=1$;若本年不是明星基金,且其所属的基金家族里没有明星基金,则 $FAMILY_{i,t}=0$
	$STAR\_M_{i,t}$	将基金经理所管理的所有基金以份额作为权数计算加权平均收益率,再进行排名,取排名前 10% 的为明星基金经理。该变量为虚拟变量。$STAR_M_{i,t}$表示第 i 只基金的基金经理是否是明星基金经理,如果是明星基金经理,则 $STAR\_M_{i,t}=1$;若不是明星基金经理,则 $STAR\_M_{i,t}=1$
控制变量	$TIME_{i,t}$	截至本年年末第 i 只基金成立时间,即目标基金的上市年度
	$SIZE_{i,t}$	基金规模,为基金总市值。在模型中取自然对数用以表示第 i 只基金第 t 年的规模
	DIVIDENT_N	基金分红金额,表示第 i 只基金本年分红金额的多少
	DIVIDENT_T	基金分红次数,表示第 i 只基金本年分红次数的多少
	$RETURN_{i,t}$	基金净值收益率 $RETURN_{i,t}=\frac{P_{i,t}+\text{第 } i \text{ 只基金当期的分红}-P_{i,t-1}}{P_{i,t-1}}$
	$INDEX_t$	本期市场指数收益率,采用上证综合指数每年的收益率

4.4.4 实证分析及结果

4.4.4.1 描述性统计及相关性检验

由表 4.5 可以看出,被解释变量年度赎回率的最大值为 86.9%,最小值为 -103%(为净申购),平均为 -67.7%,但中位数为 10.3%(为净赎回),这说明一些明星基金的净申购抬高了样本的整体均值,但从中位数看,多数基金仍为净赎回。基金上市时间最小为 1.272 年,最长为 8.775 年,平均为 3.18 年;基金的规模差异较大,市值最小为 62 196 062 元,最大为 41 435 309 267 元;年度分红金额最少为 0 元,最多为 1.41 元,平均为 0.076 元;年度分红次数最少为 0 次,最多为 10 次,平均为 0.714 次;基金的收益率最少为 -88.6%,最多为 449.3%,平均为 17.9%;市场指数收益率最少为 -59.5%,最多为 227.7%,平均为 47.2%。

表 4.5 变量描述性统计表

变量名称	最小值	最大值	均值	中位数	标准差
SHR	-1.035	0.869	-0.677	0.103	9.916
STAR	0.000	1.000	0.094	0.000	0.292
FAMILY	0.000	1.000	0.149	0.000	0.357
STAR_M	0.000	1.000	0.116	0.000	0.320
TIME	1.272	8.775	3.180	2.830	1.485
SIZE	62 196 062	41 435 309 267	6 719 376 971	4 311 714 690	6 943 373 797
DIVIDENT_N	0.000	1.410	0.076	0.000	0.153
DIVIDENT_T	0.000	10.000	0.714	0.000	1.156
RETURN	-0.886	4.493	0.179	0.335	0.646
INDEX	-0.595	2.277	0.472	-0.118	0.981

为了检验模型自变量之间的相关性, Spearman 相关性检验见表 4.6。从表 4.6 可以看出,明星基金、明星基金经理在 5% 的水平上与被解释变量显著负相关,而明星基金家族与被解释变量显著不相关,在控制了相关变量后,本书又进行回归分析。虽然,明星基金分红金额与分红次数之间(0.936**)、市场指数收益率与净值收益率之间(0.775**)相关性系数较高,但回归后发现每个变量的 VIF 值均小于 2.4,通过了多重共线性的检验。

表 4.6 Spearman 相关性检验表

变量	SHR	STAR	FAM-ILY	STAR_M	TIME	logSIZE	DIVI-DENT_N	DIVI-DENT_T	RE-TURN	IN-DEX
SHR	1									
STAR	-0.064*	1								
FAMILY	0.048	-0.135**	1							
STAR_M	-0.086*	0.892**	-0.089*	1						
TIME	-0.045	-0.058	0.072	-0.031	1					
logSIZE	-0.243**	0.023	0.02	0.055	0.181**	1				
DIVI-DENT_N	-0.208**	-0.056	0.015	-0.061	-0.041	-0.177**	1			
DIVI-DENT_T	-0.235**	-0.048	0.01	-0.058	-0.095*	-0.163**	0.936**	1		
RETURN	0.105*	0.199**	-0.079	0.184**	0.028	0.04	0.083*	0.092*	1	
INDEX	-0.114**	0.009	-0.131**	0.018	-0.047	0.130**	0.205**	0.257**	0.775**	1

注:** 表示在 1% 的水平上显著(双尾),* 表示在 5% 的水平上显著(双尾)。

4.4.4.2　明星基金的溢出效应

明星基金的存在是否能够降低该基金以及整个基金管理公司中其他基金的赎回率，甚至带来净申购，针对该问题，本节建立了多元线性回归模型1：

$$\begin{aligned} SHL_{i,t} = & \beta_0 + \beta_1 STAR_{i,t} + \beta_2 FAMILY_{i,t} + \beta_3 TIME_{i,t} + \beta_4 \ln SIZE_{i,t} \\ & + \beta_5 DIVIDENT\_N_{i,t} + \beta_6 DIVIDENT\_T_{i,t} + \beta_7 RETURN_{i,t} \\ & + \beta_8 INDEX_t + \varepsilon \end{aligned} \tag{4.2}$$

回归结果列示在表4.7。结果表明，是否为明星基金在1%的水平上与被解释变量显著负相关，即如果一只基金是明星基金，那么它可以令该基金的赎回率降低，假设4.4a成立。这说明基金的赎回受到品牌效应的影响，可以抑制本基金的现金流出；而家族中是否有明星基金这一变量则与被解释变量不相关，假设4.4b不成立。这说明本基金的赎回率没有受到同家族其他明星基金的影响，换个角度说，明星基金的存在不能够抑制同家族其他基金的赎回，明星基金的溢出效应不存在。

在控制变量中，净值收益率在1%的水平上与被解释变量显著正相关，如前文所述，说明基金业绩的增长与基金赎回率相背离，业绩增长越快基金赎回率越高，市场中投资者的心态具有很强的投机性，这一结论与上节的研究结论一致；另外，分红金额也在1%的水平上与被解释变量显著正相关；基金规模、分红次数及指数收益率则在1%的水平上同被解释变量显著负相关；而基金上市时间则同被解释变量不显著相关。该模型调整后的R^2值为0.256，且模型的F值在1%的水平上显著，说明模型的拟合结果较好。

表4.7　模型1的回归结果

被解释变量：SHR				
变量名称	预期符号	系数	t值	VIF
(Constant)	?	16.78***	2.543	
STAR	−	−2.428**	−1.855	1.15
FAMILY	−	−0.043	−0.042	1.059
TIME	−	0.124	0.5	1.067
lnSIZE	−	−1.755***	−2.511	1.14
DIVIDENT_N	−/+	8.679***	3.144	1.409
DIVIDENT_T	−/+	−1.38***	−3.67	1.485

（续表）

被解释变量：SHR				
变量名称	预期符号	系数	t 值	VIF
RETURN	+	8.204***	10.096	2.164
INDEX	-	-6.53***	-11.773	2.329
调整后 R^2		0.256		
F 值		28.683***		

注：本表是方程(4.2)的回归结果，是对明星基金的存在对样本基金赎回率的影响的回归分析，样本选取了从2004年到2010年年末共563个样本。各变量的含义和计算方法见表4.4。*、**、*** 分别表示在10%、5%和1%的水平上显著。

4.4.4.3 明星基金经理的溢出效应

本部分对明星基金经理的品牌效应进行研究，将分析对于明星基金经理，其所负责的全部基金的赎回率是否比其他基金经理所负责基金的赎回率更低。由此定义模型2如下：

$$\begin{aligned}SHL_{i,T} &= B_0 + B_1 STAR\_M_{I,T} + B_2 TIME_{I,T} + B_3 \ln size_{i,T} + B_4 DIVIDENT\_N_{i,T} \\ &+ B_5 DIVIDENT\_T_{i,T} + B_6 return_{i,T} + B_7 INDEX_T + E \qquad (4.3)\end{aligned}$$

所得结果如表4.8所示。从表4.8可以看出，解释变量是否为明星基金经理在1%的水平上同被解释变量显著负相关，证明本节的假设2成立。也就是说，如果基金经理的投资业绩越好，则该经理所负责的全部基金的赎回率会比其他基金经理所管理基金的赎回率更低。这说明投资者注重基金经理的投资业绩，基金经理具备品牌效应，投资者看重基金经理的过往业绩和声誉。控制变量的解释则与上一个模型相同，结论一致，这里不再赘述。该模型调整后的 R^2 值为0.272，且模型的 F 值在1%的水平上显著，说明模型的拟合结果较好。

表4.8　模型2的回归结果

被解释变量：SHR				
解释变量	预期符号	系数	t 值	VIF
(Constant)	?	16.692**	2.524446	
STAR_M	-	-1.692**	-1.44167	1.106
TIME	-	0.142	0.575537	1.062
lnSIZE	-	-1.757**	-2.51086	1.142

（续表）

被解释变量:SHR				
解释变量	预期符号	系数	t 值	VIF
DIVIDENT_N	-/+	8.715***	3.156687	1.408
DIVIDENT_T	-/+	-1.379***	-3.66544	1.485
RETURN	+	8.054***	10.02446	2.114
INDEX	-	-6.454***	-11.8609	2.24
调整后 R^2		0.272		
F 值		31.026***		

注:本表是方程(4.3)的回归结果,是对明星经理对样本基金赎回率的影响的回归分析,样本选取了从2004年到2010年年末共563个样本。各变量的含义和计算方法见表4.4。*、**、***分别表示在10%、5%和1%的水平上显著。

4.4.5 结论

本节研究了明星基金、明星基金经理是否具备溢出效应,分析其品牌效应对基金赎回的影响。本节的研究发现:第一,明星基金的品牌效应的确有助于增加该基金的现金流入,但不能对同家族其他基金的现金流入带来正向影响。该结果验证了假设4.4a,但是并没有通过假设4.4b。这反映出通过高举高打一只基金的造星运动,并不能使同家族其他基金受益,说明明星基金的溢出效应不存在。本节的上述研究结果与张婷(2010)以及许宁、刘志新等(2010)对我国基金市场的研究结果是一致的。第二,对明星基金经理的品牌效应,假设4.5得到了验证。可以看到市场关注明星基金经理本人的品牌效应,好的基金经理可以显著提高基金的净申购率。

本节的研究结论表明,明星基金的品牌效应可以为明星基金带来净申购,但是并不能够对同家族的其他基金产生连带影响。这表明基金公司的“造星”策略,对明星基金是有效的,但并不能够惠及同家族其他基金。因此基金公司应该致力于提高旗下每一只基金的业绩,那种寄望于采用高举高打,造就一只明星基金以期全部基金获益的策略是无效的。另一方面,对于一个基金管理公司来说,好的基金经理会获得市场的强烈追捧,能够从声誉、业绩等各个方面为该只基金带来效益。这也在事实上验证了为何市场上对于优秀基金经理展开激烈争夺,其所具备的这种优秀的管理能力成为市场追逐的无形资产。

第五节 研究结论

许多国外文献研究了共同基金业绩与基金流量的关系问题，并证实基金业绩和现金流之间的关系呈现凸性，也就是说当基金业绩好的时候，投资者会增加对该基金的申购而减少对它的赎回；而当基金业绩差的时候，投资者会减少对该基金的申购而增加对它的赎回。但从我国的实证研究看，并不存在好的基金业绩会导致更多现金流入的正向激励效应。实证研究没有发现净赎回率与基金业绩增长显著负相关；而且在基金溢出效应的研究中，模型控制变量净值收益率（RETURN）在1%的水平上与基金赎回显著正相关，说明业绩增长越快基金赎回越高，市场中投资者的心态具有很强的投机性。也就是说，国外诸多文献发现的基金流量和业绩之间的正向激励作用在我国并不适用。

笔者分析其中的原因，可能是当净值增长率下跌，价格跌破投资者的成本时，投资者宁可套牢也不会赎回，因此业绩越差的时候净赎回率越低，但是，当净值增长率上升时，投资者的短期投机性明显，迅速赎回以达到“解套”目的。另外，投资者对待盈利和亏损的风险是不同的，会给予损失更多的权重，符合前景理论，也是行为金融学中投资者“有限理性”的生动写照。这些结论表明，在我国基金市场，投资者的投机性过强而投资性不足。当然，在我国资本市场的整体制度规范不够健全的情况下，这种短视性也是资本市场处于初级阶段的产物，未来需要资本市场的制度完善，只有投资者长期持有基金能够获利，才能改变投资者的短期投机心态。

在本章中研究的另一个重要问题是有关明星基金的溢出效应，书中围绕基金管理公司中明星基金的存在是否能够降低该基金以及整个基金管理公司中的其他基金的赎回率进行研究，即基金的明星光环是否可以构成溢出效应。研究结论表明，明星基金的品牌效应是存在的，市场存在对于明星基金的强烈追逐，但是基金管理公司试图通过“造星”策略来为整个基金公司带来利益的策略是无效的，因此基金公司应该致力于提高旗下每一只基金的业绩。另一方面，本节的研究结论也验证了明星基金经理受到投资者的热捧，具有很高的无形资产。

第五章　基金的投资功能研究

第一节　研究背景

5.1.1　引言

作为新兴证券市场,中国股市具有不成熟与不稳定性,其特征之一就是股价剧烈波动,市场经常呈现震荡状态,因此维持市场稳定发展就成为政府监管的重中之重。而资本市场稳定对中国政府具有非同寻常的意义。中国到目前为止依然是以国有经济为主导的国家,企业的融资方式主要依赖于国有银行,银行在中国的转轨经济中承担了巨大的风险,政府急需让资本市场发展起来从而分散国有银行风险,这样资本市场的快速平稳发展就具有战略性意义,它可以帮助更多的国有、非国有企业实现股权融资。因此,维护市场稳定,是中国政府的首要监管目标。

维护市场稳定,这是国际证监会组织①(International Organization of Securities Commission)和许多国家的监管目标(王红茹,2001)。为了维护市场稳定,我国监管层大力发展以证券投资基金(以下简称基金)为主体的机构投资者,旨在改变我国股市以中小投资者为主的格局,促进理性投资,减少市场波动。② 那么,基金作为较个人投资者更为"理性"的成熟投资者(Rubin, 2007;Marcin Kacperczyk 和 Amit Seru,2007),是否能够促进我国市场稳定?这是一个非常值得探究的问题,但相关实证研究并不多见。

---

① Model for Effective Regulation, Report of SRO Consultative Committee of the IOSCO,May 2000.

② 2003 年 9 月 22 日,《人民日报》发表中国证监会前主席尚福林署名文章:《大力发展证券投资基金　培育证券市场中坚力量》。

在本章以下的研究中将主要探讨三个问题：

第一，政府干预市场是成熟市场和新兴市场都面临的问题，尤其是新兴市场中政府的政策干预力度更大，对市场的影响可能也更为长期。我国既然是一个政府主导型的证券市场，那么政府干预又将对资本市场带来怎样的政策影响？本章将以中国股市中政府干预市场的一项重要政策颁布为契机，研究当政府发出重大利好信号时，政策效应是否会显著改变投资者的预期，对机构投资者的交易策略又会带来怎样的影响？

第二，基金是否如监管层所期冀的那般促进理性投资，追求价值导向呢？由于我国现有研究不足，尚难以回答这一问题。一般来说，人们对基金有褒贬不一的两种印象：一是基金的许多负面行为如利益输送、“老鼠仓”等多次被媒体曝光，令人产生基金是市场投机者的印象；二是基金遵循国际化的价值评估体系，近些年来挖掘了诸如“煤、电、油、运”等大盘蓝筹股，可以作为价值投资的典范。那么基金投资在追求价值吗？基金投资是否有利于我国股市向“降低投机性、提高投资性”的方向转变？

第三，基金作为同一类型的营利组织往往目标取向相同，而投资策略又相似，其买卖相同股票所形成的合力必然会对股票价格产生较大冲击，这样就产生了价格压力效应(Price Pressure Effect)。基金集中性买入、卖出股票所带来的价格压力效应有多大？对市场构成有怎样的影响？

本章以基金投资功能为研究对象，研究基金的投资功能及其对资本市场的影响，从而分析基金投资对股市风险的影响，并回答基金的跨越式发展是否有助于资本市场稳定。

5.1.2 制度背景研究

5.1.2.1 机构投资者的结构

基金已经成为我国证券市场中举足轻重的力量，其投资策略的变化也成为市场走势的主要内因，因此有人将近几年的中国股市称为步入“基金时代”。基金的一方独大，导致市场中缺乏足以与其博弈的市场力量，市场的博弈实质上变成了基金与中小散户的博弈。在公司治理结构中，一股独大容易造成大股东权力缺乏制衡；在市场博弈中，基金一方独大并不是市场的最优选择，反而容易造成市场的涨跌失衡。

美国股市中的机构投资者主要包括共同基金、退休金、保险公司等,几方势力相互抗衡,成为稳定股市的核心力量。由于不同的机构投资者资金来源性质不同,决定了其投资策略和持股周期也就不同。在这三大主力中,共同基金通常持股周期较短,持股结构多变,注重短期收益。国外实证研究已经表明,由于共同基金较其他机构有更大的短期业绩考核压力,因此比其他机构有更强烈的动机发生"羊群行为",由此导致市场出现更大的波动性。

5.1.2.2　基金持股高度集中

数据显示,我国基金前十大重仓股①占所持股票全部市值的平均持股比例从2001年年初的5.60%提高到2004年年末的12.71%,之后,2005年开始随着大盘股的不断入市,基金前十大重仓股持股比例有所下降,至2010年降至5.78%。相比美国共同基金的情况,1996年以所持所有股票而非前十大重仓股计算,美国共同基金平均持股比例就已经达到22%。② 由于两者对比口径不一,以基金所持所有股票计算的平均持股比例应更低,因此与美国共同基金相比,我国基金的平均持股比例并不高,但关键问题是所持股票高度集中。

图5.1是对前十大重仓股代表性的反映,即持股集中度(每只基金前十名股票市值占所投资全部股票总市值的比重)的统计:2000—2011年持股集中度呈现分散—集中的滚动变化态势,平均持股集中度为55.08%。平均来看,各只基金前十大重仓股的市值已经占其股票投资总市值的一半以上。

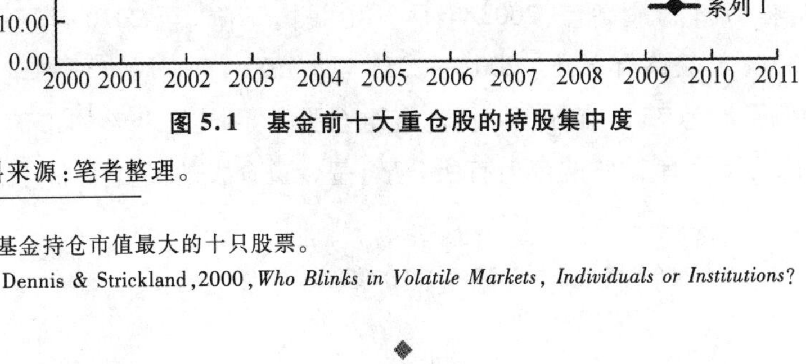

图5.1　基金前十大重仓股的持股集中度

资料来源:笔者整理。

---

① 即基金持仓市值最大的十只股票。

② 见 Dennis & Strickland,2000,*Who Blinks in Volatile Markets, Individuals or Institutions*?

在基金近十年来的发展过程中,基金数量得到迅猛增长。由图 5.2 可以看到,从 2001 年到 2011 年基金[①]数量增长了 8 倍,其所投资的重仓股股票数也呈波动性上升,其中 2001 年到 2003 年的重仓股股票数从高点时的 219 只下降到 2003 年年末的 149 只,呈现日益集中的趋势。这是因为 2001—2003 年随着开放式基金的不断扩容,基金管理资产规模以年均 20% 以上的速度迅速增长,但是上市公司发行速度只有年均 5% 左右,股票市场的扩容速度远远低于基金规模的增长,从而导致基金的选择余地在相对缩小,造成基金重仓股集中。2009—2010 年重仓股股票数开始大幅提升,主要原因为 2009 年、2010 年首次公开发行上市公司增长率分别达到了 28.57% 和 252.53%,股票市场的扩容速度急剧加大。

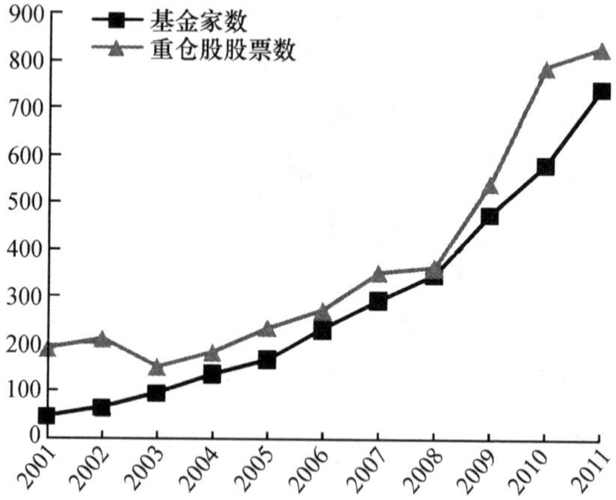

图 5.2　基金家数与重仓股股票数统计

资料来源:笔者整理。

从图 5.3 可见,2001 年到 2011 年,按照基金持有家数对所有重仓股进行排名,前 50 名重仓股市值占全部重仓股市值的比例从 2001 年年初的 70% 跃升至 2003 年年末 87% 的最高点,2003 年后开始缓慢下降,至 2010 年降至最低点 56.26%,2011 年又略有上升。2001—2011 年前 50 名重仓股市值占全部重仓股市值的比例平均为 75%,换句话说,基金重仓股中平均有 75% 的市值都集中在 50 只股票上,而只有 25% 的市值有所分散,基金重仓股的高度集中可见一斑。

① 指封闭式基金和开放式基金中的股票型、混合型基金。

在图5.3中，基金前50名重仓股市值从2001年至2007年迅速增长，至2007年年末随着大盘达到年度指数高峰，基金的市值也达到最高点1.079万亿元，之后伴随大盘的下跌，基金资产大幅缩水，2008年基金市值为近4年的新低4 111亿元，至2011年基金前50名重仓股市值为5 970亿元。同时，从基金持股占流通市值比例看，2004—2008年基本稳定在26%左右，但从2009年开始随着股权分置改革后非流通股进入实质解禁期，流通市值不断加大，基金前50名重仓股占比大幅下降至所持股票流通股的15%左右。

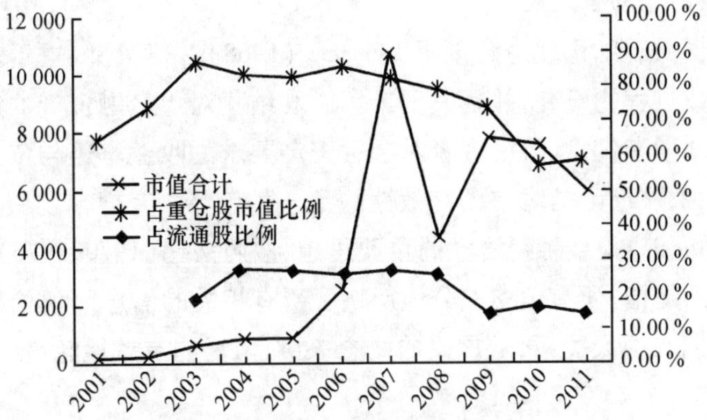

图5.3 基金前50名重仓股市值统计

资料来源：笔者整理。

随着基金的成长与发展，基金向市场传递了许多新的投资理念，从2004年开始基金所崇尚的"国际化视野下的市场化评估体系"已完全取代了沿用多年的"题材、概念、资金优势"等传统炒作手法，价值和成长成为市场重要的投资依据。正是由于我国基金的投资理念趋同，投资风格模糊，当基金公司用相似的指标通过一种工业化的流程去选择股票，结果必然趋于一致。另一方面，我国优质股票的数量还很有限，而基金业整体规模的快速增长，使少数优质股票成为多数基金的共同诉求，从而使基金持股高度集中，而这又势必增加了基金间搏杀的难度。由此对市场带来巨大的流动性压力，一旦市场受到外部信息冲击，许多机构投资者将在同一时间买卖相同股票，买卖压力将超过市场所能提供的流动性，导致股价的不连续性和大幅波动，从而破坏市场的稳定运行。

第二节 文献回顾与研究意义

5.2.1 股票价格的形成机制

5.2.1.1 流动性风险

证券市场微观结构理论始创于 Demsetz (1968),该理论侧重于对信息与市场价格的形成过程的研究,并且发现市场微观结构对于金融资产的定价具有重要意义。比如学者们发现,投资者对金融资产要求的收益率还与资产本身的市场流动性有关,该理论是对市场有效性的另一种诠释。有效市场假定(Efficient Market Hypothesis)是金融经济学的重要思想,按照法玛(1970,1976)的观点,市场有效的概念是指"所有价格充分地反映了所有相关的信息",但信息的反映与市场交易机制有很大关系,从广义的概念来讲,市场的有效性涵盖了流动性、波动性。

流动性是指金融资产变现的能力,即以尽可能低的成本实现交易的能力,或市场参与者能够迅速进行大量交易,而不会导致资产价格发生显著波动的市场运行态势。流动性是整个金融市场的重要特征。CAPM 模型的假设之一是要求所有的交易均是免费的,而在现实中没有任何证券是完全可以流动的,也就是说,所有交易都会包括交易费用。投资者愿意选择那些流动性强并且交易费用低的资产,所以我们看到流动性差的资产低价交易或流动性高的资产溢价交易,因此流动性风险(Liquidity Risk)、流动性溢价(Liquidity Premium)会体现在每一种资产的价格中。1968 年 Demsetz 创建了市场微观结构理论,该理论侧重于对市场交易机制与市场价格的形成过程的研究,并且发现市场参与者的投资行为对金融资产的定价具有重要影响。该理论是对市场有效性的一种更为全面而现实的诠释。

Fabozzi 与 Modigliani (1996)总结了两种形式的市场有效性。操作有效(Operational Efficiency)指市场的内部有效,投资者可以以尽可能低的成本获得交易服务,这里的成本包括交易成本和信息成本。价格有效(Price Efficiency)指市场的外部有效,要求市场价格反映所有可能与证券价值有关的信息。市场内部有效要求市场具有高的流动性,这样才能快速而低成本地提供交易服务。Tobin(1958)首先提出金融资产流动性的概念,指出如果卖方希望立即出售其所持有的金融资产,卖方可能的损失程度就代表该资产流动性的好坏。O'Hara(1995)认为流动性是立即完成交易之价格(The Price of Immediacy),流动性即是交易成本。相对而言,比较权威的定义为 A. B. Cramp 在 *The New Palgrave Dictionary of Money & Finance* 的解释:(1) 资产在合理的价位转换成现金的能力;(2) 流动性也可以解释为快速执行交易所导致的交易成本;(3) 流动性可以通过所交易资产的市场深度、宽度和弹性来描述。其中,(1)和(2)是从资产的角度来描述流动性,(3)是从市场的角度来描述流动性。随后,Schwartz(1988),Lippman and McCall(1986),Black(1971)关于流动性风险展开研究。目前,一个研究热点是流动性与资产定价的关系,即流动性风险可否分散;如果不行,以买卖价差或成交量为代理的流动性指标又如何影响资产的预期收益(O'Hara,2003,美国金融学会会长就职演说)。关于流动性风险的度量,由于学术界并没有统一且权威的定义,因此流动性的衡量指标很多,如换手率、交易量、交易次数和买卖差价等,详见 Datar(2001)。

5.2.1.2 波动性风险

Shiller(1981)提出了著名的"波动率之谜",发现股价波动的幅度远不是传统模型所谓的"价格由未来红利的预期净现值而决定"所能解释的。2001 年 Shiller 又在其《非理性繁荣》一书中指出,20 世纪末美国股价处于一个惊人的高位,是由投资者购买行为尤其是共同基金的大发展造成的价格非持续性增长,不是基于真实的价值和基本信息引起的增长。虽然反驳者对 Shiller(1981)以一个不变的贴现率和分红过程的一些特别假定来计算未来红利的净现值提出批评(Merton,1987),但毕竟 Shiller 的工作为一个全新的研究领域指出道路:从投资者行为的角度出发,对股价波动展开深入研究(Roll,1984,1988;李心丹、王冀宁、傅浩,2002;陈收,2004)。

那么机构投资者持股是加大了股价波动还是起到平抑作用?从 20 世纪 80 年代末开始,这一问题成为世界范围内的研究焦点,并且结论具有争议性。一种观点认为,作为高级投资者(Rubin, 2007;Kacperczyk and Seru,2007),机构投资者的大量参与促进了证券市场的稳定,使得证券价格更加接近于股票内在价值,降低股市波动性。另一种观点认为,由于受到机构投资者的羊群行为、短视行为和流动性压力的影响,机构的交易行为反而加剧了股市波动性。

5.2.1.3 投资者情绪

Roll(1984,1988)利用宏观经济情况、投资于同一时期同一行业其他股票的收益状况和公司自身消息变化等几个因素对大型公司股票收益变化作回归分析,发现每只股票的价格波动中的大部分不能由公开信息或潜在的替代品价格的变化来解释。他的两项研究表明,股价的变动并不是简单地由信息引起。美国布雷迪委员会(Brady Commission)(1988)指出在影响股市大跌的因素中,股票基础价值的因素只占20%,而技术面和心理面的因素各占40%。David Cutler等(1989)、Jacobs 和 Levy (1988)的研究都支持了这一观点。此后,Harris(1997)等人也认为股市行情与经济增长之间不存在正相关,即股市作为国民经济晴雨表是一个伪命题。

此后,交易者情绪(Investor Sentiment)理论、行为金融(Behavioral Finance)理论、市场微观结构理论、泡沫(Bubbles)理论为股市的大跌提供了新的解释。Shleifer 和 Vishny(1997)提出了"The Limits of Arbitrage"假说,这个假说意味着:当投资者的情绪使股价远远偏离其基本面时,通过套利来使股价向基本面回归可能是最无效的。由于股价难以向基本面回归,所以它在很大程度上不是由基本面决定的。

5.2.2 投资者类型与交易行为

5.2.2.1 谁是知情交易者?

Bagehot(1971)指出,根据投资者所掌握的信息不同,可以将其分为知情交易者(Informed Trader)和噪声交易者(Noise Trader)。其中知情交易者拥有不为人所知的私有信息,而噪声交易者拥有市场上的公开信息,并且知道市场上存在着部分知情交易者。Easley 和 O'Hara(1992)认为市场中总有一部分机构投资者较一般投资者更容易拥有内幕信息,并且对信息具有分辨好坏的能力,当他们进场买入时,代表拥有利好的内幕信息,而进行抛售时,则代表拥有利空的内幕信息。Chakravarty(2001)分析了1990年11月至1991年1月纽约证券交易所上涨幅度超过5%的97只股票,发现机构投资者买卖造成的股价异常波动较一般投资者显著。因此,机构投资者更有可能是知情交易者,而小的个人投资者更有可能是噪音交易者。

5.2.2.2 谁是市场流动性的提供者?

施东晖、孙培源(2005)认为交易机制对证券市场的价格形成具有重要影响。在报价驱动市场中,做市商负责提供买卖双方报价,投资者的买卖指令会传送至做市商处并与之交易,因此做市商提供了市场交易的流动性。与之相反,委托驱动的竞价市场中并不存在做市商,交易系统对投资者的买卖委托进行直接配对交易,因此,必然是一部分投资者为另一部分投资者提供了流动性。如果机构投资者和大户比个人投资者更多地掌握私有信息,那么,当他们卖出(买入)股票时,个人投资者有可能买入(卖出)股票。在这种情况下,个人投资者无偿为机构投资者和大户提供了交易流动性,从而便利了后两者的知情交易。

Black(1986)对噪声交易者进行了研究,假定噪声交易者是基于噪声当作信息来进行博弈的,如果没有噪声交易者交易就很少发生,正是由于他们的"追涨杀跌"式的交易策略,使证券市场的流动性加大。

5.2.3 关于基金投资的价格影响

国外理论界对于基金投资行为的研究是建立在风险、投资组合、有效资本市场这些经典财务理论基础之上的,并且极大地借鉴了正在兴起的金融工程中的市场微观结构理论、行为金融学理论。

5.2.3.1 基金流入与基金投资

Chan 和 Lakonishok (1993,1995,1997), Keim 和 Madhavan (1997),Jones 和 Lipson (1999) 分别研究了机构投资对股价的影响。这些研究的总体结论是机构交易会对股价收益率造成短期或持久性影响。由于机构账户的股票交易占市场交易的60%(NYSE Factbook,1998),那么买卖相同股票所形成的合力必然会对市场收益率产生显著的影响。

如果共同基金的投资者是没有信息的,那么基金的资金驱动型交易会与信息驱动型交易产生非常明显的区别。Edelen (1999)认为,第一,基金的总体资金流量变动与股市收益率间存在强烈的因果关系,共同因素会影响资金的流动。第二,基金的资金流量变化导致交易发生。意思是新流入的资金,导致机构产生买入股票的需求，而赎回资金的要求导致机构要卖出股票应对赎回，因此资金流动产生机构交易(Keim，1999；Edelen，1999)，所以将未预期的资金流量作为随后发生的未预期机构交易的代理变量。第三，流量驱动型的交易虽然大量存在，但是也很难统计哪些是流量驱动型哪些是信息驱动型，那么当未预期流量可以被察觉时，在交易预期下，价格效应就会发生。

Edelen 和 Warner(1999)用基金规模的每日变动数据研究了美国股票型共同基金整体资金流量与市场收益率间的关系，得到的结论是：共同基金的资金流量和机构交易是影响股市收益率的原因。总体的资金流量随着收益率变动，但是有一天的滞后期，这或者是新信息对收益率和资金流量都产生了影响，或者是受正反馈交易的影响。研究发现了基金的总体日流量变动与当期市场收益率正相关。比如，在具有正的未预期流量的交易日时，市场的非正常收益率就可以达到 25 个基点，而且在统计上显著。Edelen 和 Warner(1999)认为不能只是因为总体资金流量和市场收益率存在正相关，而不通过额外的检验就认为存在价格冲击。他们认为是资金流量驱动了收益率变化，于是运用了高频数据，将日收益率分解为上午和下午两部分，事实上，在交易日内资金流量和上午的收益率不相关，而是和下午的收益率相关。他们提出是新的信息在驱动资金流量与市场收益率，或者是资金流量导致了交易，因此对市场的总体价格产生冲击；同时，他们发现资金流量和前一天的收益率强烈相关，说明资金流量对收益率有反应，或者是新的信息在驱动收益率，但是投资者一般来说需要经过一个晚上的时间才会作出反应。事实证明了机构的交易确实对股票收益率产生影响。

5.2.3.2 基金的“羊群行为”

Scharfstein 和 Stein(1990)提出了声誉“羊群行为”理论，认为如果基金经理对自己的选股能力不确定，那么就会与其他投资专家的行为保持一致。这是考虑到采取与其他基金经理不同的交易策略具有声誉风险，因此转而群聚，与大家“荣辱与共”，从而导致“羊群行为”的产生。Friend et al.(1970)通过对 1968 年一个季度的数据研究得出结论：共同基金会模仿前期较为成功的对手的投资选择，称之为“跟随领导者行为”。Falkenstein(1996)提出了偏好“羊群行为”理论，他认为：基金可能都厌恶具备某种特征的股票，例如流动性差的股票，但他们可能又都比较喜欢具备某种特征的股票，进而购买它们，这也许与掌握私有信息或短期投机没有多大关系。

Wermers(1999)以1975—1994年间美国股市的所有共同基金为研究对象，发现样本基金存在一定程度的“羊群行为”:共同基金在买入股票时比卖出股票时表现出更多的“羊群行为”,共同买入的股票比共同卖出的股票在随后的季度收益率显著提高,对于小盘股其收益率差异在4%,而对于大盘股差异有1%;在小盘股与成长型基金上表现出更多的“羊群行为”,这是由于小公司的公开信息较少,信息的不对称性更严重;而成长型基金所投资的多是成长型股票,其未来盈利状况缺乏准确的信息,因此基金经理的一种理性选择就是在买卖小公司股票和成长型基金时观察其他基金的交易行为。

Lakonishok,Shleifer和Vishny(1992)指出,机构投资者的“羊群行为”并不一定会导致市场的不稳定。如果机构投资者比个人投资者拥有更多的信息来评估股票的基本价值,那么机构投资者将一起买入价值被低估的股票,同时远离价值被高估的股票,这种“羊群行为”和个人投资者的非理性行为产生相互抵消效应,促使股价趋向均衡价值,而不是远离均衡价值。因而,他们认为准确的结论应该是机构投资者既不能稳定市场也不会破坏市场稳定。

5.2.3.3　*两类反馈交易策略*

反馈交易策略(Feedback Trading Strategy)是以股票过去的表现作为买卖判断的主要基础。正反馈策略是买入近来的强势股,卖出近来的弱势股;而负反馈策略则是卖出近来的强势股,买入近来的弱势股。不同类型的机构投资者会采用不同的投资策略,采用负反馈策略和采用正反馈策略的投资者将会相互抵消各自的影响,最终的结果取决于两种不同策略的机构投资者的力量对比。

Grinblatt et al.(1995)根据1974—1984年间274个共同基金的组合变化数据,发现77%的共同基金采用正反馈策略,买入过去表现好的股票,但并不倾向卖出过去表现不好的股票。Badrintath和Wahal(2002)研究了1987—1995年间1 200个机构投资者的季度组合变化,发现不同的机构投资者采取了不同的交易策略,仅仅关注于共同基金行为可能只会让我们了解机构投资者对市场产生影响的一部分。机构的投资同样具有投机性的特点,机构投资者的选股依据主要是财务业绩,大部分机构投资者购买股票并不是出于长期买入并持有的策略(Lakonishok,Shleifer和Vishny,1992),而是从短期视角出发为了获取当期收益(Loomis,1998;Graves,1998;Hansen & Hill,1991)。

5.2.3.4 基金投资与市场稳定

维护市场稳定,是国际证监会组织和许多国家的监管目标(王红茹,2001)。从理论上说,股价波动与市场发展水平并无必然联系,而且也不一定是股价波动越小越好,但是频繁和剧烈的股价波动意味着较大的投资风险,会降低股市对投资者的吸引力,同时也在一定程度上反映了一个国家股市交易监管水平的高低。对于"市场稳定"的概念并不容易定义,一些学者从逆向出发,即从市场不稳定的角度提出概念,Schinasi(2004)认为市场稳定是指防止金融体系出现系统性风险,使资产价格不至于出现过度波动。

共同基金的偏好及投资行为会对所持股票的市场表现产生较大影响,国外的实证结果证明了这一点。Banz(1981)发现在美国市场中,小市值规模的股票其年度收益率平均超过大市值规模的股票将近 4 个百分点。但是自 20 世纪 80 年代后,大市值规模股票的年度收益率显著地超过了小市值规模股票,Gompers 和 Metrick(2001)从股票的供给和需求角度进行了分析,随着机构投资者所管理资产的不断膨胀,市值大、流动性好的股票获得了机构的偏爱,导致需求大大增加,在供给有限的情况下,市场赋予其一定的溢价。Chan 和 Lakonishok(1993)用 37 家大型机构投资者的交易数据讨论了其交易对股票价格的影响,指出买入和卖出行为对股票价格的影响是非对称的。Sias,Starks 和 Titman(2001)发现机构投资者持仓量的变动与收益有正相关关系,机构投资者交易会产生信息效应,因而引起了股票价格的变动。

Badrinath et al.(1989),Aggarwal 和 Rao(1990)发现机构投资者通常选择风险低的股票持有。但是 Kothare 和 Laux(1995)发现机构投资者通常会选取波动性大的股票。Sias(1996)通过对 1977—1991 年间美国纳斯达克股票市场的检验发现机构投资者所占比例较高的股票同时也具有较大的波动性,研究同时表明不是机构投资者倾向于选择风险性大的股票,而是机构投资者所占比例较高,本身就加大了股票的波动性。

Faugère 和 Shawky(2003)研究了 2000 年 3—11 月,纳斯达克股市暴跌期间机构持仓和个人投资者的持仓差异。2003 年纳斯达克指数下跌 46.23%,在市场大幅下跌期间,机构投资者持有的股票其收益率波动较低,而且被机构重仓持有的股票表现出较高的日均收益率和低方差的特点,机构投资者在熊市中偏好波动性低的股票表明他们对市场下跌更具敏感性。事实证明,在这一期间机构投资者的表现明显强于个人。

关于机构投资者的投资特点、投资理念对市场稳定的影响，国外有大量相关研究散见于不同类型的文献，简述如下：市场中的交易者可以分为理性交易者（Rational Trader）和噪声交易者（Kyle，1985，1991；Delong，Shleifer，1990；Black，1986），机构投资者能够抵消噪音交易者的非理性行为稳定资产价值，从而使机构投资者控制的股票呈现出更低的波动性（Zweig，1973）。同时在成熟市场及新兴国家都发现机构投资者能够快速处理股票信息，及时调整暴露风险，具有更理性的投资理念（Tbhol，2004；Ferson and Schadt，1996），而且发现机构投资者存在信息优势（Choe，Kho and Stulz，2001），是一种高级投资者（Rubin，2007；Kacperczyk and Seru，2007）。另外，机构的巨量持股导致其从交易成本的角度考虑采取“买入并持有”的策略，改变了市场以往过强的短线投机性（Useem，1993；Monks and Minow，1995）。但对于机构投资者投资对市场稳定带来的负面作用也有很多相关研究，代表人物如Charkham（1990）认为机构投资者的投资行为本质上是一种短期的交易行为，是一种纯粹意义上的交易者，这种交易者的行为加大了市场的波动性。另外，投资者“非理性”行为导致了真正意义上的金融传染（Kaminsky and Reinhart，2000；Dombuseh，Park and Claessens，2000），共同基金是金融传染的主要渠道（Kaminsky，Lyons and Schmukler，2000）。

对于国外成熟市场，关于机构投资者对市场稳定的主流研究包括上述内容，而且研究结论呈多样性。如果我们对我国基金稳定市场的研究路径仅仅局限于此，恐怕结论具有系统性偏差。这是因为，上述研究分析了基金投资行为对市场构成的显性冲击，却忽略了基金投资行为对市场深层即投资价值理念所构成的隐性冲击。原因很简单，基金在我国市场中的重要性要远远高于国外的共同基金，至2006年年末其在机构投资者的市值就已达到70%以上（深圳证券交易所，2007），其投资理念及赚钱效应会对市场其他投资者形成重要的价值引导，如果基金的投资行为具备高度投机性，引发的模仿效应也会进一步提高市场投机性。因此本章将对于不同基金的投资理念予以分类研究，分析基金是短线投机者还是买入持有交易者，揭示基金是否较个人投资者具备更多的理性，基金的声誉机制及赚钱效应对市场的理念输出是倡导了投机性还是投资性，这些投资理念层面的研究是对于基金稳定市场理论的必要补充。

概括起来，本章将从显性冲击和隐性冲击两方面展开研究，并且在显性冲击下对市场状态予以划分,研究基金的投资行为对市场稳定的影响。同时对于隐性冲击,分析基金投资行为对市场稳定的隐性价值引导。

第三节　震荡市场、政府干预与基金投资

5.3.1　引言

政府干预市场是成熟市场和新兴市场都面临的问题,尤其是新兴市场中政府的政策干预力度更大,对市场的影响可能也更为长期。我国既然是一个政府主导型的证券市场,那么政府干预又将对资本市场带来怎样的政策影响?本书将以中国股市中政府干预市场的一项重要政策颁布为契机,研究当政府发出重大利好信号时,政策效应是否会显著改变投资者的预期,对机构投资者的交易策略又会带来怎样的影响?

本节同时利用政府的政策干预,分析了在一个完整市场周期下,交易策略的形成以及交易策略的转换是如何实现的,中国股市为检验机构投资者的交易策略提供了极为有效的试验场所。首先,不同于其他成熟市场,中国股市作为新兴市场波动剧烈,具有强烈的“政策市”特征,政策的出台对股市上涨或下跌有很强的指导作用,这种“政策市”的结果是导致牛、熊转换分明且交替频繁,在几年内就可以完成一个市场周期转换。在本节中,将以 2001—2006 年为例,在这期间中国股市走势独立,受到其他国家股市的影响很小,经历了深幅下跌和快速上升,这样的短周期非常有利于研究,在一定程度上减缓了国外长周期所导致的经济、社会及国际环境重大变化所带来的干扰,可比性更强。其次,样本期间中国股市尚未有期货市场,因此也不存在做空机制,机构投资者只能利用现货市场进行交易,此时机构投资者的获利模式就不能通过远期市场和现货市场的对冲交易实现套利,而只有依赖波段性操作获利(不断地低买高卖),这就使得中国股市机构投资者的交易策略完全不同于成熟市场。

本节通过研究机构投资者的买入、卖出行为研究其交易策略。Lakonishok, Shleifer 和 Vishny(1992)发现在美国股市养老基金(Pension Funds)存在并不显

著的正反馈交易及羊群行为,Grinblatt,Timan 和 Wermers(1995)发现共同基金(Mutual Funds)广泛采用动量交易策略,Wermers(1999)亦发现类似结果。Nofsinger 和 Sias(1999)则发现机构投资者相对个人投资者表现出更强烈的正反馈交易行为;而 Badrinath 和 Wahal (2002)发现机构投资者买入股票时表现为动量交易者,卖出股票时表现为反转交易者。

本节的另一大研究特色是选取特殊交易日对机构投资者的交易策略进行研究。已有研究主要是针对连续样本期间的研究,对离散样本期间的研究较为少见,如对特殊交易日的研究。选取特殊交易日有独特的研究意义,如在市场大幅震荡的交易日,机构投资者利用市场提供的流动性可以不加掩饰地实现其真实的交易目的,实现其大量买入或卖出的真实目的,因此震荡交易日下机构的交易策略展现得更为直观。目前为止,这方面的研究只有两篇,分别是 Dennis and Strickland(2002),Lipson and Puckett(2007)的研究,但两篇论文得到了完全相反的结论,前者发现机构投资者采用了正反馈的动量交易策略,而后者得到的是采用了负反馈的反转交易策略。为何会产生上述截然相反的结论,我们认为原因不外乎两点:一是两篇论文都没有考虑市场状态,熊市中和牛市中机构投资者的交易策略会有不同,由于两篇论文的样本期分处于不同的市场状态,因此结论不同也就不足为奇,反倒说明了市场状态的重要性。Cooper 等(2004)的研究也发现了动量效应的大小依赖于市场状态,他们用美国的数据发现牛市中的动量收益显著高于熊市中的动量收益。二是数据采集的不同,在对机构投资者的研究中,机构持股比例的确定是一个难点,由于机构投资者是按照季度公开披露持股比例(美国和中国相同),因此研究者难以获得在震荡交易日当天机构的持股比例,对此 Dennis 和 Strickland(2002)的处理采用了最为常见的方式,就是沿用其上一季季末的持股比例,当然可能会存在不准确性,而 Lipson 和 Puckett (2007) 对此予以强烈抨击,他们利用 Abel Noser 公司提供的内部交易数据,对小部分机构投资者包括 716 家机构投资者(626 家养老金和 90 家货币基金)进行了研究,得到不同的结论。我们认为这两种做法各有利弊:Dennis 和 Strickland(2002)的样本完整,覆盖了全部机构投资者,但数据准确性欠佳;而 Lipson 和 Puckett (2007)利用日交易数据,保证了数据的准确性,但样本较小,结论难免会以偏概全。

对于市场状态我们依据宏观经济、政策因素的变化划分了熊市、牛市,对不同市场状态分别予以分析。对于样本采集问题,我们采用了 Dennis 和 Strickland (2002)的方法,将 2001—2006 年间全部基金作为研究对象;利用公开披露的季度持股数据,我们又对 Dennis 和 Strickland(2002)模型进行了修正,加入机构持股比例在季末的变化变量,这样处理的好处在于虽然我们不知道在震荡交易日当日机构的持股比例变化,但是我们加入了新的约束变量,以便于分析在一个季度内机构增持、减持股票对震荡交易日当日收益率、换手率的影响,为模型提供了一个价值判断的基准。

本节的贡献在于:第一,对我国股市的震荡状态进行了研究,并对其中基金的交易行为进行压力测试。第二,从价、量两方面对基金稳定市场的作用进行了完整的研究,并且发现其作用不同。从股价方面看,虽然基金的交易行为降低了市场当日的震荡,但是从长期趋势看加剧了萧条期的持续下跌与繁荣期的不断攀升,强化了市场的动量效应。从交易量看,繁荣期市场的异常放量并不来自基金,而是个人投资者高涨的投资热情所致。第三,本节首次将基金的交易行为纳入市场周期的分析框架,依据宏观经济形势和监管政策的重大转折,将市场划分为萧条期与繁荣期分别予以分析,发现在市场存在反馈滞后效应的情况下,基金首先予以了信息识别并作出交易策略的调整,较个人投资者更为理性。

本节余下部分按照如下顺序排列:第二部分文献回顾,第三、第四部分介绍本书的制度背景即震荡市场的选择和市场周期的划分,第五部分研究方法和数据,第六部分实证分析,第七部分研究结论及建议。

5.3.2 文献回顾

Dennis 和 Strickland(2002)研究了 1988—1996 年美国股市涨跌幅超过 2%的震荡交易日,发现无论是上涨还是下跌,只要是在市场大幅波动的交易日,机构投资者都会作出比个人投资者更为强烈的反应,如果一只股票在某一天大涨或大跌,并且伴随着非正常的换手率,这通常和机构投资者的交易行为密切相关,并且从其市场反应方向判断,机构投资者对股价的涨跌都起到了推波助澜的作用。通过对机构投资者予以分类研究,该文发现共同基金较其他机构投资者(如银行信托基金)更加频繁地受到业绩考核的制约,非常关注短期业绩,因此比其他机构有更强烈的动机发生正反馈的“羊群行为”,由此也导致了市场更大的波动性。

但是,Lipson 和 Puckett (2007) 采用同样的研究方法,对机构投资者(货币基金和养老金)的研究得到了完全不同的结论,认为机构投资者采用了负反馈投资策略,并且降低了市场波动。两篇论文针锋相对,采用完全相同的研究方法,只是样本期间和样本对象不同,对机构投资者是否发挥了市场稳定的作用得到了截然相反的结论,其实这恰恰从另一个角度说明了在不同的市场状态下,机构投资者的类型不同,稳定市场的作用也不同。

另外,还有相当多的研究从反馈交易策略的角度研究市场稳定。反馈交易策略可以分为两种:正反馈交易策略和负反馈交易策略。正反馈交易策略会加速股价远离基础价值,并加剧市场波动性。而负反馈交易策略有利于降低市场波动性,并使股价回归基础价值。在这方面,国外对于机构投资者交易策略的研究结论是多样的:一些研究认为机构投资者没有采用正反馈交易策略(Gibson and Safieddine, 2003; Badrinath and Wahal, 2002; Gompers and Metrick, 2001; Falkenstein, 1996)。另外一些研究则发现存在强烈的证据表明机构投资者采用了正反馈交易策略(Bennett, Sias, Starks, 2003; Chen, Hong, Stein, 2002; Dennis and Strickland, 2002; Cai and Zheng, 2004; Nofsinger and Sias, 1999)。第三类研究认为短期的正反馈交易策略的形成是基于对长期惯性趋势的修正(Jegadeesh, 1990; DeBondt and Thaler, 1985; Lo and MacKinlay, 1999; DeLong et al., 1990; Campbell, 2000; Hirshleifer, 2001)。

国外主流观点认为,机构的正反馈交易策略及羊群行为加剧了股市波动。如 DeLong, Shleifer, Summer 和 Waldmann(1990)认为由于股票市场上存在正反馈交易者,使理性投资者无法发挥稳定股价的功能,并且可能造成市场更加不稳定。但反对的意见如 Lakonishok, Shleifer 和 Vishny(1992)指出,机构投资者的"羊群行为"并不一定会导致市场的不稳定。作为理性投资者,如果机构投资者比个人投资者拥有更多的信息来评估股票的基本价值,那么机构投资者将一齐买入价值被低估的股票,同时远离价值被高估的股票,这种"羊群行为"和个人投资者的非理性行为产生相互抵消效应,促使股价趋向均衡价值,而不是远离均衡价值。

我国学者对基金稳定市场的作用进行了研究。施东晖(2001)对 1999 年第 1 季度至 2000 年第 3 季度的基金投资行为进行研究,发现国内投资基金存在较为严重的“羊群行为”，在一定程度上加剧了市场波动；徐妍等(2003)对我国2000年第1季度到2003年第3季度的基金投资组合进行了研究，发现基金的投资行为具有较为显著的高买高卖倾向和羊群效应，而且基金的投资行为促进市场波动性下降。伍旭川、何鹏(2005)对2001年12月至2004年3月我国开放式基金的投资组合数据进行分析，发现我国开放式基金在股票市场上存在较强的羊群行为，这种较强的一致性交易行为提高了市场波动性。黄静、高飞(2006)研究2000年年末到2004年6月国内基金投资行为与投资绩效，发现我国基金交易频率很高，近90%的基金采用动量投资策略，基金新进入股票时动量效应最强。祁斌、黄明、陈卓思(2006)对2001年至2004年期间在上交所上市的A股每日机构投资者持股与股市波动性之间的关系进行了实证研究，发现机构投资者持股比例与股票波动性之间存在显著的负相关关系，从而支持了机构投资者具有稳定市场功能的观点。戴志敏和郑洁(2004)认为机构投资者作为一种市场投机力量，本身不应承担稳定股市的责任。在这一方面有代表性的研究是何佳、何基报、王霞、翟伟丽(2007)对2003—2007年机构投资者稳定市场的作用进行的研究，文中指出以证券投资基金为代表的机构投资者对股价波动的影响随着市场结构和环境的变化而变化，基金的行为有时增加股价波动，有时减少股价波动，没有一致性结论。但遗憾的是该文没有进一步研究为何会产生这种不同。

本节同样发现了基金在不同的年度其交易行为不同，但是不同于上述研究的是，本节进一步对导致这种差异的背后原因进行了深入研究。通过划分市场周期发现机构投资者与稳定股市间存在强烈的关系。这样的结论在Chiyachantana et al. (2004)的研究中得到印证，他对37个发达和发展中国家机构投资者的投资行为进行分析，发现在不同的市场环境下如牛市、熊市抑或成熟、新兴市场，机构投资者的买卖行为对股票市场的影响是不对称的。因此本节中要区分不同市场状态，研究机构投资者与市场稳定的关系。而且针对国内多样化的研究结论，本节将采用与上述国内文献完全不同的研究思路，借鉴Dennis和Strickland(2002)，Lipson和Puckett (2007)研究方法的同时进一步完善，划分市场周期，通过观测基金重仓股在震荡市场中的市场反应，分析基金的交易行为是否起到稳定市场的作用。最后本节的样本期长于国内上述文献。

5.3.3　震荡市场的选择

对于震荡市场,我们定义为上证综指涨跌幅超过3%的震荡交易日,选取这些涨跌幅巨大的特殊交易日对机构投资者的市场稳定作用进行压力测试。涨跌幅巨大的交易日一般预示着市场未来走向有两种可能:一是原有趋势即牛市或熊市的加速或深化,二是市场即将发生反转。那么,在震荡市场中基金交易策略的选择反映了其对市场未来走向的判断,此时基金利用市场提供的充足流动性可以不加掩饰地实现其真实的交易目的。选取震荡交易日进行研究在中国是非常必要的,因为中国基金在投资过程中面临流动性紧缺,原因有二:一是样本期间基金的资金量较大,但中国股市多数股票的流通股本又较小(近60%的股份为非流通股),因此基金经理在进行投资组合时必须格外关注流动性风险。而流动性风险是机构投资者进行资产配置的重要因素,Gompers和Metrick(1998)对美国市场的研究发现,大市值规模股票的年度收益率显著地超过了小市值规模股票,他们从股票的供给和需求角度进行了分析,认为机构投资者管理的资产越来越多,占整个市场的比重越来越大,而且偏好规模大、流动性好的股票,但在中国股市市场深度是非常有限的。二是前文所述的中国机构投资者发展非常不均衡,除基金之外其他机构投资者比例很小,这就导致在很多情况下是基金不得不与个人投资者展开博弈,但是个人投资者的特点是持有期短、买卖频繁、缺乏判断及分析能力、跟风行为严重,这样对基金来讲就进一步降低了其流动性,如大量买入某只股票很容易引发个人投资者的跟风买入,从而哄抬股价;大量卖出某只股票又极易引发个人投资者的跟风卖出而导致股价大幅下跌。因此,当基金面临流动性短缺时就迫使基金经理在日常交易中要隐蔽交易行为,如缓慢地买入、卖出,并且通过制造买盘交易量等方式引诱个人投资者购买以达到顺利出货等手段,掩盖其真实的买卖意图。但是在震荡交易日,市场的大幅涨跌一般都伴随着成交量的急剧放大,这为机构投资者提供了宝贵的流动性也极易暴露其真实的买卖意图,因此对震荡交易日的研究非常必要。

另外,西方的文献将股市操纵分为行为操纵(Action-based Manipulation)、信息操纵(Information-based Manipulation)和交易操纵(Trade-based Manipulation)。股市操纵的存在将严重影响资本市场的有效性,使资产定价过程发生偏离。而作为新兴市场，中国的股市操纵较为严重，其中前两者即行为操纵和信息操纵都大量存在，并最终体现在交易操纵上。由于在中国股市不存在股指期货，也就没有卖空行为，那么这种股价操纵的目的就是为了赚取现货市场的股票差价，可以简单概括为：庄家一般是内部信息的获取者或制造者，当股价低时，庄家（Banker 或 Market Maker）会大量入货，但在这一过程中必须保持耐心，缓慢吸货，以防止由于交易量的急剧放大而被其他交易者识别，以完成建仓的过程。此时，价格会有所上涨，但不会涨太多，理由很简单，庄家为了降低其建仓成本，会对股价进行打压，即震荡洗盘。在拉升阶段，由于庄家已经掌握了大量筹码，只需很少的成交量，股价就会上抬，而且速度极快。当价格上涨到一定程度时，利好消息开始发布，庄家要吸引大众开始疯狂购买该股，此时庄家要开始出货，但不会快速出货，因为庄家的快速出货会迅速打压股价，而且买盘也会迅速减少，此时庄家会通过对敲（由其控制的其他账户买入股票，实质是将股票卖给自己）等手段制造虚假的买盘繁荣，诱骗投资者购买以维持出货。因此，我们看到，在市场存在大量股价操纵行为时，股票的日常交易行为无论是收益率还是交易量都极具欺骗性、隐蔽性。但在震荡交易日则不然，庄家会利用市场难得出现的宝贵的高流动性，快速买卖股票以实现其真正的交易目的。另一方面，以基金为首的机构投资者的出现，在一定程度上弱化了股价操纵行为，但是就基金本身而言，它虽然已经脱离了传统意义上的“庄家”的色彩，但是作为一方独大的机构交易者，在缺乏可以与之博弈的其他大型机构投资者的市场格局下，在市场深度有限的情况下其吸货、出货具有相当大的难度，因而在很多操作环节上，如缓慢吸货、拉高出货等方面，其交易行为也会与庄家有部分类似。为了尽量减少这种股价操纵所带来的研究偏差，本节选取震荡交易日进行研究。

5.3.4 市场周期划分

在西方，股票价格指数历来有“经济走势晴雨表”之称，其内在含义有两点：其一，股指的变动预示着经济运行状况的变化；其二，股指变动最终以经济运行状况变动为基础。在股市对于经济发展的预测方面多数经济学家的观点一致，即在成熟市场，股市对未来经济发展的预测能力是相当强的。但是在我国则不然，股市的走势经常出现与宏观经济走势背离，更是难以起到“经济走势晴雨表”的作用,如王国刚(2000)、黄海燕(2004) 等的研究结论表明, 我国股市指数与 GDP 走势出现了双向背离、股票市场波动与宏观经济呈现出关联度过低的状况。周俊(1998)、张人骥(2000) 等甚至发现自 1995 年以后中国股市价格的变动与 GDP 的增长在短期波动模式上具有负的相关关系。

图 5.4 提供了 2001—2007 年上证综指的走势。我们看到从 2001 年开始股市持续下跌,直至 2005 年下半年股市才出现拐点。从理论上说,股市作为“经济走势晴雨表”应该提前或是同步反映经济走势,那么中国的宏观经济走势是否到 2005 年下半年才出现拐点呢? 通过以下的分析,我们发现二者明显存在背离期。

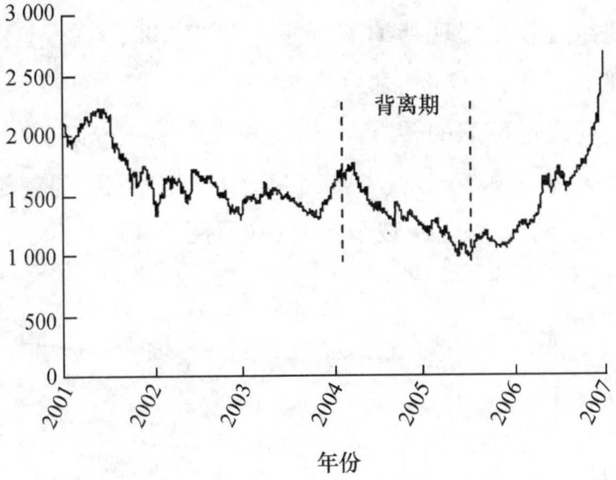

图 5.4　上证综指走势:2001—2007 年

5.3.4.1　经济因素

首先我们来看经济因素对股市的影响。王国刚(2000)认为直接影响股市走势的因素主要有宏观经济、企业效益和法治状况等,该文中宏观经济指标选用了最具有代表性的“GDP 实际增长率”指标,企业效益指标选用了上市公司每股收益指标,本书也将通过近十年中这两项指标的变化分析经济走势。从图 5.5 中看到,1996 年 GDP 实际增长率处于历史高位 10% ,之后开始下降并在低位徘徊,直至 2003 年 GDP 实际增长率再次回复到 10% 的两位数增长率。与此相应,统计数据表明,从 2003 年下半年至今,中国经济出现了改革开放以来的第四次经济过热①,在"投资带动"下中国经济实现快速增长。②

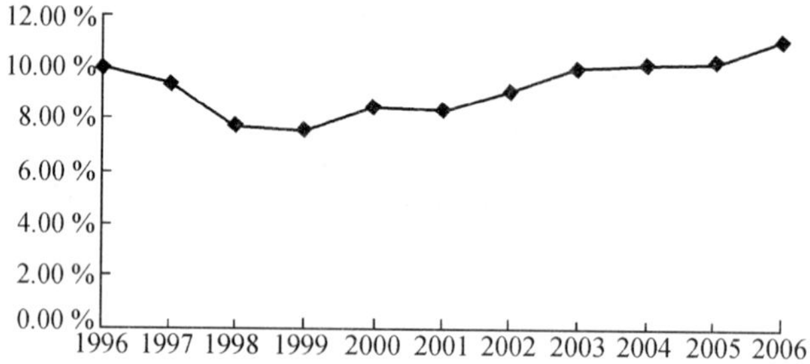

图 5.5 中国 GDP 实际增长率:1996—2006 年

另外,从微观经济指标即上市公司加权平均每股收益看(见图 5.6),1996 年以来在上市公司每股收益呈现持续下滑的态势下,2003 年上市公司的每股收益出现逆转,较 2002 年增长 37%,之后几年一直保持高位运行。综上所述,2003 年是我国经济出现快速发展的转折点,但是股指走势并未以 2003 年作为大的分界点, 2003 年年末股市虽然出现小幅上扬,但只是昙花一现,随后是 2004 年、2005 年更为猛烈的下跌,甚至跌破千点大关(见图 5.4)。

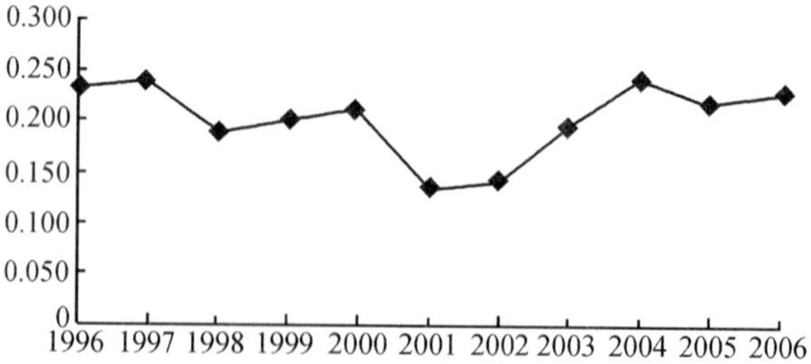

图 5.6 中国上市公司加权平均每股收益:1996—2006 年

5.3.4.2 政策因素

上述经济增长情况表明,宏观经济在 2003 年凸现拐点,更为具体地说始于

---

① 前三次经济过热分别是:1983—1985 年、1987—1988 年、1993—1996 年,源自《中国经济周刊》,2007 年 7 月 29 日。另外,从 1991 年开始至今,依据实际 GDP 增长率波动状况划分经济周期,中国经济一直处于第 9 轮周期仍没有结束,源自《中国统计年鉴》。

② "投资带动"说,认为中国经济的周期波动主要是由投资的波动带动的,投资波动除受计划决策等影响外,还由固定资产的建设周期、更新周期等决定。源自:刘恒,《当代中国经济周期波动及形成机理研究》,西南财经大学出版社 2003 年版,第 57 页。

2003年下半年的投资过热。如果股市作出提前或同步反应,那么应在2003年下半年前后予以体现,但经济因素并不是决定我国股市走向的唯一因素,更为重要的是政策因素对股市的影响。在我国证券市场的发展历程中,政府对股市的干预非常频繁,因此我国股市素有"政策市"之称。潘伟荣和梅雪(2002)、胡金众(2002)、金晓斌和唐利民(2000)、施东晖(2001)研究了沪深两市的异常波动事件,发现股指的异常波动几乎都与政策出台相对应,政策性因素是股市波动的最主要的动因。而且投资者对市场利好和利空消息存在不对称反应,"政策依赖性极强"(李心丹等,2002;陆蓉,徐龙炳,2004)。实际上政策因素对股市的干扰,在很大程度上可以解释股市走势与宏观经济走势的经常性背离。

就中国股市而言,在一个政府主导型的社会,政府对市场的干预无需借助市场手段,主要是通过"窗口指导"即政策颁布的方式实现市场干预,如调整利率、印花税税率,乃至一些行政手段,如控制IPO和SEO(再融资)的规模、数量(从而增加或减少股票供给),加速或停止审批新设立基金或QFII的方式(控制股市资金量),向市场发布利好或利空信号,从而对股指的涨跌进行调控,所以在中国股市中并没有直接隶属于政府的基金,如平准基金(Buffer Fund)。[①] 因此,我们不能找到成熟市场如香港股市在低迷期由香港特区政府出面直接购买股票所带来的市场反应的直接研究,如 Yuli Su, Yewmun Yip, Rickie W. Wong(2002)研究了1998年8月香港特区政府为了让投资者确立信心,大幅加仓恒生指数33只股票,政府的直接入市干预不仅力挽狂澜,使恒生指数发生反转,而且稳定了股市。

从1997年至2001年6月24日,我国股市迎来了自诞生以来的第一个高峰——2 245点(上证综指),由于股市涨幅较大,上市公司利润虚假、借壳重组、庄家利用内幕信息操纵股市的乱象丛生。为规范证券市场,监管层在政策面上颁布一系列利空因素,股市开始下跌,2001年7月至2003年中期我国股市步入了长达三年的熊市。为了救市,2004年1月31日,国务院发布《关于推进资本市场改革开放和稳定发展的若干意见》(简称"国九条")。这是我国股市自成立以来管理层全面规划资本市场的第二份重要文件,因为它将发展资本市场提升到

① 指政府通过特定的机构以法定方式建立的基金,通过对证券市场的逆向操作,熨平市场的剧烈波动,以达到稳定证券市场的目的。

国家战略任务的高度，提出了九个方面的纲领性意见，为资本市场的改革与发展奠定了坚实的基础。这是中国证券市场自成立以来第二次以国务院而非国家部委的方式颁布政策指导意见，体现了从全局和战略发展资本市场的国家意志。此时，在一系列利空因素如非流通股即将流通、人民币预期升值等问题依然悬而未决的时候，这一文件的发布实质上对股市未来的走向奠定了保护、发展的基调，体现了监管层对股市长远发展的呵护，因此被机构投资者解读为重大利好。所以，2004 年年初是政策面发生转折的重要时点。之后，各部委陆续出台诸多利好政策配合，如鼓励境内外的机构投资者投资（增加股市资金的外围供给）、在一段时间内停止新股和再融资（减少股票的总量供给）等，通过这些方式带动股市走出低谷。

表 5.1 是笔者总结的 2001—2006 年影响中国股市走势的政策变迁。

表 5.1　2001—2006 年中国股市政策颁布

时间	内容	信号传递
2001 年 6 月 12 日	国务院正式发布《减持国有股筹资社会保障资金管理暂行办法》。该法的第六条最受争议，即“减持国有股原则上采取市场定价方式”	重大利空
2001 年 10 月 22 日	证监会紧急叫停《减持国有股筹集社会保障资金暂行办法》第五条规定	部分利好，但国有股减持只是被暂时搁置，成为悬在股民头上的一把利剑
2001 年 11 月 16 日	印花税由千分之四调低到千分之二	利好
2004 年 1 月 31 日	国务院颁布《关于推进资本市场改革开放和稳定发展的若干意见》，简称“国九条”	利好
2004 年 6 月 25 日	中小企业板块启动，首批八只股票上市，这是落实“国九条”的首项具体措施	利好
2004 年 8 月 30 日	除上市公司再融资外，暂停发行新股（减少股票供给），在股市低迷时停止扩容，防止市场进一步下跌	利好
2004 年 9 月 10 日	温家宝总理发表讲话，表示将大力推行“国九条”，维护中小投资者的利益，振兴股市	利好
2004 年 10 月 18 日	央行发布《证券公司短期融资券管理办法》，券商可在银行间债券市场发行短期融资券，增加了市场投入资金	利好

（续表）

时间	内容	信号传递
2004 年 10 月 25 日	中国保监会和证监会联合发布《保险机构投资者股票投资管理暂行办法》:保险机构可直接投资股票市场,参与一级市场和二级市场交易,增加了市场投入资金	利好
2004 年 10 月 29 日	提高利率	利空
2005 年 1 月 23 日	印花税由千分之二调低到千分之一	利好
2005 年 4 月 29 日	股权分置改革开始,实现非流通股逐步流通,改革后将极大地增加股票的市场供给,稀释股价。但如果该政策不出台,市场的利空预期不能化解,因此在流通股、非流通股股东都作出一些退让解决该问题后,从长远来讲,消除了市场的最大利空因素	利空、利好参半
2005 年 6 月 16 日	中国证监会发布《上市公司回购社会公众股份管理办法(试行)》,将促进股权分置改革试点工作的顺利推进	利好
2005 年 6 月 24 日	股息红利税收改革,对个人投资者从上市公司取得的股息红利所得,暂减按 50% 计入个人应纳税所得额	利好
2006 年 3 月 6 日	国务院总理温家宝在第十届全国人大第四次会议上作政府工作报告时强调,要加快金融体制改革,大力发展资本市场	利好
2006 年 4 月 28 日	提高利率	利空
2006 年 6 月 27 日	明确鼓励保险资金直接或间接投资资本市场,逐步提高投资比例	利好
2006 年 7 月 22 日	提高利率	利空
2006 年 8 月 25 日	大幅降低 QFII 的准入门槛。据监管部门介绍,降低保险公司、基金管理机构的准入门槛,目的在于吸引长期资金入市	利好

资料来源:笔者整理。

有关股权分置改革,本节作一个简要的介绍。在 2005 年股权分置改革之前,非流通股不能流通问题困扰中国股市多年。这次股权分置改革的目的是解决自中国证券市场成立以来一直困扰股市多年的“同股不同权”的问题,也就是非流通股股东不能按照股票市场的市价交易,而只能采用场外的协议转让。当年这样设立的目的是政府防止因国有股权转让而降低国有经济比重,但是随着中国从计划经济向市场经济转变,经济实现了跨越式发展,国有经济比重降低、私营经济比重提高已成为市场发展的必然趋势。另外,这一政策所暴露出来的最大问题是股价的高低与大股东即非流通股股东没有直接关系,此时大股东也就失去了实现公司价值最大化的动力，使得非流通股股东和流通股股东的目标函数不同，进一步造成大股东不断地利用控制权掠夺流通股股东的利益。虽然，股权分置改革后每股收益并未受到稀释(因总股本没有变化)，但从股票交易的供给量分析，整个股市中占总股本约2/3的非流通股将在3年内逐步转为流通股，这就意味着市场的流通股供给量将增加2倍，短期内股价面临着极大的流动性压力。因此这项改革对于流通股股东来讲，具有极大的负面效应。在这种流动性压力预期下，股指不断下跌和经济走势出现了严重背离。从2001年6月，中国政府就在尝试进行非流通股流通，改革后两类股份不再有流通和非流通的差异，将实现全流通，改革在很少几家上市公司中率先进行试验，但市场由此作出了激烈的反应，股指大幅下跌，该项试验在当年10月即被叫停。但是股权分置改革作为关乎中国股市未来长远发展的重大改革早晚还是要推出，这点在投资者中有一致性预期，该项改革最终于2005年5月正式实施。

5.3.4.3　市场周期划分

综上所述，2004年年初我国股市面临经济增长、政策呵护的双重利好，而且构筑资本市场基石的上市公司业绩也大幅提高，因此从理性预期上我们认为2004年年初应成为我国股市的重大转折点。为了与实际的股市周期相区别，我们将上述周期称为市场周期，并将2001—2003年定义为市场萧条期、2004—2006年定义为市场繁荣期，分别予以检验。

本节通过观测基金重仓股在震荡市场中的市场反应，分析基金的交易行为是否起到稳定市场的作用。那么对于这种稳定性研究就需要提供一个价值评判基准，这个基准就是要以市场周期为依据。比如同为大涨的交易日，牛市中基金的正向反应(推动上涨)对股市起到推波助澜的作用，会加速股价远离均衡价值，而熊市中基金的正向反应会促进股市的趋势发生反转，促进股价向均衡价值回归。因此，在不同的市场周期其市场反应的含义不同，应予以区分。在Dennis和Strickland(2002)，Lipson和Puckett (2007)的研究中，跨越了不同的市场周期，但并没有予以区分，前者认为机构投资者起到推波助澜的作用，后者认为起到平抑市场的作用。但笔者发现，这种对市场周期的忽略是不可取的，在不同的市场周期机构会采用不同的交易策略①,因此非常有必要予以区分。另外,Diebold 和 Yilmaz(2007) 指出对于股价波动性的研究,许多学者忽略了宏观经济因素对资产价格波动性的影响。他们以截面数据作了跨国比较,发现宏观经济因素和股价波动性之间密切相关。既然宏观经济因素是影响股价波动的重要原因,那么在不同的市场周期,机构投资者的交易策略是否明显受到了宏观经济因素的影响呢?这是本节想接下来深入探讨的。

5.3.5 研究方法及数据

5.3.5.1 研究方法

对于震荡市场下基金是否发挥了稳定市场作用,我们采用 Dennis 和 Strickland(2002),Lipson 和 Puckett (2007)的方法进行实证检验,通过观测基金重仓股在震荡市场中的市场表现判断基金的交易行为,研究基金持股比例②与震荡市场中该只股票的超额收益率、超额换手率的关系。研究从两个维度展开分析:一是利用超额收益率模型,分析基金持股与收益率的关系。在股市大跌的交易日,如果基金比其他投资者的市场反应更为强烈,就会选择大量卖出股票,导致股价大幅下跌,在这种情况下可以预期基金持股比例越高的股票其当日收益率越低。同理,在股市大涨的交易日,如果基金比其他投资者的买入行为更为强烈,那么这种集中买入会推高股价,在这种情况下可以预期基金持股比例越高的股票其当日超额收益率越高。上述研究同时要控制风险、流动性进行检验。二是利用超额换手率模型,分析基金持股与换手率的关系。如果在震荡市场基金反应强烈,就会表现在交易量上出现异常放量,基金持股与超额换手率呈正相关。

另外,在国内外股市中基金都是在各季季末披露投资组合,我们据此计算基金的持股比例(该方法在国外经常被使用,如 Dennis 和 Strickland,2002;Sias,2007),并检验在下一个季度震荡交易日中基金所持股票的市场反应。这里可能

① 本书也进行了全部样本不划分市场周期的检验,发现不能得到基金一致性的交易策略,原因正是因为在萧条期和繁荣期基金执行了不同的交易策略,限于篇幅实证结果这里不再报告。

② 如 2003 年第 3 季度末,以基金前十大重仓股计算,所有基金共持有宝钢股份 692 696 391 股,占其流通股总数的 36.9%。

存在一定的研究局限，由于我们无法获知在震荡交易日当天基金的持股数据，因此只能以最为临近的上季季末基金持股数据予以替代。另外，一些学者取得了部分机构在一定期间的内部交易数据（Lipson 和 Puckett，2007），可以直接分析机构投资者的交易情况，但这种样本采集方式在解决了数据准确性的同时又限制了其研究的广度，不能对所有机构投资者进行广泛研究。因此，本节将采用全部基金按季度公开披露的投资组合数据。

在这里选取基金的重仓股而非全部股票投资组合，一方面是基于信息公布频率的考虑，前十大重仓股按照季度公布，而基金的全部股票投资组合每半年才公布一次，信息公布频率的密集可以提高基金持股比例的计算准确度。另一方面，前十大重仓股具有较强的代表性，其市场反应会受到基金交易行为的高度影响，由此可以避免将基金全部投资组合纳入研究范围时，投资过于分散以及持股比例过低的问题。需要说明的是，如果某只股票当季从某只基金的前十大重仓股中剔除，但是又被其他基金选中，那么它同样计入当季的研究样本，因此该方法忽略基金个体的投资组合差异，关注的是所有基金投资对该只股票带来的影响。

5.3.5.2 数据

由于我国开放式基金诞生于 2001 年，因此本节将 2001—2006 年所有开放式、封闭式基金的前十大重仓股①作为研究对象，为了避免新上市股票异常波动的影响，本节剔除上市期不满一年的新股和在震荡交易日停牌的个股。

本节中基金投资组合数据来自于 WIND 数据库，财务指标数据来自于 CSMAR 数据库，交易数据来自于清灵数据库。采用 EVIEWS 和 SPSS 统计软件。

另外，在样本数据的选取中，一个重要的问题是关于异常点的估计。由于上证综指是以加权平均计算的，这样整个市场的涨跌严重受到部分超大型蓝筹股的影响，可能导致市场指数失真。因此，本节首先要检验指数的代表性，所采用的方法是分别计算在上证综合指数涨跌幅超过 3% 的交易日，上涨股票所占比例、下跌股票所占比例以及平盘股票所占比例，以及上涨股票与下跌股票之比，如果同向变化的股票比例较高，说明股指具有代表性。表 5.2 列示了统计结果。

---

① 即基金所持股票中投资市值最大的十只股票。

表 5.2A　Panel A:大涨交易日

日期（月/日/年）	上证综合指数（%）	上涨个股比例	平盘个股比例	下跌个股比例	上涨与下跌个股之比
08/01/01	3.47	96.80	2.07	1.14	85.18
10/12/01	3.24	91.26	3.97	4.77	19.15
10/23/01	9.86	100.00	0.00	0.00	
01/23/02	6.35	96.99	0.89	2.13	45.58
01/31/02	6.81	99.73	0.00	0.27	372.00
05/21/02	3.02	98.20	0.90	0.90	109.00
06/06/02	4.05	99.55	0.00	0.45	223.00
06/21/02	3.07	98.31	0.89	0.80	123.11
06/24/02	9.25	100.00	0.00	0.00	
01/08/03	3.00	94.39	3.37	2.24	42.05
01/14/03	5.81	99.65	0.00	0.35	288.00
04/28/03	3.40	61.96	14.75	23.29	2.66
11/24/03	3.12	92.91	3.90	3.20	29.07
12/22/03	3.23	72.48	13.51	14.01	5.17
01/05/04	3.37	57.81	3.27	38.92	1.49
09/14/04	3.18	98.95	0.15	0.90	109.58
09/15/04	4.22	99.70	0.00	0.30	328.50
09/17/04	3.17	99.24	0.15	0.61	163.75
09/20/04	3.43	99.54	0.00	0.46	216.83
09/23/04	3.14	93.51	1.28	5.20	17.97
11/10/04	3.59	99.33	0.15	0.52	189.71
02/02/05	5.35	99.05	0.12	0.83	119.00
04/01/05	3.58	98.20	0.48	1.32	74.55
06/08/05	8.21	100.00	0.00	0.00	
07/12/05	3.43	92.20	1.12	6.67	13.82
05/08/06	3.95	94.32	0.95	4.73	19.92
05/12/06	4.26	91.18	1.38	7.44	12.25
05/15/06	3.82	93.94	1.21	4.85	19.38
12/11/06	4.15	95.93	0.86	3.21	29.90
12/25/06	3.93	61.44	7.04	31.52	1.95
12/29/06	4.20	76.78	4.68	18.54	4.14

表 5.2B　Panel B:大跌交易日

日期(月/日/年)	上证综合指数(%)	下跌个股比例	平盘个股比例	上涨个股比例	下跌与上涨个股之比
01/15/01	-3.44	93.81	2.77	3.42	27.43
07/30/01	-5.27	93.76	5.03	1.21	77.67
08/06/01	-3.91	94.40	3.05	2.55	37.08
08/27/01	-3.16	93.67	4.02	2.31	40.57
10/10/01	-3.33	96.11	1.02	2.87	33.50
10/22/01	-3.29	89.30	4.96	5.75	15.53
11/07/01	-4.62	99.28	0.00	0.72	138.00
01/14/02	-3.29	93.46	3.49	3.05	30.60
01/17/02	-4.06	94.63	3.46	1.90	49.68
01/21/02	-3.42	87.99	6.77	5.25	16.77
01/28/02	-6.33	96.27	1.78	1.96	49.23
05/16/02	-3.06	92.23	5.24	2.53	36.45
05/13/03	-3.04	86.17	2.29	11.54	7.47
10/14/04	-3.88	97.15	0.45	2.40	40.47
08/18/05	-3.76	90.71	1.13	8.16	11.12
05/16/06	-3.05	75.11	0.64	24.24	3.10
05/23/06	-3.21	85.73	0.73	13.54	6.33
06/07/06	-5.33	95.24	0.00	4.76	20.02
07/13/06	-4.84	94.43	0.25	5.32	17.75

结果表明,在以加权平均计算的大涨交易日中,上涨家数最少的交易日是2004年1月5日,上涨股票与下跌股票之比为1.49;上涨家数最多的交易日是2001年10月23日、2002年6月24日、2005年6月8日这三个交易日,上涨个股比例均为100%,而且这三个交易日中上证综指上涨均在8.21%以上,换句话说,这三天中无法体现个股差异,个股风险已经无法分散,市场完全由系统性风险主导,因此作为异常点本节将这三个交易日予以剔除。[①] 剔除异常点后,上证综合指数涨幅最大的交易日为2002年1月31日,涨幅6.81%,同时,大涨交易日中上涨个股与下跌个股之比均值为95.24,大跌交易日下跌个股与上涨个股均值为34.67,所有样本的均值为70.75。这一数字和Dennis and Strickland(2002)文中所述的美国股市相比,上涨(下跌)交易日中上涨(下跌)个股与下跌

① 为了使结论更为稳健,本书同时加入了三个异常点再次检验,与原有结论一致。

(上涨)个股之比均值为1.9(3.9),总体样本的均值为2.8,股价运动的同步性高出近24倍。这同时印证了Morck,Yeung和Yu(2000)的发现,他们发现在世界40个主要经济体中,中国股票市场价格运动的同步性(Synchronicity)仅次于波兰位居第二,反映出我国股市的系统性风险是非常高的。

在剔除异常点后,本节最终获得47个震荡交易日,共计7 610个样本,包括28个大涨交易日的4 781个样本,19个大跌交易日的2 829个样本,共涉及基金重仓股621只。

5.3.6 实证分析及结果

5.3.6.1 变量设计

1. 超额收益率和超额换手率

本节采用Beaver(1968)提出的用市场模型对股票超额收益率进行调整的方法,用经市场风险调整后的超额收益率,剔除与市场收益变化相关的部分,检验其超额收益率与基金持股比例的相关性。

经市场风险调整后的超额收益率由如下步骤计算得出,先以个股的时间序列回归出在距震荡交易日(-250,-20)期间内个股的日回报率相对于上证综指的Beta,然后用个股的实际收益率R_{it}减去模型期望收益率得到经市场风险调整后的超额收益率AR_{it}。回归估计方程为:

$$R_{it} = \alpha_i + \beta_i R_{mt} + \varepsilon_{it} \quad (5.1)$$

其中,R_{it}是i股票在t日的收益率;R_{mt}是市场收益率,以上证综指收益率作为市场收益率;ε_{it}代表随机误差项。

$$\hat{R}_{it} = \hat{\alpha}_i + \hat{\beta}_i R_{mt} \quad (5.2)$$

式中,$\hat{R}_{it}$表示期望收益率。

$$AR_{it} = R_{it} - \hat{R}_{it} \quad (5.3)$$

式中,AR_{it}表示经市场模型调整的超额收益率。

对超额换手率采用换手率中值调整,先计算出个股在距震荡交易日(-250,-20)期间内的换手率中值HZ,然后以个股实际换手率减去换手率中值得到超额换手率,之后再检验在震荡交易日中超额换手率是否与基金的行为相关。对超额换手率的估算公式:

$$AT_{it} = T_{it} - HZ_i \tag{5.4}$$

式中，T_{it}是 i 股票在 t 日的实际换手率；HZ_i 是 i 股票在（-250，-20）期间内的换手率中值；AT_{it}表示经中值调整的超额换手率。

2. 基金持股比例

本节在研究设计中采用了 Sias（2007）的最新研究成果。Sias（2007）对机构持股的研究提出了批评，指出“既然机构投资者的持股数量可以清楚观察，并不是一个难以计量的问题，那么，为什么对机构投资者交易策略的研究会存在如此大的差异？”他对已有文献进行分析，发现差异主要来自于对机构投资者持股比例的计算方法不同，主要存在以下四种差异：（1）计算各机构投资者投资组合的变化时，由于各只股票的投资权重不同，会极大地受到权重股的影响。（2）计算各个机构投资者买入、卖出股票的变化时，由于各机构投资者持股比例的基数不同，造成结果差异较大。（3）分析各机构投资者的投资组合变化时，用不同股票的买入、卖出数量计算投资权重的变化，会使结论发生差异。（4）在当期持股数量没有变化的情况下，会因股票市值的变化而使投资权重发生变化。可见由于上述不同的计算标准存在的复杂性，导致机构投资者的实际持股变化不能准确度量，于是 Sias（2007）提出一种合理且统一的量化标准，即“等权看待每一只股票，并且采用总计持股的方法计算机构投资者的持股比例，可以解决上述问题”，并且以此方法进行度量得到机构投资者存在显著的正反馈交易策略的结论。该种方法在已有国内文献中没有被采用，因此对于基金持股比例（$Share\ Ratio_i$）本节也将采用 Sias（2007）的方法进行度量。

3. 控制变量

流动性是指金融资产变现的能力，即以尽可能低的成本实现交易的能力，或市场参与者能够迅速进行大量交易，而不会导致资产价格发生显著波动的市场运行态势。投资者愿意选择那些流动性强并且交易费用低的资产，所以我们看到流动性差的资产低价交易或流动性高的资产溢价交易，因此流动性溢价（Liquidity Premium）会体现在每一种资产的价格中。关于流动性风险的度量，由于学术界并没有统一且权威的定义，因此流动性的衡量指标很多，如换手率、交易量、交易次数和买卖差价等，详见 Datar（2001）。Gompers 和 Metrick（2001），Dennis 和 Strickland（2002），Lipson 和 Puckett（2007）选用换手率作为流动性的代理变量，这种方法较为常用，也是本节所采用的方法。

另外,模型中还将控制波动率(VAR_i)、公司规模($Size_i$)、$Beta_i$系数对被解释变量的影响。

各变量定义见表5.3。

表5.3　变量一览表

变量	计算方法
AR_{it}	超额收益率,即震荡交易日实际收益率与期望收益率之差
AT_{it}	超额换手率,即震荡交易日实际换手率与换手率中值之差
R_{it}	实际收益率,即在震荡交易日每只重仓股考虑现金股利再投资的回报率
T_{it}	实际换手率,即每只重仓股在震荡交易日的交易股数/A股股本
$Share\ Ratio_i$	基金持股比例,以上季季末所有基金对该只股票的持股总和计算,用基金上季季末的持股总和/上季季末该股票A股股本
$Beta_i$	距震荡交易日(-250, -20)期间内个股的Beta系数
HZ_i	换手率中值,距震荡交易日(-250, -20)期间内个股的换手率中值
VAR_i	收益波动率,距震荡交易日(-250, -20)期间内个股的日均收益率方差
$Size_i$	上季季末每只重仓股的流通市值取其自然对数

5.3.6.2　模型设计

本节选取股指单日涨跌幅超过3%的震荡交易日进行研究,3%的涨跌幅并不是随意选择的,是以2001—2006年间沪深两市股票的日均收益率和标准差为基础,选择出绝对值高于日均收益率2个标准差的交易日,这些交易日正好对应于涨跌幅接近3%。而Dennis和Strickland(2002)对美国股市所有股票采用同样的统计方法得到的结果是对应2%的涨跌幅,这表明我国股市的震幅较大,在有涨跌停板限制的情况下依然明显高于美国市场。

在实证模型方面借鉴Dennis和Strickland(2002)的方法,检验在震荡市场下基金的市场反应以及对市场的影响。不同于原有模型的是,本节将分为市场萧条期、繁荣期分别检验。另外,对于估计过程中可能存在的异方差和自相关问题,本节采用了适用于大样本数据的Newey-West Method进行调整,这种方法可以对系数估计的标准误差进行校正。

模型1:超额收益率模型

$$AR_{it}=\gamma_0+\gamma_1 Var_i+\gamma_2 Share\ Ratio_i+\gamma_3 Size_i+\gamma_4 Beta_i+\gamma_5 T_i+\varepsilon \quad (5.5)$$

模型2:超额换手率模型

$$AT_{it}=\gamma_0+\gamma_1 Var_i+\gamma_2 Share\ Ratio_i+\gamma_3 Size_i+\varepsilon \quad (5.6)$$

最后，由于沪深两市没有统一指数，而且两市经常出现齐涨共跌的局面，因此选择代表性较强的上证综指作为市场指数代表。①

5.3.6.3 描述性统计

表5.4列示了在大涨交易日中，基金持股比例的平均数是9%，考虑到样本期间我国非流通股持股比例大约为60%，剔除非流通股后得到基金持股占可流通A股的22.5%左右。在大跌交易日中，基金持股比例的平均数是7.8%，剔除非流通股后得到基金持股占可流通A股的19.5%左右。大涨交易日中超额收益率平均为-0.004，超额换手率平均为0.015；大跌交易日中超额收益率平均为-0.004，超额换手率平均为0.014。

表5.4 描述性统计

变量	分组	最小值	25分位	中位数	平均数	75分位	最大值	标准差	样本
Panel A：大涨交易日									
AR_{it}（超额收益率）	全部样本	-0.144	-0.017	-0.004	-0.004	0.010	0.078	0.027	4 781
	持股比例<中位数	-0.139	-0.018	-0.004	-0.005	0.008	0.074	0.026	2 390
	持股比例≥中位数	-0.144	-0.016	-0.003	-0.003	0.011	0.078	0.028	2 391
AT_{it}（超额换手率）	全部样本	-0.025	0.001	0.007	0.015	0.020	0.661	0.025	4 781
	持股比例<中位数	-0.023	0.001	0.007	0.016	0.020	0.661	0.028	2 390
	持股比例≥中位数	-0.025	0.001	0.007	0.014	0.020	0.170	0.020	2 391
Var_i（波动率）	全部样本	0.000	0.000	0.000	0.00058	0.001	0.007	0.000	4 781
	持股比例<中位数	0.000	0.000	0.001	0.00059	0.001	0.007	0.000	2 390
	持股比例≥中位数	0.000	0.000	0.000	0.00058	0.001	0.005	0.000	2 391
$Share\ Ratio_i$（基金持股比例）	全部样本	0.001	0.021	0.055	0.090	0.123	0.705	0.099	4 781
	持股比例<中位数	0.001	0.011	0.021	0.023	0.034	0.055	0.015	2 390
	持股比例≥中位数	0.055	0.081	0.123	0.157	0.201	0.705	0.102	2 391

① 为了检验结论的稳健性，本书同时以深证成指进行检验，主要结论保持一致。

（续表）

变量	分组	最小值	25 分位	中位数	平均数	75 分位	最大值	标准差	样本
Panel A：大涨交易日									
$Size_i$（股本自然对数）	全部样本	8.395	9.004	9.201	9.230	9.406	10.669	0.328	4 781
	持股比例 < 中位数	8.467	8.955	9.150	9.170	9.345	10.327	0.298	2 390
	持股比例 ≥ 中位数	8.395	9.048	9.255	9.289	9.471	10.669	0.347	2 391
$Beta_i$	全部样本	-0.149	0.892	1.055	1.064	1.216	3.211	0.279	4 781
	持股比例 < 中位数	-0.149	0.936	1.088	1.099	1.239	2.535	0.261	2 390
	持股比例 ≥ 中位数	0.166	0.838	1.011	1.030	1.193	3.211	0.293	2 391
R_i（实际收益率）	全部样本	-0.100	0.022	0.035	0.038	0.051	0.102	0.027	4 781
	持股比例 < 中位数	-0.100	0.023	0.036	0.039	0.052	0.102	0.027	2 390
	持股比例 ≥ 中位数	-0.063	0.021	0.034	0.037	0.050	0.101	0.026	2 391
T_i（实际换手率）	全部样本	0.000	0.008	0.017	0.025	0.032	0.672	0.026	4 781
	持股比例 < 中位数	0.001	0.008	0.016	0.026	0.033	0.672	0.030	2 390
	持股比例 ≥ 中位数	0.000	0.009	0.017	0.023	0.031	0.193	0.022	2 391
Panel B：大跌交易日									
AR_{it}（超额收益率）	全部样本	-0.080	-0.021	-0.004	-0.004	0.011	0.150	0.029	2 829
	持股比例 < 中位数	-0.077	-0.021	-0.005	-0.006	0.009	0.139	0.027	1 413
	持股比例 ≥ 中位数	-0.080	-0.022	-0.003	-0.003	0.013	0.150	0.031	1 416
AT_{it}（超额换手率）	全部样本	-0.030	-0.001	0.004	0.014	0.021	0.228	0.025	2 829
	持股比例 < 中位数	-0.019	-0.002	0.002	0.013	0.019	0.211	0.026	1 413
	持股比例 ≥ 中位数	-0.030	0.000	0.006	0.016	0.024	0.228	0.025	1 416

（续表）

变量	分组	最小值	25 分位	中位数	平均数	75 分位	最大值	标准差	样本
Panel B：大跌交易日									
Var_i（波动率）	全部样本	0.000	0.000	0.000	0.001	0.001	0.006	0.000	2 829
	持股比例 < 中位数	0.000	0.000	0.000	0.00052	0.001	0.006	0.000	1 414
	持股比例 ≥ 中位数	0.000	0.000	0.000	0.00059	0.001	0.006	0.000	1 415
$Share\ Ratio_i$（基金持股比例）	全部样本	0.000	0.018	0.048	0.078	0.104	0.705	0.089	2 829
	持股比例 < 中位数	0.000	0.011	0.018	0.021	0.031	0.048	0.013	1 413
	持股比例 ≥ 中位数	0.048	0.068	0.104	0.136	0.163	0.705	0.095	1 416
$Size_i$（股本自然对数）	全部样本	8.395	9.004	9.196	9.220	9.398	10.561	0.316	2 829
	持股比例 < 中位数	8.467	8.978	9.151	9.180	9.343	10.327	0.295	1 413
	持股比例 ≥ 中位数	8.395	9.029	9.233	9.260	9.457	10.561	0.332	1 416
$Beta_i$	全部样本	0.143	0.897	1.057	1.052	1.199	2.260	0.233	2 829
	持股比例 < 中位数	0.143	0.921	1.081	1.068	1.212	1.920	0.221	1 413
	持股比例 ≥ 中位数	0.173	0.859	1.041	1.037	1.190	2.260	0.243	1 416
R_i（实际收益率）	全部样本	-0.109	-0.067	-0.045	-0.046	-0.027	0.100	0.031	2 829
	持股比例 < 中位数	-0.101	-0.068	-0.047	-0.048	-0.029	0.100	0.030	1 413
	持股比例 ≥ 中位数	-0.109	-0.066	-0.043	-0.044	-0.025	0.100	0.033	1 416
T_i（实际换手率）	全部样本	0.000	0.005	0.011	0.023	0.033	0.250	0.028	2 829
	持股比例 < 中位数	0.000	0.005	0.009	0.022	0.029	0.230	0.029	1 413
	持股比例 ≥ 中位数	0.000	0.006	0.014	0.025	0.035	0.250	0.027	1 416

5.3.6.4 实证结果

在划分了市场周期后，我们将震荡交易日予以分类，划分为市场萧条期大涨的交易日、市场萧条期大跌的交易日、市场繁荣期大涨的交易日、市场繁荣期大跌的交易日四组。通过回归分析检验每组样本中基金持股比例与震荡交易日中该只股票的超额收益率、超额换手率的相关性,如果得到显著相关,表明在样本期间基金的交易策略存在一致性。结果如下:

1. 超额收益率模型

(1) 萧条期

① 上涨。表5.5 Panel A是2001—2003年市场萧条期基金重仓股的市场反应。结果表明在大涨的交易日,基金持股比例和超额收益率显著负相关(-0.020***),说明基金持股比例越高,该股票超额收益率越低。这与Dennis和Strickland(2002)的发现相反,表明当市场处于持续下跌的萧条期,由于基金对于股市未来的走向并不看好,因此即便市场大涨也不能激发基金的投资热情,基金重仓股的超额收益率相对较低,市场的上涨来自于其他投资者的推动。依据大量买入推高股价、大量卖出降低股价的一般性原理,我们可以推断基金在利用其他投资者提供的宝贵的流动性卖出股票,造成股票超额收益率相对较低。

上述分析表明,萧条期中每逢市场上涨,基金便采取了逢高出货的策略,套利行为显著。虽然,后验性分析表明基金的这种判断是理性的,而且在短期效应上降低了股市波动性,但是从长期趋势看却严重抑制了股市的反转。由于在股票市场交易中,并不存在一个具有帕雷托效率的均衡点,因此价格的高低在很大程度上取决于交易双方对未来价格的预期,如果每一次底部突破都成为基金拉高出货的绝佳时机,久而久之,这种投资行为就会在市场中形成一种向下的价格预期,因此这种负向反应不能促进股价向均衡价值回归,会带动股指进一步下跌。

② 下跌。在市场萧条期大跌的交易日,基金持股比例与超额收益率呈显著正相关(0.016*),反映出基金并没有在市场大跌的恐慌中大量卖出股票,而是采取护盘行为,防止股价的过度下跌,同样执行了负反馈的交易策略。如果说基金不看好市场未来的走势,那么在市场大跌时会如同其他投资者一样希望尽快卖出股票规避风险,但是在我国股市基金的行为还要受到许多其他因素的制约:

一方面来自监管层的行政干预①,不让其在熊市中继续砸盘;另外,我国开放式基金的赎回率高企,显著高于美国市场(姚颐、刘志远,2004;陆蓉等,2007),此时由于基金的业绩直接关乎基金的赎回情况,而我国开放式基金的持有者主要为个人投资者,个人投资者的短期效应导致基金经理追求业绩排名,被迫通过维护股价的方式维护基金净值,以减少投资者的巨额赎回,此时基金不希望股价大幅下跌。另外,已有研究发现我国基金重仓股的集中持股现象严重,基于上述情况,基金经理们在市场最困难的时期很可能达成一种攻守同盟,以大家都相对减少卖出的方式维护基金净值。

概括而言,基金在市场萧条期大涨或大跌的交易日均作出了负向反应,但含义不同。虽然这种负向反应有益于市场当日的稳定,但是每逢上涨基金便逢高出货的套利行为,抑制了市场反转,带动股指持续下挫;而下跌时基金的护盘只是一种权宜之策,因为基金并不看好市场未来的走势,因此护盘动能有限。但是上涨时基金逢高出货的行为,严重打压了市场脆弱的信心,其负面影响程度远远大于下跌时的有限护盘。因此,基金在萧条期中的投资行为会加剧市场的下跌,不利于股价向基础价值回归。

(2) 繁荣期

从表5.5的Panel B中看到,在2004—2006年的市场繁荣期,大涨时基金持股比例和所持股票的超额收益率显著正相关(0.013**),表明基金持股比例越高该股票超额收益率越高,反映出繁荣期基金作出了正向反应。由于基金看好股市未来的走向,投资热情高涨,股价的上涨与基金的交易行为密切相关。而在大跌的交易日,基金持股比例与超额收益率呈显著正相关(0.049***),反映出繁荣期基金对市场的下跌会冷静看待,并不急于抛出股票。上述投资策略可以总结为:繁荣期大涨时基金在推高股价,大跌时基金并不急于抛出股票,其结果是造成股指重心的不断上移,推动了行情的上涨。

---

① 监管层通过召开基金的联席会议的方式,部署管理层的意图,如明确禁止基金在股指深幅下挫时继续卖出股票。

表 5.5 超额收益率①

	上涨交易日系数	t 值	下跌交易日系数	t 值
Panel A：2001—2003				
Intercept	-6.228***	-3.213	-14.433***	-7.155
Var_i	0.033	0.858	0.020	0.455
Share $Ratio_i$	-0.020**	-2.379	0.016*	1.729
$Size_i$	0.833***	4.120	1.252***	6.073
$Beta_i$	-1.948***	-5.790	2.501***	7.264
T_{it}	0.311***	5.540	-0.011	-0.119
Adjusted R^2	0.100		0.059	
Panel B：2004—2006				
	上涨交易日系数	t 值	下跌交易日系数	t 值
Intercept	2.096	1.377	-18.623***	-6.242
Var_i	-0.104***	-4.807	-0.116***	-2.682
Share $Ratio_i$	0.013**	2.329	0.049***	4.912
$Size_i$	0.134	0.791	1.575***	5.026
$Beta_i$	-3.824***	-15.567	2.518***	4.978
T_{it}	0.247***	6.802	0.220***	3.347
Adjusted R^2	0.265		0.091	

注：表 5.5 是方程(5.5)的回归结果。各变量的含义和计算方法见表 5.3。选取 2001—2006 年期间所有上证综指日涨跌幅超过 3% 的震荡交易日，大涨交易日 28 天合计 4 781 个样本，大跌交易日 19 天合计 2 829 个样本。剔除上市期不满 1 年的新股和在震荡交易日停牌的个股。括号中的数字为回归参数的 t 检验值。*、**、*** 分别表示在 10%、5% 和 1% 的显著性水平下显著。

2. 超额换手率模型

从表 5.6 中可以看出，在市场萧条期与繁荣期，超额换手率的表现同样差异巨大。在 2001—2003 年间，从 Panel A 中看到，基金持股比例与超额换手率正相关（分别为 0.008 和 0.014***），表明萧条期市场的异常放量正是基金所为。但是，2004—2006 年间，从 Panel B 中看到，基金持股比例与超额换手率转变为显著负相关（-0.027*** 和 -0.066***），表明繁荣期股票的异常放量不再来自基

① 所有模型中，VIF 均小于经验阈值 2。

金，而是个人投资者高涨的投资热情所致。这与杨海成、陈工孟、芮萌(2006)的研究发现一致，他们认为在牛市中，个人投资者的羊群行为强于机构投资者。而本节的实证结果也验证了市场繁荣期从交易量看基金具有稳定市场的作用。

表 5.6　超额换手率

	Panel A：2001—2003			
	上涨交易日系数	t 值	下跌交易日系数	t 值
Intercept	-2.956	-1.598	-1.568	-1.513
Var_i	0.037	1.466	0.010	0.912
Share $Ratio_i$	0.008	1.326	0.014***	2.710
$Size_i$	0.397**	1.978	0.188	1.687
Adjusted R^2	0.005		0.005	
	Panel B：2004—2006			
	上涨交易日系数	t 值	下跌交易日系数	t 值
Intercept	3.738**	2.090	6.219***	2.578
Var_i	0.036**	2.076	0.083***	2.860
Share $Ratio_i$	-0.027***	-6.835	-0.066***	-9.517
$Size_i$	-0.201	-1.055	-0.334	-1.284
Adjusted R^2	0.018		0.086	

注：表 5.6 是方程(5.6)的回归结果。各变量的含义和计算方法见表 5.3。选取 2001—2006 年期间所有上证综指日涨跌幅超过 3% 的震荡交易日，大涨交易日 28 天合计 4 781 个样本，大跌交易日 19 天合计 2 829 个样本。剔除上市期不满 1 年的新股和在震荡交易日停牌的个股。括号中的数字为回归参数的 t 检验值。*、**、*** 分别表示在 10%、5% 和 1% 的显著性水平下显著。

5.3.6.5　稳健性检验

为了考察基金是否以 2004 年作为交易策略的转折点，本节又分年度对样本进行了检验，结果得到证实。从表 5.7 各年度的数据看，大跌时基金持股比例与超额收益率、大涨时基金持股比例与超额换手率在各年的差异不大。但是大涨时基金持股比例与超额收益率、大跌时基金持股比例与超额换手率，在 2004 年前后发生了明显的变化，或者是正负趋势的根本改变，或者是从趋势不稳定向稳定性的转变。如第二列基金持股比例与超额收益率在大涨交易日的变化，由之前不稳定的负相关在向稳定的正相关演变；如第三列基金持股比例与超额换手率在大跌交易日的变化，由之前不稳定的正相关在向稳定的负相关演变。由此证明，基金的投资策略确实以 2004 年为转折点。

表 5.7　基金持股比例与超额收益率、超额换手率，分年度检验

	Panel A：超额收益率		Panel B：超额换手率	
	系数	*T*-value	系数	*T*-value
2001up	0.006	0.239	0.012	1.289
2002up	−0.026	−2.756***	−0.003	−0.404
2003up	−0.025	−2.509**	−0.007	−0.74
2004up	0.021	4.024***	−0.01	−1.194
2005up	0.004	0.597	−0.01	−1.814***
2006up	0.025	2.720***	−0.04	−4.784***
2001down	0.003	0.19	0.012	2.742***
2002down	0.036	2.561**	−0.006	−1.081
2003down	−0.047	−1.509	0.032	1.067
2004down	0.03	1.630*	−0.025	−2.155***
2005down	0.001	0.098	−0.037	−3.130***
2006down	0.055	4.181***	−0.064	−6.004***

注：*、**、*** 分别表示在 10%、5% 和 1% 的水平下显著。

另外，对于金融数据容易出现的右偏特征，我们剔除 1% 的右尾部数据再次进行稳健性检验，主要结论保持一致。① 还有需要说明的是，从基金持股比例看，基金在样本期间的市值有限，表明基金的交易策略不足以主导市场，这在一定程度上规避了内生性问题，最为有力的证据就是 2004—2005 年基金交易策略与市场走向的完全背离，反映出样本期间基金并不能主导市场。

5.3.7　结论及研究局限

本节实证研究了震荡市场下基金的交易行为与市场稳定的关系。首先通过分析宏观经济、政策因素的重大变化，得出 2004 年是市场周期的重要转折点，并据此划分市场萧条期与繁荣期，然后选取上证综指涨跌幅超过 3% 的震荡交易日进行研究。表 5.8 列示了基金持股与超额收益率、超额换手率在不同市场周期的系数汇总表，在八项指标中只有两项是正向反应，表明基金的反应以负向居

① 这里要感谢匿名评审提出的重要建议，对于换手率右偏的问题，笔者进行了稳健性检验。

多,反映出在震荡交易日当日基金的反应并不强烈。

表 5.8　基金持股比例与关键系数汇总表

指标	市场涨跌	2001—2003	2004—2006
超额收益率	大涨	负向	正向
	大跌	负向	负向
超额换手率	大涨	不显著	负向
	大跌	正向	负向

这样的结论可能比较分散,不能对基金的投资策略全貌予以总览,如果结合市场周期就可以归纳出其投资路径:在市场萧条期股市大涨时,基金采用负向交易策略逢高出货;在市场繁荣期股市大涨时,基金采用正向交易策略不断买入,这说明基金正确预判了市场周期,并作出了与市场走向一致的投资选择。对于大跌交易日,无论是萧条期还是繁荣期,基金都采取了维护股价的负向交易策略,但是二者的主动性意愿存在不同,基金通过维护重仓股股价的方式达到维护基金净值的目的,也是中国国情下基金缓解赎回压力的一种对策。因此综合判断,基金的投资行为加剧了萧条期的持续下跌与繁荣期的不断攀升,使原有趋势得到进一步深化,加剧了市场的动量效应,进一步放大了市场风险。这一结论和国外一些学者(Bennett, Sias, Starks, 2003; Chen, Hong, Stein, 2002; Cai 和 Zheng, 2004; Dennis 和 Strickland,2002;Nofsinger 和 Sias, 1999 等)对成熟市场的研究结论一致,认为机构投资者所表现出的正反馈交易策略对市场的涨跌"推波助澜"。

从换手率来看,市场萧条期与繁荣期基金的反应不同。萧条期市场的异常放量与基金交易行为密切相关;而繁荣期市场的异常放量不是来自基金,主要是个人投资者高涨的投资热情所致,因此在繁荣期基金具有稳定交易量的作用。

本节的研究结果表明,2004 年 1 月 31 日,"国九条"在市场岌岌可危的情况下出台,对机构投资者有明显的效用,机构投资者从理性思维的角度更加看重政府的承诺和股市未来的发展,投资策略由熊市思维向牛市思维转化,由于样本期间中国股市不存在做空机制,不能进行套利操作,因此机构投资者只有通过做"多"才能获利,表现为机构持股和所持股票的超额收益率显著正相关。另外,本节的研究结果也发现机构投资者和个人投资者对政府干预的认知与解读完全不同,在所有投资者悲观的情绪下,"国九条"带给机构投资者信心,但是对个人投资者不起作用,也就是个人投资者不看重政策对未来的憧憬与规划的远期效用,而更在意眼前即将实施的政策的利空性。但机构投资者基于经济与政治形势作出了乐观的判断,并且认为股价已经远离了基础价值。同时,当 2005 年 5 月股权分置改革最终启动后,“悬在头上的利剑终于落下”,利空出尽,个人投资者才转向乐观的预期。从中可以看到,机构投资者更看重长远利益,而个人投资者更看重短期利益。因此,利用中国证券市场研究政府干预对资本市场的影响具有独特的优势。

从另一方面来讲,本节的研究成果是对于价格惯性理论的重要补充。价格惯性(Price Momentum)的发现是对有效市场假说的重大挑战(Fama,1998)。De Bondt 和 Thaler(1985,1987) 证明了价格在 3—5 年的长周期上存在着价格的反转,即输家组合的累积超常收益在检验期内显著高于赢家组合。此后,又有一批研究者如 Jegadeesh 和 Titman(1993)发现了与之相反的动量效应(Momentum Effect)。自此,与这种股票的价格惯性相对应,就出现了投资者交易行为的“反转交易策略”(Contrariant Strategy)和“动量交易策略”(Momentum Strategy)之争。交易策略的发现对传统资产定价理论提出了重大挑战,一方面学者们在争论为何发现了不同的价格惯性?投资者运用哪种交易策略更为有效?套利周期究竟有多长?另一方面学者们又在疑惑两种策略是如何交互完成的?综合已有文献,我们发现相关研究忽略了一个重要因素:对市场状态的忽略,处于不同市场状态的投资者其交易策略自然不同,它是决定获利空间、获利周期及策略转换的决定因素。而且,这种交易策略的运用一定是与金融制度相联系的,不同的交易制度决定了投资者的获利方式不同,也就决定了其交易策略的不同。

本节的局限性在于,由于缺乏基金在震荡交易日的内部成交数据,因此不能对基金的交易行为进行直接观测。但这一难题是国内外的研究中普遍存在的,而且也没有因此阻碍国外相关研究的蓬勃发展,研究者通过观测基金重仓股的市场反应进行了替代研究。另外,在逻辑推理上我们借鉴 Dennis 和 Strickland(2002)的研究思路,依据基金重仓股的市场反应推断其买入、卖出的交易策略,虽然现实中这种买入、卖出不会完全源自于基金,还包括其他投资者的交易行为,但是无论如何基金对于其重仓股具有高度影响力,因此这种方法具有较强的合理性,是一种合理的替代方式。

第四节　基金是价值投资者还是投机者

5.4.1　引言

在监管层"超常规、跨越式"发展机构投资者战略的指导下，基金获得了迅猛发展，已经成为关乎资本市场兴衰的重要力量，其投资行为也对市场产生了重大影响。但是基金是否如监管层所期冀的那般促进理性投资、追求价值导向呢？由于我国现有研究不足，尚难以回答这一问题。一般来说，人们对基金有褒贬不一的两种印象：一是基金的许多负面行为如利益输送、"老鼠仓"等多次被媒体曝光，令人产生基金是市场投机者的印象；二是基金遵循国际化的价值评估体系，近些年来挖掘了诸如"煤、电、油、运"等大盘蓝筹股，可以作为价值投资的典范。那么基金投资在追求价值吗？基金投资是否有利于我国股市向"降低投机性、提高投资性"的方向转变？对于上述问题，本节将以大样本的实证研究予以揭示。

不可否认，机构投资者会依据市场情绪进行投机。因为金融市场并非有效，投资者高涨或低迷的情绪会导致股票价格在一定时间内"系统性地显著偏离其基本价值"(Barberis and Shleifer, 2003)。因此一些学者如 De Long et al. (1990)认为，当市场出现系统性偏差导致资产定价偏离股票内在价值时，机构投资者作为理性投机者，不是促使股票向内在价值回归，而是预测市场情绪并进行套利，这种带有"选美竞赛"性质的投机行为进一步加剧资产定价远离股票内在价值。另外，持有类似观点的还有 Abreu and Brunnermeier(2002)提出的一致性风险假说(Synchronization Risk)，发现当理性交易者普遍认为股价被错误定价时，并不是立即套利，尤其是当理性交易者认为任何单个套利者的做空行为都无法使得泡沫破灭，同时相信其他投资者也不具备这样的能力时，理性投机者就有激励不断追逐泡沫。因此可以说价格和价值的偏离程度和偏离时间是由套利成本决定的，这种投机行为的结果是延迟套利并吹大了市场泡沫。但是，经典财务学理论告诉我们任何脱离股票内在价值的过度投机行为，都会引发风险的不断加大并随时承担泡沫破灭的风险。虽然机构投资者作为高端投资者拥有较强的信息分析能力,但同样可能蒙受套牢的损失。而且如果运用夏普指数分析就会发现在获得同等收益的情况下,任何投资者都更愿意承担低风险。实务上,对于以庞大资金运作著称的机构投资者,追求稳健应是其首要理财目标,作为“知情交易者”①他们有足够的动机凭借其信息、资金和专业优势追求价值投资。

在实际的股市运作中,对机构投资者而言,投机和投资行为极可能是并存的,因为纯粹的投机者或是投资者在股市中可能都难以生存。理由很简单,纯粹的投机犹如刀尖上的舞蹈极可能承受泡沫破裂损失,而纯粹的投资在市场噪音充斥的情况下无法获取利润。因此机构投资者若要生存就要兼具投机性与投资性,比如说,在2006—2008年的行情中当股市上涨到4 000点时,几乎所有的机构都在喊股市进入泡沫期,但多数机构“看空却不做空”,因为如果做空就会踏空(当时没有股指期货)。由此产生一个问题:在市场并非完全有效的情况下,机构不会秉承单纯的投资或投机理念,它一定是二者的混合。而本节要验证的是,不可否认基金在一个非有效市场若要逐利必然会投机,但在这种投机行为的背后是否依然体现了对于价值的追求?

不同于以往研究,本节的研究设计是由递进的两部分构成:第一步,检验基金是否准确地预测了股票的未来价值,并依据未来价值配置交易策略。由于我国缺乏成熟市场的分析师预测体系,因此本节采用事后检验法,即基于事后的上市公司实际每股盈余反观其事前的交易策略。上述假设的成立需要两个条件,缺一不可:一是基金具备会计盈余预测能力,二是基金依据会计盈余预测配置交易策略。但第一步检验结果还不足以支持基金是价值投资者,因为基金可能依据了股票未来的财务业绩进行投资,但是在股票定价方面,基金的买卖交易行为可能导致股价大幅炒作,极大地脱离股票未来的内在价值,因此依然不能排除基金是市场泡沫制造者的可能,为此本节将进行第二步检验,验证基金买卖交易行为发生后其股价是否提前反映了未来会计盈余,如果得以反映,那么说明股价的上涨不是对市场情绪的简单追逐而是对未来业绩的提前反映,说明股价的上涨

---

① 这里所谓知情交易者是指具备更多的信息渠道以及专业分析能力,并根据分析得到的公司信息进行交易的机构投资者。按照 Grossman and Stieglitz (1980)的界定,知情交易并非内部人利用信息优势而进行的内部人交易(Insider Trading)。

是有效的，从而也就支持了基金是价值投资者。

为了深入分析基金的交易行为，不同于已有研究，本节将基金的买卖交易行为区分为新进入重仓股、新退出重仓股、增减仓三种情况分别予以实证研究，因为在不同的交易行为下基金的追求目标不同，价值判断标准也不同。比如，为何一只股票会被基金大幅加仓而新晋跃升为基金重仓股，基金是基于短期（当季）还是中期（一年）价值的发现？再比如，基金为何会突然不惜代价地巨额卖出重仓股，在卖出时是预测到了该股票短期价值的大幅下跌还是预感到了中期风险？而对于相对较为温和的仓位调整如股票增减仓，基金是出于短期价值还是中期价值的考虑？就我国现有文献而言，这些问题尚缺乏研究。而本节首次以 2002 年第一季度到 2008 年第二季度共计 26 个季度的样本为例，全面检验了我国基金的投资是否体现为对价值的追求，总体而言发现我国基金具备对上市公司中期业绩的预测能力，在依据上市公司中期价值进行交易；并且基金的买卖交易行为发生后股价没有被盲目炒作，与未来价值正相关，表明基金在以价值为导向进行投资。具体结论如下：

第一，对新进入重仓股，基金重视其中期价值增长，而与短期价值不相关，说明基金注重有发展潜力的公司；对新退出重仓股，基金不惜代价地卖出源于股票短期价值的大幅下降；对于增减仓的股票，基金持股比例增减与短期价值增长正相关，但若要被基金不断买入以达到高持股比例的股票还是未来有发展前景的公司。

第二，新进入重仓股和增减仓样本中的当前股价反映了上市公司的中期价值，股价对上市公司的未来价值具有引导作用。与 Collins，Kothari，Shanken and Sloan（1994）的结论一致，本节通过在收益—盈余模型中加入未来一季、一年的盈余增长率作为变量，证实了上市公司未来价值预期的改变是解释当期股票超额收益的重要变量。但是在基金新退出重仓股中，股价不能反映上市公司的未来价值。可能的原因是基金巨量卖出面临极大的流动性风险而使交易成本大幅提高，此时基金很可能通过“做盘”、“对敲”等方式迷惑投资者，实现顺利卖出，这些操控性手法的运用使得市场噪音提高，股价与价值的相关性丧失。

本节的贡献在于，一直以来学界对我国基金在证券市场上究竟扮演了什么样的角色始终缺乏相关研究，由此只能依赖新闻报道予以评价，但这种评价难以做到全面、客观。由于基金的许多负面行为在市场上饱受诟病，而负面新闻比正面新闻更令人印象深刻，也更容易广泛传播，这种先入为主的印象在一定程度上主导了人们的认知。而本节以大样本的实证研究发现了我国基金投资行为中积极的一面，它不完全是市场的负面投机者，从其投资行为中可以清晰地看到对于价值的追求。表现在两个方面：一是从投资动机看，基金在追求价值；二是从投资结果看，基金的交易行为提高了市场定价效率。本节的研究对客观评价我国基金的市场作用提供了理论支持，并在一定程度上纠正了人们的认知误区。由于基金的投资行为受制于我国证券市场的发展阶段，在一个并非有效的市场，作为一种逐利性的市场主体若想生存必须兼具投资与投机的双重属性，但本节清楚地证明了在投机之外基金所发挥的价值投资的一面。总之，基金虽然存在这样或那样的问题，但它的出现对于遏制我国股市中原有的恶庄盛行、股票严重背离其内在价值、凭借各种小道消息盲目炒作的局面是有效的，对实现“降低投机性、提高投资性”的监管目标也是具有积极意义的。

本节结构安排如下：第二部分进行理论分析并提出研究假设，第三部分进行实证分析，第四部分归纳研究结论。

5.4.2　理论分析与研究假设

5.4.2.1　理论分析

有关机构投资者的交易行为体现了价值投资性还是投机性，现有研究结论莫衷一是。可以归纳为三种：第一，如 De Long et al.（1990）提出的噪音交易者风险假说和 Abreu and Brunnermeier（2002）提出的一致性风险假说，认为机构投资者是理性投机者的代言人。第二，一些学者认为机构投资者是依据企业的会计盈余进行投资，但对短期收益过度追逐，这在国外许多文献中进行了论述，代表人物如 Porter（1992）。他指出美国股市中一个很大的问题是机构投资者过度关注短期收益，沉迷于追逐短期会计盈余，不愿耐心投资与上市公司实现一起成长，它加剧了股市的投机性。Bushee（2001）也证实了这个问题，他运用 Ohlson（1995）剩余收益定价的 AB 模型将公司价值分为两部分进行衡量：短期预期会计盈余和长期预期盈余，并实证了机构投资者对于短期会计盈余的偏好，指出虽然在理论模型上股票的价值取决于未来所有期间的剩余收益的总折现值，但价值的尽早实现令投资者感觉更加安全，而且实证发现短期机构交易者未等到股票长期价值实现就已经卖出股票，因此偏好会计盈余能尽早实现的公司。机构投资者对于短期会计盈余的过度关注，其结果是对上市公司的管理层形成压力，导致管理层以透支长期会计盈余的方式提高短期会计盈余（Teitelman，1993；Chote and Linger，1986；Drucker，1986；Dobrzynski et al.，1986；Bushee，1998）。那么机构对于短期会计盈余的过度关注，是否导致股票定价脱离其内在价值而出现系统性偏差呢？相关研究并未发现这种短视性行为带来错误定价（Bushee，2001）。第三，美国机构投资者经历了从追求过度投机到追求价值成长的过程，研究者得出的结论发生显著变化。Jiambalvo，Rajgopal and Venkatachalam（2002）检验了未来盈余对股票累计持有收益率的影响，指出不同于以往研究认为机构投资者过度重视当期的会计盈余，他们发现由于机构投资者是成熟投资者，因此与其他投资者相比他们有购买信息和加工信息的优势，可以利用现有信息有效预测未来会计盈余。

上述三种观点可以概括为“泡沫制造者—短期业绩投机者—长期价值投资者”。实际上，这其中颇具争议的是短期业绩投机者，对于投资和投机我们可以简单区分为投资者的获利预期是公司的价值创造，投机者的获利预期是股票的价格波动。如果机构投资者追逐短期会计盈余，这种行为依然是以价值为导向的，只不过追逐的是短期价值，在本质上不属于投机行为，可以称之为“投机性的投资行为”。

但是接下来如何计算股票内在价值却是财务学上的难题。虽然有股利折现模型、现金流折现模型、剩余收益定价模型等，但现实中这些理论模型的应用都存在一定的不足，例如股利折现模型很难应用到大量不发放股利或者股利政策不稳定、股利不随企业盈利能力变化而变化的股票定价中；现金流折现模型对于成长型企业，由于价值不断增加，但因迅速成长而现金流长期为负的问题无法解决；剩余收益定价模型（Ohlson，1995）虽然在一定程度上弥补了股利折现和现金流折现模型的缺陷，但是也受到了很大的诟病，不是所有被市场识别的价值事件都能同时在会计信息中得到反映（陆正飞、姜国华、张然，2009）。如果说上述问题只是技术性问题，那么比它更难以解决的是这些模型需要对企业的未来无限期发展进行贴现现金流的折算，因此美国著名学者 Porter（1992）提出“在信息不对称的情况下，投资者无法掌握企业真正的内部信息，仅仅依据极为有限的外部信息无法有效预测公司的长期价值。因此机构投资者更倾向于预测那些可以预测的事情,比如短期会计盈余,并将它作为择机投资的价值依据”。

在国外有许多文献用会计盈余作为股票价值的度量指标。那么为何将会计盈余作为价值的度量指标呢?这里必须提到实证会计研究的开山之作——Ball 和 Brown 在 1968 年发表的会计研究的重要奠基性论文“An Empirical Evaluation of Accounting Income Numbers”。在这篇论文中,作者发现会计盈余与股票价值密切相关,会计盈余是股票价值的具体反映,是投资者决策的重要标准,并从资本市场股票回报的视角证明了会计信息的有用性和相关性。作者发现 EPS(每股盈余)与股票价值紧密相关,而且还验证了盈余数字提供的信息含量占公司每年度对外披露信息含量的一半以上,由此支持了会计盈余是股票价值的重要替代变量。本节正是借鉴该篇论文的研究成果,以幼稚模型(Naive Model)研究我国基金的价值投资问题,并进行了相应的稳健性检验。

公司价值的实现最终将落脚于会计盈余上,一个被称为“具备价值的公司”一定是能为股东带来高回报的公司。会计盈余也是极为贴近实务的价值度量指标,因为国内外股票市场常用动态市盈率来衡量公司价值,即以公司的静态市盈率乘以每股盈余的动态系数①,因此每股盈余成为投资者极为关注的指标。基于上述理论及实务的理由,本节将选取每股盈余作为价值的替代指标。由于价值本身就分为短期价值和长期价值,本节的研究集中于对中、短期价值的分析,在研究范围上界定为未来一年内的每股盈余。这里没有考虑长期每股盈余,是因为如果作长期的价值预测对于我国资本市场而言是非常困难的,由于市场层面、宏观经济层面和微观经济层面的不确定性太大,即便预测也经常是不准确的,因此依照实务中机构投资者通常采用的方法,将盈余范围锁定到机构可以有效预测的未来一年内的公司价值。

① 市盈率 = 每股价格/每股盈余。静态市盈率,是指一只股票现在的价格,除以按照上一个季度(年度)折算的年收益;动态市盈率,其计算公式是以静态市盈率为基数,乘以动态系数,该系数为 $1/(1+i)^n$,i 为企业每股盈余的增长性比率,n 为企业的可持续发展的存续期。比如说,上市公司目前股价为 20 元,每股盈余为 0.38 元,去年同期每股盈余为 0.28 元,成长性为 35%,即 $i=35\%$,该企业未来保持该增长速度的时间可持续 5 年,即 $n=5$,则动态系数为 $1/(1+35\%)^5=22\%$。相应地,动态市盈率为 11.6 倍,而静态市盈率为 71.4 倍。

5.4.2.2 研究假设

1. 基金持股比例与会计盈余

机构投资者被认为是较个人投资者具备更强信息购买能力和分析能力的高端投资者（Hand, 1990; Kim et al. , 1997; Bartov et al. ,2000）。Baker, Litov, Wachter and Wurgler（Forthcoming）发现基金作为知情交易者可以在一定程度上准确预测股票的未来价值,理由是基金买入股票的会计盈余显著超出了卖出股票的会计盈余,并且准确预测了股票的未来非预期盈余。Grinblatt and Titman (1989, 1995), Daniel, Grinblatt, Titman and Wermers(1997), Wermers(1999, 2000)和 Yan and Zhang(2009)发现基金具有信息优势并且依据信息优势进行积极的投资。

虽然国外已有文献发现机构投资者作为知情交易者具有信息优势,可以准确预测股票的未来盈余(Baker, Litov, Wachter and Wurgler, forthcoming),但是我国机构投资者是否具备盈余预测能力由于缺乏相关研究尚不得而知。从我国目前的研究现状看,有少量文献从会计信息角度,发现我国机构投资者具备信息优势,如宋玉、李卓(2007)发现我国机构投资者具有一定的信息优势,他们能够较早地准确解读会计盈余信息,所提供的证据是在盈余宣告前,机构投资者的持股比例与市场的累计超额回报正相关,而在盈余宣告后机构投资者持股公司的市场累计超额回报出现反转。再如余佩琨、李志文和王玉涛(2009)利用投资者日持仓变化数据验证了在好消息公布之前,机构投资者的持股比例增加,其持股比例变化与股票收益存在正相关关系,并进一步分析机构投资者获得较高股票收益的原因在于其具有信息优势。其他还有少量文献研究了机构持股与会计信息的及时性或相关性,如程书强(2006)以我国 2000—2003 年沪市 A 股市场的上市公司为样本,发现机构投资者持股比例与盈余信息及时性正相关,与公司盈余管理负相关,即公司盈余信息的及时性是吸引机构投资的动因。唐盛培(2006)从机构投资者与会计盈余信息的价值相关性角度进行研究,结果发现随着机构投资者持股比例的增加,会计盈余信息的相关性增强。这些研究提出机构的持股可以提高会计信息的及时性和相关性,但依然无法回答基金是否具备会计盈余预测能力。

综上所述,我国基金具有一定的信息优势,具备借助信息优势进行预测的动机和能力。基于国外已有文献所发现的机构投资者具备盈余预测能力,本节预期我国基金持股比例增减和会计盈余正相关，并在此基础上进一步区分当期会计盈余和未来会计盈余，研究基金在买卖交易时更看重当期会计盈余还是未来会计盈余。由于国外主流文献如 Porter(1992)，Bushee(2001)认为机构投资者偏好于短期会计盈余，而 Jiambalvo，Rajgopal and Venkatachalam(2002)发现由于机构投资者是成熟投资者，因此与其他投资者相比他们有购买信息和加工信息的优势，可以利用现有信息有效预测未来会计盈余。综合国内外文献，本节提出两个竞争性假说：

假设 5.1a 在同等条件下，基金持股比例增减与所持股票的当期会计盈余正相关。

假设 5.1b 在同等条件下，基金持股比例增减与所持股票的未来会计盈余正相关。

2. 股票价格与会计盈余

在第一个假设中我们研究了基金的交易行为是否依据股票的未来业绩，但这样的结果还不足以支持基金是价值投资者。如前文所述，基金可能依据了股票未来的财务业绩进行投资，但是在股票定价方面，基金的买卖交易行为可能导致股价大幅炒作，极大地脱离股票未来的内在价值，因此依然不能排除基金是市场泡沫制造者的可能，为此本节将进行第二步检验，验证基金买卖交易行为发生后其股价是否提前反映了未来会计盈余，如果得以反映那么说明股价的上涨不是对市场情绪的简单追逐而是对未来业绩的提前反映，说明股价的上涨是有效的，从而也就支持了基金是价值投资者。

Kothari and Sloan(1992)率先发现了股票价格引导盈余(Prices Lead Earnings)现象。后来的学者发现这种“引导”作用很大程度上来自于会计盈余的滞后，不是所有被市场识别的价值事件都能同时在会计盈余信息中得到反映，相关的宏观信息、行业信息、企业非财务信息等依照现有的会计核算基础无法体现在历史会计信息中。Daniel and Titman(2006)将信息分为有形信息和无形信息，有形信息是指会计盈余信息，而无形信息是指除此之外的影响股价变动的所有其余信息，如行业景气度、市场占有率、核心竞争力、市场新热点等，这些信息比较模糊、宽泛而又难以计量，并将据此信息捕捉的股票收益率分别称为有形收益率和无形收益率。Jiang(2010)发现股价的变动不仅依赖于会计盈余信息，更和无形信息密切相关。因此，Collins，Kothari，Shanken and Sloan(1994)作出了总结，提出盈余缺乏时效性是导致同期收益一盈余低相关的原因,会计数字在确认净资产价值变化的时候存在滞后,这种情况发生在当本期发生的事件未能满足会计确认条件,但是确实影响了投资者对未来现金流预期的时候。由于会计对历史成本计价和已完成交易的强调,一些改变市场对未来盈余预期的经济事件并不能在当期盈余中进行反映,该文通过在收益一盈余模型中加入未来三年的盈余增长率作为变量,证实了未来盈余预期的改变是解释当期超额收益的重要变量。

之后的一些研究(Amir and Lev,1996;Aboody and Lev,1998;Daniel and Titman,2006)进一步指出由于经济发展使得现在公司的运行越来越依赖于无形资产、服务质量等会计信息所无法反映的因素,而且不是所有被市场识别的价值事件都能同时在会计盈余信息中得到反映,比如相关的宏观信息、行业信息、企业非财务信息等依照现有的会计核算体系无法体现,这些导致会计盈余的当期信息含量正变得越来越少。相应地,股票价格对未来盈余的指导作用越来越强。但是,随着机构投资者的不断发展壮大,其对信息有较强的捕捉和加工能力,Jiambalvo, Rajgopal and Venkatachalam(2002)发现随着机构持股比例的增加,当前股价更多地反映了未来的会计盈余,同时机构利用非盈余会计信息预测未来盈余,导致股价对未来盈余有更强的指引作用。

而我国有关价格引导盈余的文献罕见,与此相关的间接研究仅有胡志勇、魏明海(2005)以我国证券市场2000—2002年间财务信息为依据,以封闭式基金重仓股为对象,探讨了财务信息解释能力对股价发现机制的影响。研究发现封闭式证券投资基金由于具有较强的财务信息解释能力,使其重仓股的价格发现机制在更大程度上反映了公开财务信息,也使其股价成为财务信息内涵更丰富的信息系统。虽然我国现有研究缺乏相关分析,但是国外文献已经就价格引导盈余效应问题展开了多年的研究并取得相关成果,如Kothari and Sloan(1992)发现的股票价格引导盈余现象,Collins, Kothari, Shanken and Sloan(1994)对其成因作出的解释。从我国会计准则的使用情况分析,恐怕盈余缺乏时效性的问题更为严重,而伴随基金作为成熟投资者的出现,其对信息的获取能力和加工能力显然高于普通投资者。Jiambalvo, Rajgopal and Venkatachalam(2002)检验了未来盈余对股票累计持有收益率的影响,由于股票的累计持有收益率受到多重因素的影响,难以控制,而且也不符合本节的研究目的,因此在本节中没有直接借鉴该模型,而是要检验当季股价与未来盈余的关系。因此,本节提出假设5.2:

假设 5.2　在同等条件下，基金交易行为发生后其当期股价与未来会计盈余正相关。

5.4.3　实证分析及结果

5.4.3.1　样本选择和数据来源

本节所选取的研究样本是基金重仓股。依据我国证监会发布的《证券投资基金信息披露指引》，基金必须每季度公布其投资组合，但仅披露基金投资市值占基金资产净值比例的前十名股票的明细，也就是通常所说的"基金重仓股"。[①] 样本期间从 2002 年第一季度到 2008 年第二季度，共涉及 26 个季度。由于基金在不同的交易情况下具有不同的交易行为基准，因此本节将所有样本划分为基金新进入重仓股、新退出重仓股和增减仓三类分别予以研究。其中，基金新进入重仓股是指上期（上个季度，下同）没有持股或少量持股，本期（本季度，下同）新晋升为基金重仓股的股票；基金新退出重仓股是指在上一期还是重仓持有，但本期已退出重仓股的股票；增减仓股票是指基金已经持有，只是进行仓位高低调整的重仓股。另外，我们还对以下几类样本进行了剔除：(1) 在样本期间内被 ST 的股票；(2) 新发行的股票（上市发行 1 年及 1 年以内的）；(3) 数据缺失的股票。最后得到 6 041 个公司季度样本数据，其中新进入重仓股 1 204 只、新退出重仓股 975 只、增减仓股票 3 862 只。

本研究所需的个股交易价格和财务数据来源于 WIND 数据库，基金投资组合数据来源于天相数据库，计算超额收益率所需的市场指数数据和第一大股东持股比例数据分别来自 CCER"证券市场指数数据库"和"上市公司治理结构数据库"。

5.4.3.2　变量界定

1. 被解释变量

对于未预期盈余（$UE_{i,0}$）的设定，本节借鉴 Ball 和 Brown（1968）的幼稚模型

---

① 虽然在基金半年报及年报中会披露所有股票的投资组合，但由于基金第 1 季度、第 3 季度公告中只披露前十大重仓股，因此四个季度无法进行连续计算。另外一种方法是针对所有投资组合进行半年度的持股计算，但这样会导致研究频率过低，不能及时反映基金的交易策略变化。针对上述问题，本书沿用了国内外较为常见的研究方法，选取基金重仓股作为研究样本，既考虑了可比性又提高了研究频率，这样虽然在股票数量上会有所减少，但考虑到基金重仓股的地位及重要性，更能凸显基金的交易策略及投资思路。

(Naive Model)来衡量公司的未预期盈余,其前提假设是上市公司的盈余符合随机游走特征。模型推导如下,已知

$$E_{j,\alpha} = E_{j,\alpha-1} + \Delta E_{j,\alpha}$$

随机游走的幼稚模型估计预期会计盈余,即是以上期的实际盈余作为本期盈余的预测值。则

$$E_{j,\alpha-1} = \mathrm{EE}_{j,\alpha}$$

其中,$E_{j,\alpha}$是j公司α期实际会计盈余;$\mathrm{EE}_{j,\alpha}$是j公司α期预期会计盈余;$\Delta E_{j,\alpha}$是j公司α期实际会计盈余与上期相比的变动值。

未预期盈余(UE):

$$\mathrm{UE}_{j,\alpha} = E_{j,\alpha} - \mathrm{EE}_{j,\alpha} = E_{j,\alpha} - E_{j,\alpha-1}$$

根据该模型,会计盈余用EPS计算,而且肖成民、吕长江(2010)也证实了我国上市公司会计盈余的稳健性。因此,本节分别以当季未预期盈余、后一季未预期盈余和后一年未预期盈余三个指标反映未预期盈余。未预期盈余实质是本期盈余与上期盈余之差。由于本节采用Ball和Brown(1968)的随机游走"幼稚模型"来进行衡量,但该模型的一个重要假设是盈余符合随机游走特征,而中国上市公司的盈余是否符合这一特征具有一定的不确定性。为了避免这一不确定性对本节结论的影响,本节借鉴Foster, Olson and Shevlin(1984)的做法,用UE除以上一期EPS的绝对值,SUE即为标准化的未预期盈余。

另外,本节用超额收益率($\mathrm{Ar}_{i,t}$)衡量个股回报。个股超额收益率指个股相对于同期市场指数回报的超额回报。本节遵从已有大部分研究,用上证指数代表市场指数。

被解释变量的定义及计算见表5.9 Panel A。

2. 解释变量

对于基金持股情况,已有的大部分研究用基金持股比例来衡量(Nofsinger and Sias, 1999; Sias, Starks and Titman, 2006; 陈卓思、高峰和祁斌,2008;朱彤、叶静雅,2009)。基金持股比例指基金持有某只股票的市值占该股票同期流通市值的比重,本节同样采用基金持股比例($\mathrm{Fundratio}_{i,t}$)。① 另一方面,为了检验基

① 这样做的目的不在于研究哪一种或哪一类基金在追求价值,而是从投资者结构出发,分析其作为一种市场主力,其整体投资效果是否体现了对于价值的追求。

金持股比例变化，本节同时将加入增量指标（$Change_{i,t}$），即反映当期基金持股比例相对上期的变化量。

此外，不同于已有研究的是，本节首次加入了衡量基金持股时间长短的变量。基金持股时间长短会对股票收益产生一定的影响。我们用基金持股周期（$Fundperi_{i,t}$）衡量基金持股时间长短对股票收益的影响。该变量的计算过程是持有某只股票的各只基金，截止到本季度末，连续累计持股期的算术平均值。①

解释变量的定义及计算见表 5.9 Panel B。

3. 控制变量

本节控制了公司规模及股权分布情况对股票回报的影响。规模用个股 A 股流通市值的自然对数（$Mv_{i,t}$）来衡量；股权分布情况用第一大股东持股比例（$Bigholder_{i,t}$）来反映。市场层面的因素也可能影响到个股回报，本节控制了市场层面的日均换手率（$Turnover_{i,t}$）和震幅（$Vol_{i,t}$）两个因素。控制变量的定义及计算见表 5.9 Panel C。

表 5.9　变量一览表

变量	定义及计算
Panel A：被解释变量	
当季未预期盈余（$SUE_{i,0}$）	当季未预期盈余（$UE_{i,0}$）= 当季每股盈余（$EPS_{i,0}$）- 上季每股盈余（$EPS_{i,-1}$），之后用 UE 除以上一期 EPS 的绝对值，即为标准化的 SUE
后一季未预期盈余（$SUE_{i,1}$）	后一季未预期盈余（$UE_{i,1}$）= 后一季每股盈余（$EPS_{i,1}$）- 当期每股盈余（$EPS_{i,0}$），之后用 UE 除以上一期 EPS 的绝对值，即为标准化的 SUE
后一年未预期盈余（$SUE_{i,4}$）	后一年未预期盈余（$UE_{i,4}$）= 后一年每股盈余（$EPS_{i,4}$）- 当期每股盈余（$EPS_{i,0}$），之后用 UE 除以上一期 EPS 的绝对值，即为标准化的 SUE

① 举例说明基金持股周期的计算：白云机场（600004）于 2003 年 4 月 28 日首发上市，2003 年第 2 季度末，有 4 只基金（国泰金鹰、宝盈鸿利、华安 MSCI 和融华债券）重仓持有该只股票，且分别只连续持有了 1 期，所以白云机场 2003 年第 2 季度基金持股周期为 1 期[=(1+1+1+1)/4]；到 2003 年第 3 季度末的时候，有 5 只基金（基金通宝、基金安信、基金景阳、华安 MSCI 和金鹰优选）重仓持有该只股票，且华安 MSCI 已连续持有了 2 期，所以白云机场 2003 年第 3 季度基金持股周期为 1.2 期[=(1+1+1+2+1)/5]，以此类推。这一数据是为了在回归时控制股票的基金持股时间长短，并不能真正反映基金的持股时间，依照此种算法计算的基金持股时间应短于实际时长。

（续表）

变量	定义及计算
	Panel A:被解释变量
超额收益率（$Ar_{i,t}$）	超额收益率用来衡量个股超额收益率（$Ar_{i,t}$）= 个股季度收益率 - 市场季度收益率 =（个股季末交易日收盘价 - 个股季度首个交易日前收盘价）/个股季度首个交易日前收盘价 -（季末交易日上证指数 - 季度首个交易日前上证指数）/季度首个交易日前上证指数。i 为不同股票；t 为不同期数，$t=0,\cdots,4$。注：个股收益率是考虑分红再投资的收益率，收盘价为复权后收盘价
	Panel B:解释变量
基金持股比例（$Fundratio_{i,t}$）	基金持股比例（$Fundratio_{i,t}$）= 不同基金持有该股票的市值之和/该股票在该时点的流通市值。i 为不同股票；t 为不同期数，$t=0,\cdots,4$
基金持股比例增减（$Change_{i,t}$）	基金持股比例相对上期变化量。i 为不同股票；t 为不同期数，$t=0,\cdots,4$
基金持股周期（$Fundperi_{i,t}$）	截止到某期末，持有某只股票的所有基金已连续持有期数的算术平均值。i 为不同股票；t 为不同期数，$t=0,\cdots,4$
	Panel C:控制变量
A 股流通市值（$Mv_{i,t}$）	A 股流通市值的自然对数。i 为不同股票；t 为不同期数，$t=0,\cdots,4$
每股盈余（$EPS_{i,t}$）	每股盈余（$EPS_{i,t}$）= 归属于普通股股东的当期净利润 ÷ 当期发行在外普通股的加权平均数。i 为不同股票；t 为不同期数，$t=0,\cdots,4$
第一大股东持股比例（$Bigholder_{i,t}$）	持股比例最大的股东持有的股票占总股本的比例。i 为不同股票；t 为不同期数，$t=0,\cdots,4$
日均换手率（$Turnover_{i,t}$）	日均换手率（$Turnover_{i,t}$）= [$\sum$（单个交易日成交量（手）× 100/ 当日股票流通股总股数）] /季度交易日数。i 为不同股票；t 为不同期数，$t=0,\cdots,4$。注：流通股股数以股份上市日作为变动日期
震幅（$Vol_{i,t}$）	震幅（$Vol_{i,t}$）=（季度最高价 - 季度最低价）/季度首个交易日前收盘价。i 为不同股票；t 为不同期数，$t=0,\cdots,4$
因变量一阶自回归项（$Y(-1)$）	是因变量的一阶自回归项，因为本节数据具有时间序列的特征，加入方程是为了消除自相关并获得平稳残差

5.4.3.3 实证结果

本节的实证部分先对样本进行了描述性统计和变量之间的相关分析，接下来按照基金新进入重仓股、新退出重仓股和增减仓三种情况分别检验基金的交易行为与股票当期或未来会计盈余的关系，以及未来会计盈余在当期股价中的反映。

1. 描述性统计及相关性检验

表5.10涵盖了全部6041个样本，所有非二元变量按照1%和99%分位数进行Winsorize。其中，$Fundperi_{i,0}$、$Change_{i,0}$两个变量只涉及增减仓样本。表5.10结果显示当季未预期盈余均值为0.0358，后一季未预期盈余均值为0.0360，而后一年未预期盈余均值为-0.0502，反映出我国基金重仓股会计盈余的长期发展态势是向下的，随着上市公司股本的不断扩张会计盈余并没有同比上升。另外，样本超额收益率均值为5.3369%，中位数为2.2507%，表明基金持股股票具有正的超额收益率。另外，从描述性统计中我们还发现，基金持股比例平均达到8.7718%，基金的平均持股时间为2.5536季。其余变量结果见表5.10。

表5.10 样本描述性统计

变量	均值	中位数	最大值	最小值
$SUE_{i,0}$	0.0358	0.0885	1.3249	-1.3826
$SUE_{i,1}$	0.0360	0.0261	1.5417	-1.4284
$SUE_{i,4}$	-0.0502	-0.0362	1.7255	-1.7286
$Ar_{i,0}$	5.3369	2.2507	103.5735	-54.8005
$Fundratio_{i,0}$	8.7718	5.2200	71.1900	0.00004
$Fundperi_{i,0}$	2.5536	2.0000	20.0000	1.0000
$EPS_{i,0}$	0.1367	0.1046	0.8103	-0.1223
$Turnover_{i,0}$	2.1205	1.5865	27.6226	0.1011
$Vol_{i,0}$	41.7865	33.7698	157.1693	12.8308
$Mv_{i,0}$	21.5975	21.4484	26.3216	19.1038
$Bigholder_{i,0}$	43.3189	44.4600	86.2900	0.0000
$Change_{i,0}$	0.1821	0.0300	19.3300	-18.9200

为了观察变量之间的相关关系，我们对全部样本进行了 Spearman 相关分析，结果见表 5.11。表 5.11 显示，基金持股比例（$Fundratio_{i,0}$）与当季未预期盈余（$SUE_{i,0}$）及后一季未预期盈余（$SUE_{i,1}$）正相关但不具显著性，与后一年未预期盈余（$SUE_{i,4}$）具有显著的负相关关系（-0.0400^{**}）。由于这是全部样本的统计结果，既包括买入样本又包括卖出样本，因此统计结果并没有一个明确的指向。这也从另一个角度支持了本节的研究设计，即应该将样本予以分类研究。另外，表 5.11 还显示，当期股票超额收益率（$Ar_{i,0}$）与当季未预期盈余（$SUE_{i,0}$）、后一季未预期盈余（$SUE_{i,1}$）和后一年未预期盈余（$SUE_{i,4}$）均具有正相关关系，但仅与后一季未预期盈余（$SUE_{i,1}$）的正相关关系显著，该结果同样表明需要将样本分类。其他各变量之间的相关系数见表 5.11。接下来本节将控制相关变量，分别按照新进入重仓股、新退出重仓股、增减仓三类样本构建模型对假设进行实证检验。

2. 对假设 5.1 的检验

在本节中，基金新进入重仓股是指初始成为基金重仓股的股票。基金新退出重仓股是指在上一期尚是基金重仓股，但本期退出的股票。由于本期已经退出基金重仓股，我们从基金的季度公告上无法知道基金退出重仓股后的持股比例，对于这类大幅卖出的股票，本节将依据基金在上一期的持股比例予以计算，以检验基金巨额卖出的股票是否因未来价值的大幅下降，而对于短期风险还是长期风险进行回避。

接下来，我们将通过多元回归模型分析基金的交易行为与股票当期及未来会计盈余的关系，具体为基金新进入重仓股、新退出重仓股与股票当季、后一季度、后一年未预期盈余的关系，以此构建三个回归方程。在三个方程中自变量相同，但因变量分别为当季未预期盈余 $SUE_{i,0}$、后一季未预期盈余 $SUE_{i,1}$ 和后一年未预期盈余 $SUE_{i,4}$。回归方程如下：

$$SUE_{i,t}=\beta_0+\beta_1 Fundratio_{i,0}+\beta_2 EPS_{i,0}+\beta_3 Mv_{i,0}+\beta_4 Turnover_{i,0}+\beta_5 Vol_{i,0}+\beta_6 Bigholder_{i,0}+\beta_7 Y(-1)+\varepsilon_{i,0} \tag{5.7}$$

其中，$SUE_{i,t}$ 表示标准化后的未预期盈余；$Fundratio_{i,0}$ 表示基金持股比例；$EPS_{i,0}$ 为每股盈余；$Mv_{i,0}$ 为个股 A 股流通市值的自然对数；$Turnover_{i,0}$ 为日均换手率；$Vol_{i,0}$ 为震幅；$Bigholder_{i,0}$ 为第一大股东持股比例；$Y(-1)$ 为因变量一阶自回归项。

表 5.11 Spearman 相关性检验

	$Ar_{i,0}$	$Fundratio_{i,0}$	$Eps_{i,0}$	$SUE_{i,0}$	$SUE_{i,1}$	$SUE_{i,4}$	$Turnover_{i,0}$	$Vol_{i,0}$	$Mv_{i,0}$	$Bigholder_{i,0}$	$Change_{i,0}$
$Fundratio_{i,0}$	0.2663***										
$Eps_{i,0}$	0.1488***	0.3197***									
$SUE_{i,0}$	0.0181	0.0166	0.3615***								
$SUE_{i,1}$	0.0527***	0.0101	-0.3095***	-0.2113***							
$SUE_{i,4}$	0.0191	-0.0400**	-0.2826***	-0.0338**	0.3277***						
$Turnover_{i,0}$	0.1618***	-0.0927***	0.0431***	0.0490***	0.0301*	0.0241					
$Vol_{i,0}$	0.3374***	0.1303***	0.1959***	0.0476***	0.0076	-0.0815***	0.6463***				
$Mv_{i,0}$	0.1295***	0.2691***	0.2551***	0.0178	-0.0041	-0.1181***	0.1927***	0.4006***			
$Bigholder_{i,0}$	-0.0209	0.0572***	0.0275*	0.0199	0.0070	0.0225	-0.0730***	-0.1388***	-0.0450***		
$Change_{i,0}$	0.4489***	0.3337***	0.0522***	0.0314	0.0350	0.0243	-0.0441***	0.0758***	0.0130	-0.0047	
$Fundperi_{i,0}$	-0.2534***	0.1632***	0.0172	-0.0420**	-0.0448***	-0.0499***	-0.3546***	-0.2349***	-0.0012	0.0470***	-0.3296***

注：***、**、*分别代表在1%、5%和10%水平上显著。

与新进入重仓股和新退出重仓股不同，增减仓样本旨在考察基金已经持股的基础上分析其持股比例的后续变化，是一个后续持股比例调整的问题。本节对基金增(减)仓的定义如下：基金上期已经重仓持有，本期基金持股比例相对上期上升(下降)。

对于增减仓样本，除了分析基金持股比例对股票超额收益的影响外，本节在上述模型的基础上加入两个新的变量，其中 $Change_{i,0}$ 表示基金持股比例增减，$Fundperi_{i,0}$ 表示基金持股周期，构建回归方程如下：

$$SUE_{i,t} = \beta_0 + \beta_1 Fundratio_{i,0} + \beta_2 Change_{i,0} + \beta_3 Fundperi_{i,0} + \beta_4 EPS_{i,0} + \beta_5 Mv_{i,0} + \beta_6 Turnover_{i,0} + \beta_7 Vol_{i,0} + \beta_8 Bigholder_{i,0} + \beta_9 Y(-1) + \varepsilon_{i,0} \quad (5.8)$$

(1) 基金新进入重仓股的回归分析

回归结果如表 5.12 所示。表 5.12 显示对基金新进入重仓股，基金持股比例与当季未预期盈余($SUE_{i,0}$)负相关，但与后一季未预期盈余($SUE_{i,1}$)及后一年未预期盈余($SUE_{i,4}$)均显著正相关。这一结果反映出对于新进入重仓股基金注重价值发现，选择未来盈余将大幅增长的具有潜力的公司，而不看重其当期业绩，表明基金愿与有升值潜力的上市公司一起成长。这与 Porter(1992)，Bushee(2001)等多数文献认为美国股市中一个很大的问题是短期机构投资者沉迷于追逐当期会计盈余，不愿耐心投资与上市公司一起成长的结论截然相反。假设 5.1a 不成立，假设 5.1b 得到支持。

在控制变量中，本节发现 $EPS_{i,0}$ 与当季 $SUE_{i,0}$ 正相关，但与 $SUE_{i,1}$、$SUE_{i,4}$ 显著负相关，这也符合预期，因为当季 $EPS_{i,0}$ 低的股票在未来的增长空间更大。同时，A 股流通市值($Mv_{i,0}$)在三个模型中有两个都与被解释变量显著负相关。第一大股东比例($Bigholder_{i,0}$)在第一个模型中与被解释变量不相关，但在后两个模型中均为显著正相关。另外，DW 值在 2 左右，不存在自相关，说明模型结论的可靠性较强。

表 5.12 基金新进入重仓股的回归结果

变量	模型 1 ($SUE_{i,0}$)	模型 2 ($SUE_{i,1}$)	模型 3 ($SUE_{i,4}$)
C	2.3474***	-0.7832	1.4081***
	(3.3688)	(-1.4067)	(2.9939)
$Fundratio_{i,0}$	-0.0156**	0.0112**	0.0076*
	(-2.3587)	(2.1087)	(1.7571)

（续表）

变量	模型 1 ($SUE_{i,0}$)	模型 2 ($SUE_{i,1}$)	模型 3 ($SUE_{i,4}$)
$EPS_{i,0}$	3.0988***	-2.5465***	-1.6902***
	(12.5897)	(-12.6792)	(-10.2451)
$Mv_{i,0}$	-0.1115***	0.0504*	-0.0712***
	(-3.3555)	(1.8989)	(-3.1704)
$Turnover_{i,0}$	0.0639***	-0.0002	0.0014
	(3.6176)	(-0.0108)	(0.1158)
$Vol_{i,0}$	0.0001	-0.0001	0.0009
	(0.1278)	(-0.1433)	(1.2656)
$Bigholder_{i,0}$	-0.0022	0.0030**	0.0024**
	(-1.4656)	(2.4464)	(2.3911)
$Y(-1)$	0.0758**	0.0521*	0.1428***
	(2.5389)	(1.8005)	(4.8913)
Adjusted R-square	0.1388	0.1209	0.1326
Durbin-Watson stat	2.0154	2.0053	2.0162
Obs.	1 204	1 204	1 204

注：该表是用新进入重仓股对回归方程(5.7)的检验结果。i为不同股票；$t=0,1,4$分别表示当季、后一季和后一年。***、**、*分别代表在1%、5%和10%水平上显著；括号中为t值。回归方程已通过多重共线性检验。

（2）基金新退出重仓股的回归分析

在这一部分，我们将考察基金新退出重仓股与会计盈余的关系。由于基金因卖出股票而导致退出重仓股后，其季度公告中不再披露该股票的基金持股比例，因此本节将依据基金在上一期持股比例，考察基金卖出与股票当期和未来会计盈余的关系。建立的回归方程如方程(5.7)所示。

表5.13的回归结果显示，基金持股比例与当季未预期盈余显著负相关（-0.0192**），与后一季未预期盈余及后一年未预期盈余均不显著相关。这表明，在基金大幅卖出时，卖出比例越高的股票其当季未预期盈余越差，说明当基金预测到当季未预期盈余将大幅下跌时会毫不留情地巨额卖出，这也支持了基金的退出策略是以股票的短期价值为依据。假设5.1a得到支持，假设5.1b不成立。

在控制变量中，与新进入重仓股相同，$EPS_{i,0}$与$SUE_{i,0}$正相关，但与$SUE_{i,1}$、

$SUE_{i,4}$显著负相关。这一结果佐证了上述结果,即当季每股盈余越低的公司越有可能在未来获得较高的未预期盈余,因为它具有更大的利润上升空间,因而会出现"基金卖出比例越高、业绩越差的公司,越容易在后一季出现业绩提高"这一现象。同时,A 股流通市值($Mv_{i,0}$)在三个模型中有两个都与被解释变量显著负相关。另外,DW 值在 2 左右,不存在自相关,说明模型结论的可靠性较强。

表 5.13　基金新退出重仓股的回归结果

变量	模型 4 ($SUE_{i,0}$)	模型 5 ($SUE_{i,1}$)	模型 6 ($SUE_{i,4}$)
C	4.6623*** (6.2650)	−0.1580 (−0.2368)	1.9084** (2.0838)
$Fundratio_{i,0}$	−0.0192** (−2.4839)	0.0051 (0.7703)	−0.0020 (−0.2243)
$EPS_{i,0}$	3.5591*** (12.1198)	−2.7015*** (−10.5684)	−3.4916*** (−9.9628)
$Mv_{i,0}$	−0.2196*** (−6.1419)	0.0177 (0.5544)	−0.0844* (−1.9212)
$Turnover_{i,0}$	−0.0275 (−1.5113)	0.0163 (1.0315)	0.0731*** (3.3674)
$Vol_{i,0}$	0.0033* (1.7151)	0.0005 (0.2980)	−0.0083*** (−3.5814)
$Bigholder_{i,0}$	−0.0018 (−1.1415)	0.0018 (1.3015)	0.0012 (0.6086)
$Y(-1)$	0.0152 (0.4552)	0.1027*** (3.1874)	0.1228*** (3.7244)
Adjusted R-square	0.1452	0.1151	0.1468
Durbin-Watson stat	1.9656	2.0427	1.9867
Obs.	975	975	975

注:该表是用新退出重仓股对回归方程(5.7)的检验结果。i 为不同股票;$t=0,1,4$ 分别表示当季、后一季和后一年。***、**、* 分别代表在 1%、5% 和 10% 水平上显著;括号中为 t 值。回归方程已通过多重共线性检验。

(3) 基金增减仓样本的回归分析

回归结果如表 5.14 所示。本节发现对于基金已经持股的股票,在其进行持股比例调整时,从动态指标 $Change_{i,0}$ 看,基金在当季增仓幅度越大,该股票当季的未预期盈余越高,系数 0.0042 在 5% 的水平上显著,这表明与新进入重仓股不同，对于已经持有的重仓股，基金在调整持股比例时在追逐那些短期会计盈余增长快的股票，假设 5.1a 得到验证。另外，从静态指标看，虽然基金持股比例（$Fundratio_{i,0}$）与当季未预期盈余显著负相关（-0.0060***），但是与未来一季的未预期盈余和未来一年的未预期盈余均显著正相关，系数分别为 0.0050***和 0.0088***，这表明未来价值依然是基金的投资主线，反映出基金在寻找未来具备可持续发展的公司进行价值投资。由此，可以总结为 Change 变量反映基金当期持股比例增减的动态变化，而 Fundratio 变量反映基金长期资金配置的静态结果。从动静态指标的关系看，基金会依据短期会计盈余（$Change_{i,0}$）的增长配置股票，以便于基金依据短期会计盈余进行短线炒作，但这种增仓的前提是若要被基金不断买入以达到最终高持股比例（$Fundratio_{i,0}$）的股票一定是未来有发展前景的股票，只有未来的高增长才能降低基金大幅持股的风险。

在三个未预期盈余变量中，基金持股周期（$Fundperi_{i,0}$）只与后一季未预期盈余显著负相关（-0.0150**），与其他两个均不相关。也就是说，基金持股时间越长的重仓股其后一季未预期盈余越低，总体而言表明基金持股时间越长的重仓股其未来收益并不好，说明持股权重比持股时间更为重要。

在控制变量中，与前两类样本相同，$EPS_{i,0}$ 与当季 $SUE_{i,0}$ 正相关，但与 $SUE_{i,1}$、$SUE_{i,4}$ 显著负相关，原因同上。同时，A 股流通市值（$Mv_{i,0}$）在三个模型中有两个都与被解释变量显著负相关。第一大股东比例（$Bigholder_{i,0}$）在三个模型中均与被解释变量不显著相关。另外，DW 值在 2 左右，不存在自相关，说明模型结论的可靠性较强。

表 5.14　基金增减仓的回归结果

变量	模型 7（$SUE_{i,0}$）	模型 8（$SUE_{i,1}$）	模型 9（$SUE_{i,4}$）
C	0.9612*** (4.0722)	-0.2657 (-1.1648)	1.4876*** (4.6555)
$Fundratio_{i,0}$	-0.0060*** (-5.3093)	0.0050*** (4.4720)	0.0088*** (5.8868)
$Change_{i,0}$	0.0042** (2.3642)	-0.0007 (-0.3786)	0.0028 (1.1537)
$Fundperi_{i,0}$	0.0088 (1.2711)	-0.0150** (-2.2064)	-0.0081 (-0.9098)

（续表）

变量	模型 7 ($SUE_{i,0}$)	模型 8 ($SUE_{i,1}$)	模型 9 ($SUE_{i,4}$)
$EPS_{i,0}$	1.7352*** (22.6209)	-1.7686*** (-23.0981)	-1.9706*** (-19.5040)
$Mv_{i,0}$	-0.0511*** (-4.6110)	0.0277*** (2.5860)	-0.0731*** (-4.8733)
$Turnover_{i,0}$	0.0201** (2.0137)	0.0002 (0.0259)	0.0270** (2.1891)
$Vol_{i,0}$	0.0012* (1.9268)	0.0016*** (2.6717)	-0.0005 (-0.5890)
$Bigholder_{i,0}$	0.0004 (0.6477)	0.0004 (0.7846)	0.0005 (0.7056)
$Y(-1)$	0.0556*** (3.3338)	0.0407** (2.5220)	0.1789*** (11.0868)
Adjusted R-square	0.1354	0.1257	0.1603
Durbin-Watson stat	2.0064	2.0118	2.0549
Obs.	3 862	3 862	3 862

注：该表是用增减仓样本对回归方程(5.8)的检验结果。其中，$SUE_{i,t}$表示未预期盈余，$SUE_{i,0}$指当季未预期盈余；$SUE_{i,1}$指后一季未预期盈余；$SUE_{i,4}$指后一年未预期盈余，SUE 均经过标准化处理。$Fundratio_{i,0}$指基金持股比例。$Change_{i,0}$指基金持股比例相对上期变化量。$Fundperi_{i,0}$指基金持股周期。$Eps_{i,0}$指每股盈余。$Mv_{i,0}$指个股 A 股流通市值的自然对数。$Turnover_{i,0}$为日均换手率。$Vol_{i,0}$为震幅。$Bigholder_{i,0}$为第一大股东持股比例。$Y(-1)$为因变量一阶自回归项。i 为不同股票；$t=0,1,4$ 分别表示当季、后一季和后一年。***、**、* 分别代表在 1%、5% 和 10% 水平上显著；括号中为 t 值。回归方程已通过多重共线性检验。

3. 对假设 5.2 的检验

前文的研究验证了在基金新进入重仓股、新退出重仓股和增减仓时，基金持股变化与公司会计盈余的关系，接下来本节将进一步验证基金买卖交易后，当前股价与公司未来价值的关系。

我们将通过构建如下回归模型检验上市公司未来会计盈余信息是否在当期股价中得以提前反映。方程如下：

$$Ar_{i,0}=\beta_0+\beta_1 Fundratio_{i,0}+\beta_2 EPS_{i,0}+\beta_3 SUE_{i,0}+\beta_4 SUE_{i,1}+\beta_5 SUE_{i,4}+\beta_6 Mv_{i,0}$$
$$+\beta_7 Turnover_{i,0}+\beta_8 Vol_{i,0}+\beta_9 Bigholder_{i,0}+\beta_{10} Y(-1)+\varepsilon_{i,0} \quad (5.9)$$

其中，$Ar_{i,0}$为个股超额收益率；$Fundratio_{i,0}$表示基金持股比例；$EPS_{i,0}$为每股盈余；$SUE_{i,0}$指当期未预期盈余；$SUE_{i,1}$指后一季度未预期盈余；$SUE_{i,4}$指后一年未预期盈余，SUE 均经过标准化处理；$Mv_{i,0}$为个股 A 股流通市值的自然对数；$Turnover_{i,0}$为日均换手率；$Vol_{i,0}$为震幅；$Bigholder_{i,0}$为第一大股东持股比例；$Y(-1)$为因变量一阶自回归项。

与假设 5.1 相同，对于增减仓样本，在上述模型的基础上，除了分析基金持股比例对股票超额收益的影响外，还将分析基金持股比例增减（$Change_{i,0}$）和基金持股周期（$Fundperi_{i,0}$）对股票收益的影响。最终建立回归方程如下：

$$Ar_{i,0} = \beta_0 + \beta_1 Fundratio_{i,0} + \beta_2 Change_{i,0} + \beta_3 Fundperi_{i,0} + \beta_4 EPS_{i,0} + \beta_5 SUE_{i,0} + \beta_6 SUE_{i,1} + \beta_7 SUE_{i,4} + \beta_8 Mv_{i,0} + \beta_9 Turnover_{i,0} + \beta_{10} Vol_{i,0} + \beta_{11} Bigholder_{i,0} + \beta_{12} Y(-1) + \varepsilon_{i,0} \quad (5.10)$$

（1）基金新进入重仓股的回归分析

回归结果如表 5.15 所示。对基金新进入重仓股，股票超额收益率与当季未预期盈余 $SUE_{i,0}$不显著相关，但与后一季度未预期盈余 $SUE_{i,1}$及后一年未预期盈余 $SUE_{i,4}$显著正相关，尤其是与后一年未预期盈余 $SUE_{i,4}$的正相关关系在 1% 水平上显著，表明当前股价更多地反映了未来会计盈余，表明市场具有一定的前瞻性。这也验证了 Collins, Kothari, Shanken and Sloan（1994）的观点，由于盈余缺乏时效性，导致同期收益—盈余低相关，因此未来会计盈余预期的改变是解释当期超额收益的重要变量。此外，基金持股比例的回归系数为 0.2850，且在 1% 水平上显著，表明基金的持股比例与股票超额收益率显著正相关。其他控制变量中，$EPS_{i,0}$与股票超额收益率显著正相关，说明当季业绩越好的公司超额收益率越高，震幅（$Vol_{i,0}$）越大的公司当期超额收益率越高。最后，调整后的 R^2高达 0.71，DW 值为 2.25，模型结论具有较强的可靠性。

（2）基金新退出重仓股的回归分析

表 5.15 显示，股票超额收益率与当季未预期盈余 $SUE_{i,0}$在 1% 水平上显著负相关，与后一季未预期盈余 $SUE_{i,1}$、后一年未预期盈余 $SUE_{i,4}$均不显著相关。如果市场是有效的，应该无论是新进入重仓股还是新退出重仓股，都存在 SUE 与股票超额收益率正相关，即未预期盈余越高，股票的超额收益率越高。但是当基金因巨量卖出而急需交易对手提供流动性时，此时的交易成本大幅提高，为了实现顺利卖出的目的，尤其是对于一些业绩预期较差的股票，基金很可能通过“做盘”、“对敲”等方式迷惑投资者，以实现顺利卖出的目的。这些操控性手法的运用使得市场噪音极大，股价与会计盈余信息失去了相关性。

此外，基金持股比例（$Fundratio_{i,0}$）与超额收益率负相关，回归系数为-0.6092，且在1%水平上显著。这一结果符合预期，大量买入推高股价、大量卖出降低股价，基金的卖出比例与股票超额收益率负相关，这与姚颐、刘志远（2008）的发现一致。其他控制变量中$EPS_{i,0}$与股票超额收益率正相关，震幅（$Vol_{i,0}$）越大的公司当期超额收益率越高。最后，调整后的R^2在0.3以上，DW值为2.41，不存在自相关，模型结论的可靠性较强。

（3）基金增减仓样本的回归分析

增减仓样本的回归结果如表5.15所示。对比不同期间SUE的回归结果，当季未预期盈余$SUE_{i,0}$与股票超额收益率显著负相关（-1.2915***）；后一年未预期盈余$SUE_{i,4}$与股票超额收益率显著正相关，回归系数0.9352，且该结果在1%水平上显著。这表明，对于基金增仓股票，当季超额收益率的上涨很大程度上与$EPS_{i,0}$的绝对值显著正相关（8.8573***），而与$\Delta EPS_{i,0}$即$SUE_{i,0}$负相关，说明市场注重每股盈余的绝对值，每股收益越高的股票当期股价增长越多，这是从短期来看。但长期而言，市场更为重视未来一年SUE即每股收益的变化，未来会计盈余预期的改变是解释当期超额收益的重要变量。

此外，基金持股比例（$Fundratio_{i,0}$）的回归系数为0.1187，且在1%水平上显著，说明基金持股比例与股票超额收益率显著正相关，基金持股比例越高的股票超额收益也越高。另外，基金持股比例增减（$Change_{i,0}$）也与股票超额收益率在1%水平上显著正相关，回归系数为0.9067，即基金增仓越多的股票其超额收益率也越高，即买入会推高股价，符合一般性的预期。基金持股周期（$Fundperi_{i,0}$）的回归系数为-0.5847***，基金持股周期与股票超额收益率显著负相关。该结果表明，基金持股时间越长，股票超额收益率越低；基金持股时间越短，股票超额收益率越高。事实上，这反映出了从股票获得超额收益率向平均收益率转化的过程，当某一股票因价值低估而首次被基金重仓买入时，基金投资组合信息的披露引发市场的竞相关注而出现溢价，此时股价上涨的动能最强，之后随着多家机构或基金的相继持有，如表5.15中的相关性分析所表明$SUE_{i,0}$与$SUE_{i,1}$和$SUE_{i,4}$负相关，即SUE的快速增长难以持续，因此伴随基金持股时间的延伸，个股的盈余增长速度在逐渐下降，其溢价水平逐渐降低直至收益率曲线趋平。

其他控制变量中，震幅（$Vol_{i,0}$）越大、第一大股东持股比例（$Bigholder_{i,0}$）越高的公司当期超额收益率越高，但日均换手率（$Turnover_{i,0}$）越高反而当期超额收益率越低。最后，调整后的 R^2 在 0.5 以上，DW 值为 2.20，不存在自相关，说明模型结论的可靠性较强。

表 5.15　当前股价反应与公司未来会计盈余的回归结果

被解释变量：超额收益率（$Ar_{i,0}$）	新建仓	清仓	增减仓
C	−12.0471 (−0.8592)	−32.9902* (−1.8659)	−7.9271 (−1.3071)
$Fundratio_{i,0}$	0.2850*** (2.5957)	−0.6092*** (−4.1197)	0.1187*** (4.5443)
$Change_{i,0}$			0.9067*** (20.0670)
$Fundperi_{i,0}$			−0.5847*** (−3.8353)
$EPS_{i,0}$	18.4353*** (3.8155)	25.1682*** (3.8478)	8.8573*** (4.5777)
$SUE_{i,0}$	−0.5889 (−1.1206)	−2.3085*** (−3.6021)	−1.2915*** (−3.4060)
$SUE_{i,1}$	1.1799* (1.8603)	−0.6252 (−0.8186)	0.0227 (0.0606)
$SUE_{i,4}$	1.6093*** (2.8646)	−0.2823 (−0.5131)	0.9352*** (3.2763)
$Mv_{i,0}$	−0.3599 (−0.5404)	0.1110 (0.1329)	−0.4025 (−1.4206)
$Turnover_{i,0}$	0.2509 (0.7310)	−0.0838 (−0.1945)	−0.6625*** (−2.7784)
$Vol_{i,0}$	0.7317*** (37.4055)	0.5214*** (12.5539)	0.5359*** (36.0955)
$Bigholder_{i,0}$	−0.0503* (−1.8981)	0.0521 (1.6462)	0.0232* (1.8446)
$Y(-1)$	0.4691*** (16.8101)	0.5454*** (18.7407)	0.3836*** (23.7343)
Adjusted R-square	0.7146	0.3218	0.5067
Durbin-Watson stat	2.2541	2.4123	2.2001
Obs.	1 204	975	3 862

注：本表是方程（5.9）、方程（5.10）的回归结果。i 为不同股票；$t=0$、1、4 分别表示当季、后一季和后一年。***、**、* 分别代表在 1%、5% 和 10% 水平上显著；括号中为 t 值。回归方程已通过多重共线性检验。

4. 稳健性检验

(1) 基金持股情况的替代度量

对于基金持股情况,国外一些研究以持股基金家数衡量(Chen, Hong and Stein, 2001)。持股基金家数指在某一时期持有某只股票的基金的家数,该指标反映了股票受不同基金关注的程度。本节也采用持股基金家数衡量基金持股情况,所得结果与用基金持股比例得到的结论类似。

(2) 基金持股周期的替代度量

对于基金持股周期的测量,算术平均法可以获得较为直观的数据,但考虑到不同的基金其持股数量可能存在较大差异,因此我们同时测定了加权平均基金持股周期($WFundperi_{i,t}$),即同时考虑持股数量与持股周期并进行加权平均,回归结果与原有结论基本一致。

(3) 此外,我们还用净资产收益率($Roe_{i,t}$)、资产规模($Assets_{i,t}$)分别替代每股盈余($EPS_{i,t}$)和A股流通市值($Mv_{i,t}$),将这些替代变量代入以上模型进行回归,主要结论基本一致。

5.4.4 结论、建议与局限性

本节以2002年第一季度到2008年第二季度6 041个上市公司季度数据,通过分析基金买卖交易行为与公司未来会计盈余的关系以及基金买卖交易后股价与公司未来会计盈余的关系,发现基金投资体现了对于价值的追求。具体结论如下:

首先,对基金新进入重仓股,其买入比例越大,未来一年的未预期盈余越高,而与短期业绩不相关,说明基金新进入的重仓股是未来中期业绩有发展的公司。对基金新退出重仓股,基金的退出决策是在以股票的短期价值为依据。对基金增减仓重仓股,基金持股比例增减与短期价值增长正相关,但若要被基金不断买入以达到高持股比例的股票还是要未来有发展前景的公司。

其次,对于基金新进入重仓股或基金增仓重仓股,当期超额收益率的上涨很大程度上是对于未来公司经营业绩增长的提前反映,这与Collins, Kothari, Shanken, Sloan(1994)提出盈余缺乏时效性是导致同期收益—盈余低相关的原因相一致,证实了未来会计盈余预期的改变是解释当期超额收益的重要变量。

同时,该结论与 Jiambalvo, Rajgopal and Venkatachalam(2002)发现随着机构持股比例的增加,当前股价更多地反映了未来的会计盈余,导致股价对未来盈余有更强的指引作用的结论一致。但对于新退出重仓股类股票,基金因巨量卖出而急需交易对手提供流动性,为了实现顺利卖出的目的,基金很可能通过“做盘”、“对敲”等方式迷惑投资者,这些操控性手法的运用使得市场失灵,并导致股价与会计盈余信息相关性丧失。

以上结果表明,总体而言基金的投资遵从了价值投资这一基本原理,基金作为知情交易者有能力对未来盈余进行预测,并据此进行投资决策。说明基金是价值发现者而非仅仅是对市场情绪的追逐者,同时基金的投资导致股价对未来盈余有更强的指引作用,提高了市场信息效率。

第五节 基金投资与价格压力效应

5.5.1 引言

虽然表面上看我国基金有很多种不同风格类型,但诸多研究发现由于我国的金融工具种类贫乏,而值得投资的股票数量又非常有限,因此基金的投资品种高度雷同。基金作为同一类型的营利组织往往目标取向相同,而投资策略又相似,其买卖相同股票所形成的合力必然会对股票价格产生较大冲击,这样就产生了价格压力效应(Price Pressure Effect)假说。所谓价格压力,是指大宗股票的买入或卖出引起股价的上升或下降,它是对流动性提供者交易成本的补偿。价格压力假说最早是在指数效应中被发现,它是指指数成分股被调整后,追踪指数的基金、ETFs 及期货与期权等将会重新调整其投资组合,买入被新纳入指数的股票,同时卖出被指数剔除的股票,机构投资者的大宗股票买卖将在短期内对股价产生压力。

我国的机构投资者布局极为特殊,基金作为机构投资者的代言人,一方独大。基金与散户的博弈形同一只巨鳄与小鱼小虾的搏斗,这种畸形的投资者生态结构会对交易双方产生严重影响,一方面,基金作为一个超级主力其集中性买入、卖出行为会极大地受到流动性的制约,迫使基金支付更高的流动性溢价,在一定程度上造成基金的投资困难;另一方面,中小散户与基金的博弈注定了中小散户从开始就处于劣势,加剧了散户对基金投资行为的模仿,导致整个市场股价运动的同步性(Synchronicity),这也是为何我国股市的同步性在世界上位列第二的原因之一(Morck et al.,2000),高度的股价同步性势必导致极高的系统性风险,投资者不能通过投资组合分散风险,此时投资组合也就失去了意义。这个问题长期以来并未获得监管层、业界和学者的关注。那么,基金集中性买入、卖出股票所带来的价格压力效应有多大?对市场构成有怎样的影响?对此本节将予以深入探究。本节的研究结论将为监管层和决策者如何发展机构投资者提供理论依据,并为广大投资者的投资行为提供决策参考。

为了有效地研究基金投资所带来的价格压力效应,本节选取了以下三种情况分别进行检验:第一,基金首次重仓买入某只股票时,即在上季末该股票还没有被任何基金持有,但在本季末已经成为基金重仓股。这说明基金(一只或多只)在本季内大量买入,而这种买入是悄然完成的。本节将研究基金大量买入对股票当季超额收益率的影响。第二,基金完全卖出某只股票时,即在上季末该股票还是一只基金重仓股,而在该季度基金完全退出,这种大幅清仓对股票超额收益率的影响。第三,对于基金已经持有的重仓股,基金在本季大幅增仓或减仓对当季股票超额收益率的影响。

本节的研究结果表明:我国基金投资支付了很高的价格压力溢价,基金的集中性买入或卖出显著推高或降低了股票的超额收益率。另外,基金买入、卖出的价格压力效应具有显著的非对称性,当基金完全退出重仓股时所造成的价格压力显著高于基金首次买入重仓股或增减仓的价格压力。

本节的结构安排如下:第二部分回顾了相关研究文献,第三部分提出本节的研究假设,第四部分是实证检验及其结果,第五部分是主要结论。

5.5.2 文献回顾

对于机构交易行为对股价收益率的影响,已有部分研究从价格压力效应展开,如 Chan 和 Lakonishok(1993,1995),Keim 和 Madhavan(1997),Jones 和 Lipson(1999),这些研究的总体结论是机构交易会对股价收益率造成短期或持久性影响。由于机构账户的股票交易占市场的60%(NYSE Facebook,1998),那么买卖相同股票所形成的合力必然会对股票收益率产生显著的影响,这样就产生了价格压力假说(Price Pressure Hypothesis)。

根据价格压力假说,纳入股票在公告日或调整实施日前由于大量买入将导致价格上升,压力消失后,股价将反转,回复到先前的水平,而被剔除的股票则相反。Harris 和 Gurel(1986)发现标准普尔 500 指数构成发生变化时,持股比例的增加会使股票价格上涨 3% 以上,两周后趋势发生反转,由此支持了价格压力假说。另一方面,Brown 和 Brooke(1993)以 1980 年 1 月到 1990 年 4 月分拆股票的公司为样本,发现分拆股票价格最初的下跌与机构从这些股票中抽资的程度显著相关,机构投资者的大宗交易造成股价大幅波动。Sias et al. (2001), Griffin et al. (2003) 进一步研究了价格压力假说,并且发现在对股价的影响上,机构投资者比个人投资者有更强的影响力,机构投资者对股票价格的影响远超过其持股比例,体现为在股票成交是由机构投资者买入、个人投资者卖出时,机构投资者买入股票对股价的推动作用明显强于个人投资者卖出股票对股价下跌的影响。

到目前为止,国内有关机构投资者投资对股价压力效应的研究较少。部分学者研究了机构投资者交易与市场稳定性的关系(庄序莹,2001;祁斌、黄明和陈卓思,2006b;姚颐和刘志远,2008 等),另一部分学者则研究了机构投资者与股票回报之间关系。其中,陈卓思、高峰和祁斌(2008)将股票分成高机构持股股票和低机构持股股票两类,研究发现对于高机构持股股票,过去表现较好的股票会吸引机构增加持仓,且机构增持的股票相对减持的股票的后续表现又更好,而低机构持股股票则不然。朱彤、叶静雅(2009)对机构投资者在投资评级发布日周围的买卖行为进行了分析,研究结果表明,机构持仓比例变化在事件期间与股票的累计异常收益正相关,同时也与事件前收益正相关,与事件后收益有比较弱的相关。此外,余佩琨、李志文和王玉涛(2009)利用投资者日持仓变化数据验证了在好消息公布之前机构投资者的仓位将增加,其仓位变化与股票收益存在正相关关系。

5.5.3 研究假设

有效市场假说认为证券价格反映了所有可获得的公开信息。基于有效市场假说，Brealey 和 Mayers(1984)指出只要某投资者能让其他投资者确信其没有任何私人信息，那他就可以以近似市场价格的价格买卖任何数量的证券，当然其前提假设是不同证券之间可以完全替代。这意味着对某一证券的超额需求将是充分具有弹性的，即该证券的大量买卖不会对其价格产生影响。但 CAPM 模型所提出的所有交易没有交易成本的假定在现实中是不成立的，也就是说，所有交易都会有交易成本，并且流动性溢价(Liquidity Premium)体现在每一种资产的价格中。由此，流动性成本(Liquidity Costs)成为对交易成本的一种解释。流动性是指金融资产变现的能力，或市场参与者能够迅速进行大量交易而未导致资产价格发生显著波动的市场运行态势。流动性是整个金融市场的重要特征。基于此，Scholes(1972)，Kraus 和 Stoll(1972)等对有效市场假说产生质疑并提出了价格压力假说，指出即便是证券交易没有反映任何新的信息，大宗证券交易也会导致证券价格发生变化，同时当流动性提供者决定进行股票交易时，其承担的交易成本和投资组合风险必须得到补偿(Harris 和 Gurel，1986)，否则他们便不会进行交易，即当某种股票大幅上涨时，反向交易者(卖出股票的人)即为流动性提供者，会以溢价卖出。

运用价格压力假说来研究我国基金的集中性买入、卖出行为，就不难理解由于基金的巨额交易，会在短时间内急速改变股票的供需关系并对流动性产生大量需求，从而造成较大的价格压力。Chan 和 Lakonishok(1993)认为在股票交易时，为吸引买方或卖方，机构投资者往往需要作出一定的价格让步。由此本节得到以下假设：

假设 5.3a 基金首次重仓买入某只股票时，其价格压力效应会导致股票当期超额收益率提高。

假设 5.3b 基金完全退出某只股票时，其价格压力效应会导致股票当期超额收益率下降。

此外，从流动性角度理解机构交易的价格压力效应同样适用于基金增持股票(即基金增仓，下同)或减持股票(即基金减仓，下同)的交易行为。

假设 5.4a　基金增仓某只股票时,其价格压力效应会导致股票当期超额收益率提高。

假设 5.4b　基金减仓某只股票时,其价格压力效应会导致股票当期超额收益率下降。

5.5.4　实证分析及其结果

5.5.4.1　样本选择和数据来源

根据中国证监会发布的《证券投资基金信息披露指引》的规定,基金投资组合公告每季度公布一次,应披露基金投资按市值占基金资产净值比例大小排序的前十名股票的明细。本节将上述前十名股票定义为"基金重仓股",并以此作为研究样本。样本期间从 2002 年第 1 季度到 2008 年第 2 季度,共涉及 26 个季度。由于基金在不同的交易情况下具有不同的交易行为基准,为此本节特别将所有样本划分为基金首次重仓买入、完全退出、增仓和减仓四类分别予以研究。其中,基金首次重仓买入股票是指上期(上个季度,下同)还无基金重仓持股,本期(本季度,下同)初始成为基金重仓股的股票;基金完全退出的股票是指在上一期尚有基金重仓持股,但本期从所有基金重仓股中退出的股票;增仓股票是指基金上期已经重仓持有,本期基金又予以增持的股票;减仓股票是指基金上期已经重仓持有,本期予以减持的股票。另外,我们还对以下几类样本进行了剔除:(1) 在样本期间内被 ST 的股票;(2) 新发行(上市发行一年及一年以内)的股票;(3) 数据缺失的股票。最后得到 6 475 个公司季度样本数据,其中首次重仓买入样本 1 205 个;完全退出样本 1 405 个;增仓样本 1 959 个;减仓样本 1 906 个。

本研究所需的个股交易价格和财务数据来源于 Wind 数据库,基金投资组合数据来源于天相数据库,计算超额收益率所需的市场指数数据和第一大股东持股比例数据分别来自 CCER"证券市场指数数据库"和"上市公司治理结构数据库"。

5.5.4.2　变量界定

1. 被解释变量

本节用超额收益率($Ar_{i,t}$)衡量个股回报。个股超额收益率指个股相对于同期市场指数回报的超额回报。本节遵从已有大部分研究，用上证指数代表市场指数。超额收益率的定义及计算见表 5.16 Panel A。

2. 解释变量

对于基金持股情况，已有研究有的以持股基金家数衡量（Chen et al.，2001）。但更多的研究用基金持股比例衡量基金持股情况（Nofsinger 和 Sias，1999；Sias et al.，2001；陈卓思、高峰和祁斌，2008；朱彤和叶静雅，2009）。基金持股比例指基金持有某只股票的市值占该股票同期流通市值的比重。这两个指标从不同角度反映了基金持股状况，持股基金家数多但基金持股比例不一定很高，基金持股比例高不一定持股基金家数多，因此本节对这两项指标都进行了检验。除此之外，我们还定义了三个哑变量：$Dummy1_{i,0}$、$Dummy2_{i,0}$ 和 $Dummy3_{i,0}$，以对基金首次重仓买入、完全退出、增仓及减仓四类不同样本加以区分。解释变量的定义及计算见表 5.16 Panel B。

3. 控制变量

本节控制了个股盈利状况、规模及股权分布情况对股票回报的影响。盈利状况用净资产收益率（$Roe_{i,0}$）来反映；规模用个股 A 股流通市值的自然对数（$Mv_{i,0}$）来衡量；股权分布情况用第一大股东持股比例（$Bigholder_{i,0}$）来反映。市场层面的因素也可能影响到个股回报。借鉴已有研究，本节控制了市场层面的日均换手率（$Turnover_{i,0}$）和震幅（$Vol_{i,0}$）两个因素。控制变量的定义及计算见表 5.16 Panel C。

表 5.16　变量一览表

变量	定义及计算
Panel A：被解释变量	
超额收益率（$Ar_{i,t}$）	超额收益率用来衡量个股超额收益率。个股超额收益率（$Ar_{i,t}$）= 个股季度收益率 − 市场季度收益率 =（个股季末交易日收盘价 − 个股季度首个交易日前收盘价）/个股季度首个交易日前收盘价 −（季末交易日上证指数 − 季度首个交易日前上证指数）/季度首个交易日前上证指数。i 为不同股票；t 为不同期数，$t = 0, \cdots, 4$，个股收益率是考虑分红再投资的收益率，收盘价为后复权收盘价

（续表）

变量	定义及计算
	Panel B：解释变量
基金持股比例（$Fundratio_{i,0}$）	基金持股比例（$Fundratio_{i,0}$）= 不同基金持有该股票的当季市值之和/该股票在当季的流通市值。i 为不同股票
持股基金家数（$Fundnum_{i,0}$）	持股基金家数（$Fundnum_{i,0}$）= 当季持有该只股票的基金的数量。i 为不同股票
哑变量（$Dummy1_{i,0}$）	$Dummy1_{i,0}$为哑变量，等于1，表示基金首次重仓买入；等于0，表示其他。i 为不同股票
哑变量（$Dummy2_{i,0}$）	$Dummy2_{i,0}$为哑变量，等于1，表示基金完全退出；等于0，表示其他。i 为不同股票
哑变量（$Dummy3_{i,0}$）	$Dummy3_{i,0}$为哑变量，等于1，表示基金增仓；等于0，表示其他。i 为不同股票
	Panel C：控制变量
净资产收益率（$Roe_{i,0}$）	净资产收益率（$Roe_{i,0}$）= 当季归属母公司股东净利润/[（期初归属母公司股东的权益 + 期末归属母公司股东的权益）/2]。i 为不同股票
A 股流通市值（$Mv_{i,0}$）	A 股流通市值的自然对数。i 为不同股票
第一大股东持股比例（$Bigholder_{i,0}$）	当季持股比例最大的股东持有的股票占总股本的比例。i 为不同股票
日均换手率（$Turnover_{i,0}$）	日均换手率（$Turnover_{i,0}$）= [$\sum$（单个交易日成交量（手）× 100/ 当日股票流通股总股数）]/ 季度交易日数。i 为不同股票（流通股股数以股份上市日作为变动日期）
震幅（$Vol_{i,0}$）	震幅（$Vol_{i,0}$）=（季度最高价 - 季度最低价）/季度首个交易日前收盘价。i 为不同股票

5.5.4.3　实证结果

1. 描述性统计及相关性检验

我们对全部样本进行了描述性统计。表 5.17 结果显示基金持股股票超额收益率均值为 9.792%，中位数为 4.746%。另外，从描述性统计中我们还发现，基金持股比例平均达到 9.822%，平均一只股票被 6.425 只基金持有。所有非二元变量均已按照 1% 和 99% 进行了 Winsorize。

表 5.17 全部基金持股股票样本描述性统计

变量	观测值	均值	中位数	最大值	最小值
$Ar_{i,0}$	6 475	9.792	4.746	240.002	-66.547
$Fundratio_{i,0}$	6 475	9.822	6.225	71.19	0
$Fundnum_{i,0}$	6 475	6.425	2	200	1
$Roe_{i,0}$	6 475	3.939	3.317	107.786	-20.494
$Turnover_{i,0}$	6 475	1.989	1.500	27.623	0.101
$Vol_{i,0}$	6 475	43.250	33.083	346.097	5.860
$Mv_{i,0}$	6 475	21.674	21.506	26.322	19.395
$Bigholder_{i,0}$	6 475	44.127	45.36	85	5.9

为了观察变量之间的相关关系，我们对全部样本进行了 Spearman 相关分析，结果见表 5.18。表 5.18 显示，基金持股当期股票超额收益率（$Ar_{i,0}$）与基金持股比例（$Fundratio_{i,0}$）及持股基金家数（$Fundnum_{i,0}$）显著正相关，这初步说明基金持股比例越高及持股基金家数越多的股票超额收益率也越高。表 5.18 还显示主要的解释变量 $Fundratio_{i,0}$ 和 $Fundnum_{i,0}$ 的相关系数较高，对此将在后文中进行多重共线性的检验。

表 5.18 Spearman 相关性检验

	$Ar_{i,0}$	$Fundratio_{i,0}$	$Fundnum_{i,0}$	$Roe_{i,0}$	$Turnover_{i,0}$	$Vol_{i,0}$	$Mv_{i,0}$
$Fundratio_{i,0}$	0.152***						
$Fundnum_{i,0}$	0.161***	0.786***					
$Roet_{i,0}$	0.105***	0.280***	0.295***				
$Turnover_{i,0}$	0.267***	-0.093***	-0.085***	0.080***			
$Vol_{i,0}$	0.415***	0.097***	0.081***	0.178***	0.677***		
$Mv_{i,0}$	0.098***	0.272***	0.498***	0.258***	0.136***	0.332***	
$Bigholder_{i,0}$	-0.043***	0.040***	0.037**	0.010	-0.079***	-0.140***	-0.044***

2. 基金新进入、新退出与无基金持股样本超额收益率的均值比较

基金新进入是指上一期没有基金持股而本期开始有基金买入。基金新退出是指在上一期尚有基金持股，但本期被基金全部卖出。为了较为全面地获得有关基金投资市场影响的初步证据，本研究不但考察了样本期间内 26 个季度基金持股情况及其当期影响，还在每个季度当期的基础上追踪了后续 4 个季度，并区分基金持股样本和无基金持股样本（基金持股样本量为 5 149 个，无基金持股样

本量为23 055个),对两类样本超额收益率进行了比较。表5.19列示了两类样本当期及后续4个季度股票超额收益率的差异。$Ar_{i,0}$,$Ar_{i,1}$,$Ar_{i,2}$,$Ar_{i,3}$,$Ar_{i,4}$分别表示基金持股当期及后续4期样本股票的超额收益率。基金新进入、新退出与无基金持股样本超额收益率的均值比较结果见表5.19。

首先,是对于基金新进入样本与无基金持股样本超额收益率的比较。从表5.19可以看出,基金新进入当期及之后一年,基金新进入样本超额收益率均高于无基金持股样本。其中两者差异在基金新进入当期最为突出,高达21.752%,并且在1%水平上显著。而且这种超额收益率可以延续三期,但从之后一期开始两者的差异迅速回落到5%以下。直至第四期,两类样本超额收益率的差异才不再显著。该结果充分表明了基金新进入当期给所投资股票带来较高的价格压力。

其次,对于基金新退出样本与无基金持股样本①超额收益率的比较。表5.19显示基金新退出当期其所退出股票的超额收益率大幅跌至-8.074%,相比较无基金持股样本在1%水平上显著低-7.021%,这说明基金新退出当期所带来的价格压力效应是非常明显的。由于基金的交易规模比较大,这种大规模的卖出行为会在短时间内使股票面临流动性考验,急速改变供需关系,从而导致股价的大幅下跌。基金退出后一期这些股票的超额收益率仍然为负,约为-0.187%,但这种超额收益率的下降相对于基金退出当期已大大减缓。基金退出之后的第二期及以后各期,股票的超额收益率才发生反转。

表5.19还列示了基金新退出股票和基金新进入股票超额收益率的比较结果。可以发现,基金新退出当期,其所退出股票的超额收益率在1%水平上比同期新进入股票的超额收益率显著低-28.391%。虽然从基金新进入(新退出)之后的第一期到第三期,基金新进入股票的超额收益率均显著高于基金新退出股票,但与基金新进入(新退出)当期相比,两组样本超额收益率的差异已大大缩小,该对比充分说明了基金新进入(新退出)当期所带来的巨大的价格压力。同时基金新进入股票20.317%的超额收益率和基金新退出股票-8.074%的超额收益率也表明基金买入、卖出的价格压力效应具有非对称性,这表明基金买入对股价的推动作用显然强于基金卖出对股价的抑制作用。

① 这里的无基金持股样本中已扣除当期基金新退出的股票。

表 5.19 基金新进入、新退出与无基金持股样本超额收益率均值比较

		$Ar_{i,0}$	$Ar_{i,1}$	$Ar_{i,2}$	$Ar_{i,3}$	$Ar_{i,4}$
均值	基金新进入	20.317	2.588	5.871	6.333	2.877
	无基金持股	-1.435	-0.1323	2.680	2.016	2.409
差异检验		21.752*** (21.663)	2.721*** (3.755)	3.191*** (3.752)	4.316*** (5.210)	0.467 (0.588)
均值	基金新退出	-8.074	-0.187	3.235	2.274	4.061
	无基金持股	-1.052	-0.129	2.648	2.001	2.314
差异检验		-7.021*** (-10.017)	-0.058 (-0.080)	0.587 (0.765)	0.272 (0.354)	1.746** (2.236)
均值	基金新退出	-8.074	-0.187	3.235	2.274	4.061
	基金新进入	20.317	2.588	5.871	6.333	2.877
差异检验		-28.391*** (-23.994)	-2.776*** (-2.789)	-2.635** (-2.318)	-4.058*** (-3.663)	1.183 (1.096)

注：$Ar_{i,0}$，$Ar_{i,1}$，$Ar_{i,2}$，$Ar_{i,3}$，$Ar_{i,4}$ 分别为基金持股当期及之后四期股票超额收益率。***、**、* 分别代表在 1%、5% 和 10% 水平上显著；括号中为 t 值。

3. 基金价格压力效应的回归分析

我们将通过回归考察基金不同交易行为与股票超额收益率的关系。我们设置了三个虚拟变量以区分基金首次重仓买入、完全退出、增仓及减仓四类样本，并将三个虚拟变量分别与基金持股比例（$Fundratio_{i,0}$）交乘①，产生三个交互项，以便于比较基金不同交易行为所导致的价格压力效应。回归方程构建如下：

$$\begin{aligned} Ar_{i,0} = {} & \beta_0 + \beta_1 Fundratio_{i,0} + \beta_2 Fundnum_{i,0} + \beta_3 Dummy1_{i,0} + \beta_4 Dummy2_{i,0} \\ & + \beta_5 Dummy3_{i,0} + \beta_6 Dummy1_{i,0} \times Fundratio_{i,0} + \beta_7 Dummy2_{i,0} \times Fundratio_{i,0} \\ & + \beta_8 Dummy3_{i,0} \times Fundratio_{i,0} + \beta_9 Roe_{i,0} + \beta_{10} Mv_{i,0} + \beta_{11} Turnover_{i,0} \\ & + \beta_{12} Vol_{i,0} + \beta_{13} Bigholder_{i,0} + \varepsilon_{i,0} \end{aligned} \tag{5.11}$$

其中，$Ar_{i,0}$表示股票超额收益率。$Dummy1_{i,0}$为虚拟变量，$Dummy1_{i,0}=1$，表示基金首次重仓买入；$Dummy1_{i,0}=0$，表示其他。$Dummy2_{i,0}$为虚拟变量，$Dummy2_{i,0}=1$，表示基金完全退出；$Dummy2_{i,0}=0$，表示其他。$Dummy3_{i,0}$为虚拟变量，$Dummy3_{i,0}=1$，表示基金增仓；$Dummy3_{i,0}=0$，表示其他。$Fundratio_{i,0}$表示基金持

① 对于基金新退出股票，虽然在基金全部卖出后这些股票的当期期末基金持股比例为 0，但我们依据基金上一期持股，可以计算出基金在本期的卖出比例，从而进行基金卖出的价格压力检验。

股比例。$Fundnum_{i,0}$表示持股基金家数。$Roe_{i,0}$表示净资产收益率。$Mv_{i,0}$为个股A股流通市值的自然对数。$Turnover_{i,0}$为日均换手率。$Vol_{i,0}$为震幅。$Bigholder_{i,0}$为第一大股东持股比例。i表示不同股票;0表示当期。

回归结果如表5.20所示。基金持股比例($Fundratio_{i,0}$)与超额收益率($Ar_{i,0}$)正相关,但该正相关关系在统计上并不显著。原因在于我们将基金首次重仓买入、完全退出、增仓及减仓四类样本混合在了一起,不同类样本基金持股比例与超额收益率之间的关系相互影响,导致$Fundratio_{i,0}$与$Ar_{i,0}$之间观察不到显著的关系。基金持股家数($Fundnum_{i,0}$)的回归系数为0.1585并在1%水平上显著,表明一只股票同时被多只基金关注对该股票超额收益率有显著正的影响,即持股基金家数越多,股票超额收益率越高。与基金持股比例($Fundratio_{i,0}$)类似,由于回归样本混合了基金首次重仓买入、完全退出、增仓及减仓四类样本,该回归系数只能为我们提供一个并不能反映基金不同交易行为的不同影响。

通过引入三个虚拟变量$Dummy1_{i,0}$、$Dummy2_{i,0}$和$Dummy3_{i,0}$,我们可以对四类不同样本加以区分,并观察基金不同的交易行为所导致的价格压力效应。$Dummy1_{i,0}$的回归系数为9.7181且在1%水平上显著,说明基金首次重仓买入样本的超额收益率要比其他样本显著高出9.7181%。该结果表明,基金首次重仓买入造成较大的价格压力,而该压力直接推高了这些股票的超额收益率。假设5.3a得到验证。$Dummy2_{i,0}$的回归系数为-2.9967且在1%水平上显著,表明基金从一只重仓股完全退出时所形成的价格压力比其他样本显著低2.9967%。由此可见,基金完全退出给所卖出股票带来较大的价格压力,而该压力直接降低了这些股票的超额收益率。假设5.3b得到验证。$Dummy3_{i,0}$的回归系数为7.4844且在1%水平上显著,即基金增仓样本的超额收益率比其他样本显著高出7.4844%,即基金集中购买所形成的价格压力推动股票价格上涨。假设5.4a得到验证。由此可见,基金不同的交易行为具有不同的价格压力效应,给所交易股票带来了不同的影响。

之后,综合比较基金持股比例$Fundratio_{i,0}$以及三个交互项$Dummy1_{i,0} \times Fundratio_{i,0}$,$Dummy2_{i,0} \times Fundnum_{i,0}$,$Dummy3_{i,0} \times Fundratio_{i,0}$的回归系数及显著性水平,可以比较三种交易行为的价格压力水平。集中性购买所致的价格压力效应会推高股价,集中性卖出所致的价格压力效应会降低股价。因此比较三个交互项回归系数的大小,可以看出因集中性卖出和买入所形成的价格压力效应具有非对称性,卖出效应远大于买入效应,即基金完全退出样本的价格压力系数最大为 -1.2121***,其次是基金首次重仓买入样本 0.4681***,最后是基金增仓样本 0.2161***。这一结果表明,当基金从某只重仓股完全退出时因大幅抛出所致的价格压力效应最大,其次是受到某种利好消息刺激导致基金刚刚开始大举购买某只重仓股时,因抢筹带来的溢价所致的价格压力,最后是在已经持股的状态下所作的增仓的微幅调整。

控制变量中,我们看到当期净资产收益率($Roe_{i,0}$)的回归系数为正,但不显著,表明当季股价的上涨与当季业绩并无显著关系;个股规模($Mv_{i,0}$)和日均换手率($Turnover_{i,0}$)与被解释变量显著负相关;振幅($Vol_{i,0}$)和第一大股东持股比例($Bigholder_{i,0}$)与被解释变量显著正相关。调整后的 R^2 达到 0.5642,即本模型中的变量解释了超额收益率的大部分变异。

表 5.20　价格压力效应检验

被解释变量:超额收益率($Ar_{i,0}$)	
C	53.8867*** (6.0421)
$Fundratio_{i,0}$	0.0010 (0.0496)
$Fundnum_{i,0}$	0.1585*** (0.0263)
$Dummy1_{i,0}$	9.7181*** (0.9123)
$Dummy2_{i,0}$	-2.9967*** (0.9483)
$Dummy3_{i,0}$	7.4844*** (0.8590)
$Dummy1_{i,0} \times Fundratio_{i,0}$	0.4681*** (0.1244)
$Dummy2_{i,0} \times Fundnum_{i,0}$	-1.2121*** (0.1510)
$Dummy3_{i,0} \times Fundratio_{i,0}$	0.2161*** (0.0556)

（续表）

被解释变量:超额收益率($Ar_{i,0}$)	
$Roe_{i,0}$	0.0499 (0.0608)
$Mv_{i,0}$	-3.6682*** (0.2816)
$Turnover_{i,0}$	-1.4629*** (0.1775)
$Vol_{i,0}$	0.6404*** (0.0102)
$Bigholder_{i,0}$	0.0456*** (0.0132)
Observations	6475
Adjusted R-squared	0.5642

注:本表是方程(5.11)的回归结果。***、**、* 分别代表在1%、5%和10%水平上显著;括号中为标准误。回归方程已通过多重共线性检验。

4. 稳健性检验

我们用每股收益($Eps_{i,t}$)、资产规模($Assets_{i,t}$)分别替代净资产收益率($Roe_{i,t}$)和A股流通市值($Mv_{i,t}$),将这些替代变量代入以上模型进行回归,并没有发现显著不同。

本节同时对基金增减仓样本相关变量的均值进行比较,如表5.21所示。我们发现基金增仓样本的超额收益率平均为13.511%,比减仓样本的超额收益率均值 -1.164%高出14.675%,该差异在1%水平上显著。这表明基金的增仓(减仓)对股价形成了正向(负向)价格压力。同时,与基金新进入和新退出价格压力效应类似,在增减仓方面,基金投资的价格压力效应也表现出非对称性特征。

表5.21 增减仓样本相关变量的均值比较

	样本类别	样本量	均值	均值差异
$Ar_{i,0}$	增仓样本	1975	13.511	14.675***
	减仓样本	1907	-1.164	(20.687)
$Fundratio_{i,0}$	增仓样本	1975	14.362	5.400***
	减仓样本	1907	8.962	(15.882)

（续表）

	样本类别	样本量	均值	均值差异
$Change_{i,0}$	增仓样本	1 975	4.663	9.133***
	减仓样本	1 907	-4.469	(58.228)
$Fundnum_{i,0}$	增仓样本	1 975	9.50	2.890***
	减仓样本	1 907	6.61	(5.763)
$Roe_{i,0}$	增仓样本	1 975	4.388	0.186
	减仓样本	1 907	4.202	(1.492)
$Turnover_{i,0}$	增仓样本	1 975	1.760	-0.039
	减仓样本	1 907	1.799	(-0.852)
$Vol_{i,0}$	增仓样本	1 975	43.683	5.758***
	减仓样本	1 907	37.924	(6.646)
$Mv_{i,0}$	增仓样本	1 975	21.871	0.032
	减仓样本	1 907	21.839	(0.931)
$Bigholder_{i,0}$	增仓样本	1 975	44.229	0.260
	减仓样本	1 907	43.968	(0.453)

注：***、**、*分别代表在1%、5%和10%水平上显著；括号中为 t 值。

此外，对于 $Roe_{i,0}$ 来说，基金增仓样本和减仓样本并无显著差异，这表明基金增仓的股票并没有表现出更高业绩。另外，从 $Turnover_{i,0}$、$Mv_{i,0}$ 和 $Bigholder_{i,0}$ 来看，两类样本也没有显著差异，但增仓样本的波动率显著高于减仓样本。

5.5.5 结论

已有诸多文献研究了我国基金的流动性问题，但是基金投资究竟给股市带来多大的价格压力至今尚不清楚。本节首次量化了基金的价格压力效应，并且将基金的投资行为细分为首次重仓买入、完全退出、增仓和减仓四类，用2002年第1季度至2008年第2季度共6 177只股票季度数据，研究分析了基金投资的价格压力效应，得到如下主要结论：我国基金投资带来极大的价格压力效应，基金的集中性买入或卖出直接推高或降低了股票的超额收益率，并且具有非对称性。基金完全退出时的价格压力效应最大，其价格压力系数为-1.2121，从幅度上看远高于基金首次重仓买入时的0.4681，以及已经成为基金重仓股后的增仓买入0.2161。

综上所述，本节发现基金集中性买入、卖出股票支付了巨大的价格压力溢价。由此表明,机构投资者的过分单一性并不利于我国证券市场的长远发展。本节的政策含义体现为基金一方独大的机构投资者布局使得市场流动性受到极大的限制,不利于我国证券市场的长远发展。

本节的局限性在于,受限于基金季报只披露其前十大重仓股的投资组合,笔者只能将每季度每只基金的前十大重仓股作为研究对象,虽然在基金半年报及年报会披露其全部股票的投资组合,但由于基金第 1 季度、第 3 季度公告中只披露前十大重仓股,因此如果要连续计算基金持股比例只能选取前十大重仓股,但由此会带来一个问题,即研究者无法了解某只股票在成为基金重仓股之前或退出基金重仓股之后基金的持股比例。另外一个问题,由于基金只披露前十大重仓股,因此当该只股票处于第十名重仓股的边缘位置时,可能会出现“被进入”或“被退出”的问题,即由于其他股票的持股变化,而使该只股票被进入或退出重仓股。这一问题在当前的信息披露制度下无法回避,而且类似问题在国外的研究中也无法避免。由于这类样本毕竟只是极少数,因此并不影响本节研究方法的适用性。而本节之所以选择基金重仓股进行研究,是因为基金重仓股充分反映了基金的投资思路与投资理念,而如果选择全部被基金持有的股票,许多股票因基金持有比例过低而失去研究意义。当然,后续研究可以通过向金融机构定向收集部分高频数据再予以深入验证。

第六节　研究结论

在我国基金市场,基金投资有以下两个突出的特点:第一,基金投资同质性。由于基金的投资理念趋同,投资风格模糊,当基金公司用相似的指标通过一种工业化的流程去选择股票,结果必然趋于一致,而这种相似性反过来又加剧了基金间搏杀的难度。第二,在目前我国市场结构中,机构投资者的发展极不均衡,基金一方独大,市场中缺乏足以与其博弈的市场力量,市场的博弈实质上变成了基金与中小散户的博弈。在公司治理结构中,一股独大容易造成大股东权力缺乏制衡;在市场博弈中,基金一方独大并不是市场的最优选择,反而容易造成市场的涨跌失衡。那么,基金的投资行为带给证券市场哪些影响?本章予以了研究。

本章对2001—2006年所有封闭式、开放式基金每季度公布的前十大重仓股进行实证研究,考察了基金在市场暴涨暴跌的交易日中的投资取向。实证研究发现,在大涨的交易日基金在借机出货,而在大跌的交易日基金又在奋力护盘,基金采用了负反馈的交易策略与股指逆势而为,套利行为显著。由此可见,在市场涨跌幅巨大的交易日,我国基金的表现与美国共同基金的表现大相径庭,表面看不是推波助澜,而是降低了股市的波动性,但从长期趋势看加剧了市场萧条期的持续下跌与繁荣期的不断攀升,强化了市场的动量效应。由于在股票市场交易中,并不存在一个具有帕雷托效率的均衡点,而是在某一区域的任何一点都能达到供需均衡,因此价格的高低在很大程度上取决于交易双方对未来价格的预期,而且这种预期具有"自我维持"和"自我实现"的特点。当市场处于反转突破时,如果每一次的底部突破都成为基金拉高出货的绝佳时机,久而久之,这种投资行为就会对投资者产生一种向下的价格预期,股价的均衡点就会逐步下移。这就出现了目前我国股市的状况:基金的规模越来越大,股市的指数却越来越低。当然造成股指下跌的原因是多方面的,但是由于市场结构的不合理性而导致的市场下跌是重要原因之一。

另外,本书以大样本的实证研究纠正了人们认知上的一个误区,发现我国基金并不完全是一个投机者,其投资行为中包含了对价值的追求,表现在两个方面:一是从投资动机看基金在追求价值,二是从投资结果看基金的交易行为提高了市场定价效率。实际上,这一结论和现实也是极为吻合的,是现有制度设计下基金投资的必然产物,原因如下:第一,我国监管层单边、优先发展基金的战略造成基金一方独大,截至2011年年末,基金持股市值占所有机构投资者持股市值的七成以上①,基金只能以中小散户为博弈对手进行套利,中小散户成为市场流动性的提供者,在很大程度上加剧了基金投资的流动性风险。第二,出于流动性的考虑,基金必须格外关注股票的价值。随着基金的成长与发展,基金所崇尚的"国际化视野下的市场化评估体系"取代了沿用多年的"题材、概念、资金优势"等传统炒作手法,价值和成长成为市场重要的投资依据。由于我国基金的投资理念趋同,投资风格雷同,伴随基金业整体规模的快速增长,而优质股票的数量有限,因此少数优质股票成为多数基金的共同诉求,从而使基金持股高度集中,

① 数据来源:WIND数据库。

一旦市场受到外部信息冲击,势必增加了基金间搏杀的难度,许多机构投资者将在同一时间卖出相同股票,卖出压力将超过市场所能提供的流动性,导致股价的大幅下跌,因此从流动性出发,基金必然注重对价值股的挖掘,以该股票成长性的故事博得市场的认同,从而利用中小散户提供的流动性在相当长的时间内分期分批出货,避免因流动性过低而深陷其中。第三,基金作为知情交易者,具备信息优势和人才优势,在现实中我们经常看到基金经理不断通过市场调研或购买投资报告的方式寻找未来具有利润增长点的公司,而且证券公司作为经纪商为了吸揽基金这个大客户争相向其提交内部优质投资报告,这些行为在很大程度上促成了基金对于价值股的发现。第四,与美国共同基金相比,我国基金更具备条件追求股票的中期价值。中美两国基金的组织架构不同,我国基金是一种信托契约型组织,而美国共同基金是公司制建构。对于契约型基金,基金本身并不是一个独立的实体,没有相应的组织体系,基金发行人和管理人合二为一;对于公司型基金,发行人是投资公司,投资者以股东的身份出现,由投资公司筛选基金管理人,并对基金管理人的经营管理予以制约监督。因此,在契约型基金中,管理人的权限比较大,基金的投资决策基本由管理人做主。虽然对于两种基金而言,从制度设计上都是基金规模越大收取的基金管理费越多,基金经理有强烈的动机追求业绩,但二者的不同在于公司型基金的管理人在被选中之后并不是一劳永逸地坐稳这个位置,而是随时面临被替代的风险,这导致管理人追求短期业绩增长,因此其短期投机性更强;但契约型基金的管理人和发行人合二为一,管理人没有被更换的风险,因此其所承受的短期业绩压力远远小于前者,在客观上反倒有利于基金管理人对中期业绩的追求。

综上所述,本节发现我国基金投资对证券市场带来的负面影响不是以往所认为的过度投机问题,证明了基金的投资恰恰在追求价值,那么基金投资既然促进了市场的理性投资,是否也促进了市场稳定呢?中国股市自 2005 年开始如同坐过山车般从上证综指接近 1 000 点迅速上涨至 6 124 点,再从 6 124 点迅速下跌至 2012 年 11 月末的 1 980 点的事实证明,整个市场的估值体系非常脆弱,泡沫极易形成又极易破灭,股指波动远远高于成熟市场。Morck, Yeung 和 Yu (2000)提出了股价运动同步性(Synchronicity)的问题,同步性即在某一时间内绝大多数股票价格同时上涨或者同时下跌,也就是在中国市场经常看到的“齐涨共跌”现象,在世界 40 个主要经济体中,中国股票市场价格波动的同步性仅次于波兰,位居第二。虽然股指的波动来自市场宏观层面、微观层面等多重因素,但是如果从投资者结构出发,我们可以看到,机构投资者布局的不合理加剧了股指的波动。我国基金在机构投资者中的占比接近八成,一味发展证券投资基金所带来的后果是基金缺乏机构博弈对象,只能以中小散户为套利对象,而基金的资金实力、研发实力及信息优势使基金扮演了市场"风向标"的角色,基金的投资策略会引发"羊群效应"使众多中小散户闻风而动,这在很大程度上会加剧市场的动量效应,造成股市的震荡(姚颐、刘志远,2008;蔡庆丰、宋有勇,2010)。

而在美国证券市场中机构投资者主要由"三驾马车"构成,其 2009 年年末持股占美国股票市场的市值分别为:退休金 18%、共同基金 20%、保险公司 7%。三方势力均衡、相互制衡成为稳定股市的核心力量。在这三大主力中,共同基金经理由于受到短期业绩考核的压力,股票的换手率非常高(Chaganti et al.,1993),基金经理持股周期较短一般不会对股票进行长期投资,而且持股结构多变,投资视野短,注重短期收益(Brancato,1995),较其他机构投资者更多地采用动量交易策略(Jones et al.,1997),而且是纯粹的财务利益追求者。而美国的退休金(Pension)是股票市场中最大且最为长期稳健的机构投资者,其投机性远低于共同基金,比如美国的 CalPERS,是世界上最大的机构投资者(Zorn,1996),由于退休金经理对基金未来的资金流出(支付养老金)有明确的时间预期,这就保证了他们可以进行长期投资(Brown,1998;Monks 和 Minow,1996),因此公共退休金计划的股票换手率和股票持有期要长于其他机构投资者(Brancato,1995),已经发现许多公共退休金计划经理除了追求财务收益外,还同时追求社会业绩(Johnson 和 Greening,1999;Romano,1993)。而第三类机构投资者——保险公司,目前的持股比例要小于养老金和共同基金,但是它们的股票持有量增长很快(美国寿险委员会报告 ACLI,1999)。美国保险公司的规模差异很大,由于保险公司多将债券和抵押品作为长期投资,因此相对来讲对股票的投资就是一种短期投资,其股票换手率明显高于退休金(Eng,1999),持股比例相对较低。由此可见,依靠某一种单一类型的机构投资者是不能实现市场均衡的,即便它是价值投资者(比如美国的退休金),只有当机构投资者布局多元化,长短期目标的投资者都存在,投资类型、投资风格迥异时,才有利于实现整个市场的均衡和稳定。

总结起来,可以发现我国证券投资基金与美国共同基金相比在投资行为上有很大不同,我国基金从诞生到发展是一种自上而下的强制性而非诱致性制度变迁,基金的运作受到政府的干预,基金既不是独立运作的市场主体,又不是政府主导下的平准基金,它是二者的混合体。在这种双重目标下,基金所发挥的功能已经发生变异。但是,我们需要澄清一个重要问题"发展基金的目的是什么?",基金生存和兴旺的目的是为了实现资本市场整体的功能,提高资本市场的效率(Merton 和 Bodie,1993,1995)。基金只是一种市场中介,对其过度附加的政府职责,是基金不能承受之重。对基金的监管应以实现金融体系的功能为主导,而不是通过基金实现政府对市场的调控以达到"自利性"监管为目标。因此,多元化发展机构投资者,改变目前失衡的生态结构已成为当务之急。目前我国社会保障基金、保险资金入市的比例还相当小,应逐步提高社保基金、企业补充养老基金、商业保险资金等长期入市资金的比例。其意义绝不仅仅限于以新增资金带动股市走出谷底,而是完善市场结构,使机构投资者的布局合理,形成市场的长期均衡发展。

第六章　基金的公司治理功能研究

第一节　机构投资者的股东积极主义

6.1.1　股东积极主义的概况

在20世纪大部分的时间里，美国资本主义体现为所有权和控制权的分离，依赖于不拥有股份而拥有控制权的经理人去保护股东们的投资，这样的股东被称为冷漠的股东（Berle和Means，1968；Dodd，1932）。但是在近二十年中，作为职业投资者的退休金和共同基金的扩张对投资者来说是一个安慰，因为通过机构的集中持股和积极参与公司治理使投资者的所有权得以伸张（Brown，1998）。这些积极主义表现在：行使投票权反对管理层的议案，由股东提出更多的议案，与管理层经常接触沟通。通过这些行为可以影响公司的战略导向和业绩，并对公司治理产生影响。

事实上，股东积极主义的核心在于随着共同基金等机构投资者持股数量的急剧上升，机构的投票权发挥重要作用，成为制衡公司大股东及内部控制人的有力力量。

6.1.1.1　股东积极主义兴起的背景

1. 法规限制

在美国人的头脑中有一种根深蒂固的权力分散的思想，这种思想同样体现在股权结构中，英美国家公司的股权结构较其他国家来讲是较为分散的。随着机构投资者规模的不断增大，机构投资已经成为美国人的“大股东”，这种局面令美国人恐惧，曾经出台了一系列措施限制机构投资者对公司经营管理的干预并限制股东之间的联系，这些法规限制曾是美国机构投资者采取消极股东主义的重要原因(Berkowitz et al. ,1988)。但是随着经济形式的变化,美国逐渐放松了对金融市场和金融机构的监管,这也促使机构投资者参与公司治理的态度发生重大变化。1992 年,美国证券交易委员会直接规定强化机构股东的作用,允许所有者就公司治理结构提出有约束力或建设性的措施,并且放松了委托代理制度中有关股东联系披露的法律限制,允许股票持有者之间直接联系,这大大降低和减轻了机构投资者参与公司治理的成本和法律责任。针对机构投资者行为短期化的特点,美国参议院 1989 年通过了《过度流动与投机法案》,指出"生产和创新需要长期支持",坚决要求机构投资者改变短期心态。政府还积极推动养老金参与公司治理,进行"负责任的投资"。随着机构投资者规模的不断扩大,机构投资者也被赋予了一种社会责任,它成为股东积极主义的推动者,尤其是退休金,在公司治理中扮演着越来越重要的角色。

2. 降低交易成本的需求

除了法规限制外,机构投资者自身也经历着由"华尔街准则"(Useem, 1993; Monks 和 Minow, 1995)到股东积极主义的演变过程。直到 20 世纪 80 年代中期,机构投资者都在公司治理中遵循着"华尔街准则",那就是或者投票参与公司管理,或者卖掉所持股票走人。1950 年机构持有纽约证券交易所所有股份的 12%(Taylor,1990),但是到 20 世纪下半叶在美国主要上市公司机构持股比例快速增长,1992 年机构已持有 8.3 万亿美元的公司资产,占全部发行股票的 47% (Brancato,1995);1997 年年末美国股票市场 55% 的市值掌握在机构投资者手中,机构投资者已经成为美国上市公司尤其是大公司普通股的最大持有者。机构投资者的这种扩张很大程度上来自于退休金(Pension Funds)和共同基金的增长。当机构的规模和平均持股集中度上升以后,机构的巨量持股导致机构在巨量卖出股票时流动性大幅降低而大大提升交易成本。此时机构要承担大量交易损失。在这种进退维谷的情况下,机构更可能转而运用它们不断增长的投票权去影响或是改变公司的管理,而不再是简单地卖出股票。

机构投资者在公司治理方面发挥着越来越重要的作用,许多 CEO 被迫改变其公司战略,比如 Compaq、American Express、IBM 等的 CEO 被迫辞职(Fortune, 1993)。在这些改变公司发展方向或是更换领导者的案例中机构投资者扮演了至关重要的角色(Melcher,1993)。

在亚洲国家中,股东积极主义也正在兴起。在 20 世纪 90 年代末韩国兴起股东积极主义时，由韩国大学姜河松教授发起的 PEC 组织在强化弱小股东利益方面的实践取得的成就令人惊叹：该组织主要通过法律及舆论手段对企业施加影响以改变其不适当的管理政策，它们率领一小群激进股东迫使企业改进公司治理，它们的努力使韩国 SK 电信以及三星电子等首次指派外部人士进入公司董事会，并掀起了对包括现代重工、LG 半导体、大宇汽车等企业的治理监督运动。

6.1.1.2　股东积极主义的方式

国际上从 20 世纪 90 年代开始兴起股东积极主义风潮。美国机构投资者主要在以下两个方面形成股东积极主义：一是与行业相关的公司治理，探寻适应于所属行业的最佳公司治理行为；二是一般性公司治理，主要涉及股东、董事、经理层关系和关联交易、信息披露等。具体包括以下几种方式：

（1）投票否决权。随着机构投资者持股数量的增加，机构更可能转而运用它们不断增长的投票权去影响或是改变公司治理，行使投票权反对管理层的议案。

（2）股东提案。80 年代以后，由公共养老基金联袂提出的股东议案占到大多数，并受到广泛的支持。股东提案已经成为与公司管理者协商的有效手段，也对其他的治理机制起到很好的补充作用。

（3）私下协商。90 年代，随着机构投资者实力的壮大，机构投资者往往在议案正式提交之前就已经和公司管理层达成一致，免却了提交及上会的过程，节约了成本。

（4）代理投票权争夺。争夺代理投票权是机构投资者采取积极措施应对公司管理层的行为，目的是对其决策直接约束，使公司管理层的决策更符合股东的利益和要求。当股东的持股集中度高到能够借助它征集到足够多的票数时，就能对投票结果发挥决定性的影响。

（5）公开批评业绩差的公司。被机构投资者公开批评其公司治理的公司，往往因承受不住压力而被迫改善公司经营状况。早在 1987 年，CalPERS 就已经在《华尔街日报》等媒体上定期公布目标公司“黑名单”，向目标公司管理层施加压力，并且每年出版一本业绩不佳的公司目录，旨在促使公司提出公司治理方案。

综上所述可以发现，投票权是机构投资者参与公司治理、对公司大股东及内部控制人形成制衡的根本原因。1998 年，La Porta，Lopez-de-Silanes，Shleifer 和 Vishny（以下简称 LLSV）发表了《法和金融》（*Law and Finance*）这篇奠基性文献，他们研究了股东保护的问题,提出对股东的保护程度体现在法律规定的股东权和执法效率上,股东权的大小决定了股东保护的水平。股东权有很多衡量标准,比较成熟的是 LLSV 发展起来的一套指标[①]——股东权指数和执法效率指数(称为 LLSV 指标),他们研究发现普通法系的国家比大陆法系的国家在投资者保护方面做得更好。

在本章中,将分析我国机构投资者运用投票权对大股东和内部控制人的制衡。

6.1.2 不同类型机构投资者的股东积极主义

在 Sherman et al.(1998)的研究结论中认为如果公司的战略发展需要"耐心"的资本,那么最好寻找退休金,因为它们愿意为长期收益而投资并等待。在论文中,作者对四类机构投资者进行分类:退休金(又分为公共退休金计划和私人退休金计划)、共同基金、保险公司、银行信托。由于它们的运作机制不同所表现出的目标收益也不同,因此公司的发展战略需要考虑和不同的投资者类型相匹配。

1. 公共退休金计划

一些公共退休金计划,比如 CalPERS,是世界上最大的机构投资者(Zorn,

---

① LLSV 指标的股东权指数主要包括八个指标:

第一,投票权。一国公司法或商法要求普通股每股有一份投票权则该指标为 1,否则为 0;禁止存在多投票权或无投票权的股票或者禁止限制单一股东的最大投票权为 1,否则为 0。

第二,通信投票权。允许股东将其对公司事务的投票邮寄给公司为 1,否则为 0。

第三,无障碍出售权。法律禁止公司要求股东在股东大会前若干天不能出售其所持股票为 1,否则为 0。

第四,累计投票权或比例投票权。法律允许股东将其所有投票权给予某一个董事候选人或少数股东可以提名等比例的董事进入董事会为 1,否则为 0。

第五,受压少数股东机制。少数股东有权挑战董事会或股东大会的决定,拥有在反对某些重大决策时可以要求公司收购其股票的权利为 1,否则为 0。这里的少数股东指持股 10% 以下的股东。

第六,优先权。法律赋予股东优先购买新发股份的权利,这种权利只能经由股东投票加以限制。拥有此权利为 1,否则为 0。

第七,召开特别股东大会的权利。提议召开特别股东大会的最低股份比例要求,该比例一般介于 1%—33%,10% 以下可得 1 分。

第八,对抗董事权。将上述第 2—7 项权利归结为对抗董事权,是衡量少数股东对管理层和控股股东有多大反抗权利的指标。该项权利得分为 0—6 分。

1996),平均来讲公共退休金计划是所有机构投资者中持有股票量最大的机构。由于这些退休金机构的经理对基金未来的资金流出(支付养老金)有明确的时间预期,这就保证了它们可以进行长期投资(Brown,1998;Monks 和 Minow,1996)。公共退休金计划的股票换手率和股票持有期要长于其他机构投资者(Brancato,1995)。已经发现许多公共退休金计划经理除了追求财务收益外,还追求社会业绩(Johnson 和 Greening,1999;Romano,1993)。整体来说,公共退休金计划将 60% 的资产投资于股票(U. S. Census Bureau,2000)。虽然美国最大的四家养老金中有三家将投资管理权外包,但是它们都无一例外地持有投票权。

公共退休金计划是所有机构投资者中最为活跃的股东积极主义者。它们规模巨大,具有长期投资视野及混合业绩预期,拥有较高的股票投资比例;相对来说监管自由,与所投资公司间不存在其他业务关系,拥有投票权。它们经常对所投资公司的 CEO 施压以促进其完善公司治理、提高公司业绩。它们甚至反对公司管理的行动(Useem,1993),包括那些影响治理结构、总经理续任和总经理报酬等方面的改革(Monks 和 Minow, 1995)。

2. 私人退休金计划

私人退休金计划通常是小到中等规模(退休金和投资报告,2000),由于未来支付的可预测性和资金的长期使用特征,因此可以从事长期投资。私人退休金计划平均将 38% 的资产投资在股票,也有一些退休金委托共同基金或保险公司进行股票投资(U. S. Census Bureau,2000),另外因为私人退休金经理认为积极型投资可以取得更好的收益,因此他们比指数型的公共退休金经理的投资更为积极(Brancato,1995)。私人退休金计划通常是内部和外部基金管理的混合体,但他们对公司治理的参与不如公共退休金计划,通常将投票权委托给相应投资机构。私人退休金计划的长期投资视野是奉行股东积极主义的唯一理由,但是由于它们追求纯粹的财务业绩,因此私人退休金计划一般是股东积极主义的温和执行者。

3. 共同基金

共同基金与退休金计划非常不同,在共同基金中规模大小差异巨大,既有 1 040 亿美元的 Vanguard 500 指数基金和 1 000 亿美元的 Fidelity Magellan 基金(ICI,1998),也有规模非常小的共同基金。出于流动性考虑,共同基金较其他机构更多地采用动量交易策略(Jones et al. ,1997),而且投资视野更短(Brancato,

1995)。具有社会责任的共同基金只是少数基金(Davis 和 Trent,1993),大部分共同基金是纯粹的财务利益追求者。Ryan 和 Schneider(2002)认为考虑到共同基金的短期投资视野,因此它们倾向于低层次的股东积极主义,但是又可能是股东积极主义的支持者,这来自两方面的权衡,因为共同基金的资产配置中股票投资比例较高,与所投资公司间不存在其他业务关系,可以保持独立性,这促使它们成为股东积极主义者。不可忽视的是,共同基金经理由于受到投资者赎回压力的牵制,而且共同基金的业绩是以季度为考核期,导致股票的换手率非常高(Chaganti et al.,1993),因此基金经理不会对股票进行长期投资。以往的证据表明,共同基金经理对业绩不好的公司多数是通过卖出股票而非发出积极主义者的声音表达不满(Davis 和 Thompson,1994;Hirschman,1970)。然而一些共同基金的经理已经在参与公司治理,比如审查公司的议案,支持股东积极主义者,偶尔也和公司管理层进行沟通。所以,共同基金是较为特殊、兼具复杂性的投资主体,因此权衡后认为共同基金是中等程度的股东积极主义者。

4. 保险公司

保险公司目前的持股比例要小于养老金和共同基金。但是它们的股票持有量增长很快(美国寿险委员会报告 ACLI,1999)。美国保险公司的规模差异很大,由于保险公司多将债券和抵押品作为长期投资,因此相对来讲对股票的投资就是一种短期视野,其股票换手率明显高于退休金(Eng,1999)。保险公司没有对股东积极主义表现出兴趣,因为很多保险公司和上市公司之间还存在另外一种关系,即保险客户关系。由于保险公司不需报告它们在行使代理权时的投票情况(Monks 和 Minow,1995),这就允许它们在投票时与上市公司管理层保持一致,即使客户的权益受到损害。Brickley et al.(1988)发现即便这种修订损害了公司的长期价值,保险公司和银行仍会支持公司的反收购议案,而退休金和共同基金的态度则是反对。在 Ryan 和 Schneider(2002)的模型中认为,虽然保险公司规模适中,但是所表现出的短期的投资视野、纯粹的财务业绩追求者、持股比例较低[①]、与所投资公司间可能存在其他的业务关系,导致保险公司是一种低度的股东积极主义者,Gillan 和 Starks(2000)的研究也支持了这一点。

---

① 在美国保险公司的股票投资比例不能超过总资产的10%(Fabozzi,1995),虽然寿险公司通过投资机制的运用,已将这一比例提高到总资产的26.2%(ACLI,1999)。

5. 银行

银行在机构投资者的持股中比例较小,就像保险公司一样。银行持股的信息披露是受到限制的,因为它们的股票投资是限定在信托职能范围的(Kidwell et al.,1993),整体资金规模较小。从股票换手率上看,也是采取了短期投资策略,仅次于共同基金(Eng,1999)。在各种财务机构中,银行是著名的保守主义者,由此形成只关心财务业绩的风格(Del Guercio,1996),而且它们与上市公司存在其他业务关系。

无论银行信托投资业绩如何,都会向客户收取服务费,这就解释了为什么银行信托在股票投资中的业绩较差。由于银行可能会在现在或将来与所持有股票公司发生业务关系,因此它们最容易支持上市公司管理层的决策。Black(1992)发现银行甚至会投票支持上市公司最高层的决策,即使这种决策的后果是减少公司的市场价值。银行信托规模较小、投资视野短期、追求财务预期、与所投资公司间是压力敏感型的投资关系,这些都趋向于认为银行是低度的股东积极主义者。

6.1.3 机构投资者股东积极主义的文献回顾

Boyd 和 Smith(1992)认为信息获取和交易监督上的比较优势使金融中介得以形成。机构投资者参与公司治理可以保持外部独立性,既解决了小股东治理激励不足的问题,又可以制衡大股东内部控制的缺陷。个人投资者对公司治理的作用仅限于"用脚投票",机构投资者的规模优势以及养老金对长期投资的需求,使机构投资者更有可能参与公司治理。Smith(1996)的研究表明理智的机构投资者会依据成本—收益原则判断是否采取积极主义。

Dziobek 和 Garrett(1998)也从金融中介的角度指出:充分权衡委托代理的冲突,最好假设银行最大化其自身利益,而不是假设拥有信息优势的银行会用它去最大化公司股东的权益。这实际是对中介通过监督企业有利于完善治理结构服务于投资者的论断提出质疑。Drucker(1991)认为,机构投资者主要是作为强有力的外部投资者存在以确保公司治理机制的有效性。机构投资者仅仅作为公司治理机制的监督者,在涉及公司重大经营决策时,或是当公司治理机制出现问题时,机构投资者才应当加强干预,干预治理的出发点是为了保护自身的利益,改善公司效率不足的局面,而不是代替公司原有的治理结构。

国外的一些实践研究证明,机构投资者积极参与对公司治理的监督,其价值是显著的(包括股价上升和财务绩效的提高)。例如,Wahal 在 1985 年对 43 家公司进行调研,发现机构投资者通过与管理层谈判改进公司组织结构并确实与股价的上升相联系。Stickland et al. 在 1996 年的报告中指出由美国股东联合协会(United Share holders Associtìon)参与治理下的目标公司的股票回报也相应增加。Diane Del Guemui 等人在 1999 年对大型公共年金基金的股东积极主义进行研究后发现:第一,在机构投资者提出股东议案后,公司有明显的变化,例如资产出售和重组。第二,股东提议对其他治理机制有补充作用,特别是,被 CalPERS 列为目标或收到反收购提议的公司更可能经历控制权的变化。作为积极股东参与公司治理,Useem(1996)认为机构投资者参与体现在如下活动:对外部投资者的保护、信息披露的真实准确、高层管理的组织安排与薪酬开支、聘用与辞退,以及公司的长远发展规划。Stephen Graeme Bowden(2000)认为机构治理可以替代更为严格的公司内部治理,大机构优于小机构,而互助基金最有可能参与公司治理。

那么机构投资是否会逐步影响上市公司,从而改变它们的长期或是短期发展战略?这方面的实证研究结论是多样的。从企业战略出发,诸多文献研究了机构投资者对公司多元化经营(Hill 和 Hansen,1991;Hoskisson,Johnson 和 Moesel, 1994)、研发支出(Baysinger et al.,1991;Graves, 1988;Hansen 和 Hill, 1991)、资本结构(Chaganti et al.,1993)的影响。一部分学者认为机构投资者反而促使公司奉行了短期战略,比如 Graves (1988)以计算机类公司为样本发现机构持股和所持有公司的研发支出负相关,Graves 和 Waddock (1994)发现机构持股和公司行为的社会责任也是负相关。从公司治理的角度看,机构投资者的影响不断增加,通过对总经理施压而促进了短期行为的发生。Hansen 和 Hill (1991)的研究发现由于机构投资者中基金经理是以季度为考核期,因此它们多具有短期行为导向特征,而且许多 CEO 抱怨机构投资者为了追求短期利润给公司总经理带来的压力 (Nussbaum 和 Dobrzynski,1987)。

但是还有其他许多研究发现,如果以战略变量作为长期发展的代理变量,那么它与机构持股之间存在正相关,比如 Jarrell,Lehn and Marr (1985) 和 Baysinger et al. (1991)发现了机构持股与 R&D 正相关。其他的一些研究表明当公司总经理所制定的反收购防御战略不利于公司长期业绩时，机构投资者会进行反对(Brickley et al. ,1988;Norton,1991)，而且许多持股比例在2%以上的大股东反对公司的产品多元化(Hoskisson, Johnson 和 Moesel, 1994)。Sherman et al.(1998)研究发现，退休金对公司的投资具有长期战略性，体现在资本支出和R&D支出方面的正相关，但是共同基金却和公司的广告支出与资本支出呈负相关。1991年，来自股东代表和公司管理者代表组成的有关公司治理的工作组撰写了“所有者和董事的新约定”，该文中提到在知识型股东和公司管理层之间的一种新关系正在形成。在《商业周刊》的封面文章“投资者关系”(Melcher 和 Oster, 1993)一文中，提到机构投资者的存在将使公司的资本更具有“耐性”(忽略短期收益而注重长期利益)，而且会促进公司的管理趋向于对长期战略的追求。

另外，在股利政策方面也发现了机构投资者的作用。以往对送股和股利的研究大都是从信号理论、理想交易范围假说、流动性、纳税时间、现金替代和留存收益角度进行的分析(Baker,Phillips 和 Powell,1995)，但是近年来随着机构投资者势力的强大，它们在选择董事会成员、决定公司的发展政策及战略方面发挥出越来越大的影响力。Mason 和 Shelor(1998)从机构偏好的角度研究了送股问题，如果机构投资者持有大量股票，那么它们就可以控制董事人选，也就因此控制了公司的送股行为。作者的结论发现机构持股与随后的公司送股行为之间存在显著的正相关，而且在研究中发现了公司规模效应，即机构偏好大公司。对这些结论有两种解释，或是机构的持有鼓励了送股行为的产生，或是机构恰巧选择了即将送股的公司，而后者的解释力度显然不如前者，机构利用送股分拆获得了短期或长期收益。

6.1.4 基金参与公司治理的文献回顾

1. 机构治理与公司治理风险

传统财务管理学研究证券定价，是从风险与收益的角度，将公司价值设定为该证券的未来现金流的折现值。1998年LLSV发表了著名论文《法和金融》，开创了“法和金融学”的研究。他们的研究发现，问题并非如此简单，现金流的获得是与附着于证券上的相应权利相关联的。这些权利能否得到保证和有效地行使，会影响证券的完整性，从而影响到它的价格。在这里，LLSV的思想已经明确述及公司治理对公司价值的影响。另一方面，根据麦肯锡公司的全球投资者观点调查，投资者愿意为公司治理支付溢价，公司治理水平已经影响到估值问题，美国投资者愿意为公司治理水平多支付的溢价为18%。我国学者白重恩等人(2005)的实证研究发现，我国的投资者同样愿意为良好的公司治理水平付出一个相当可观的溢价。最后，从股权结构看，随着机构投资者持股比例的增加，会显著地影响到公司治理结构。

2. 机构投资者参与公司治理的相关研究

机构投资者提出议案是参与公司治理的重要途径。实证表明，机构投资者的提案会给公司管理层带来很大的压力。机构投资者通常会就提案提前与管理层进行电话沟通或是进行谈判，对于机构投资者的意见管理层是非常重视的，机构投资者的提案有80%会在股东大会召开之前就已经与管理层达成一致并撤回，只有20%左右的提案会提交股东大会审议并最终难以获得通过。Bizjak 和 Marquette (1998)的研究发现来自机构投资者的压力对涉及公司反收购的“毒丸计划”有显著影响，导致“毒丸计划”被废除、重新制定或是经过股东投票表决。Del Guercio 和 Hawkins (1998)指出被主流退休金持有的公司，在机构持有后的三年间该公司的治理问题明显受到机构投资者的关注。另外，Pound(1992)提出机构投资者发出的股东提案取代了公司接管。与这种见解相对立的是 Black (1992)质疑机构投资者自身的代理问题，Wohlstetter (1993) 质疑机构投资者的企业治理能力问题。Bricldey(1987,1994)发现，不同的机构投资者对公司管理层的影响是不同的，一般的机构投资者对可能损害股东利益的议案反对最为强烈；另外，涉及 CEO 薪酬、董事股权等，机构投资者可以对管理层施加较大的压力。

除了用“手”投票之外，用“脚”投票同样表明了机构投资者对上市公司不满的态度，是另一种方式的治理路径，而且具有市场效力。Parrino, Sias 和 Starks (2003)对机构投资者用“脚”投票迫使上市公司 CEO 更迭的情况进行了研究，实证表明当机构投资者对上市公司 CEO 不满时会降低持股比例，随之 CEO 被外部人员替换的可能性加大，并且当外部人员被任命为新 CEO 的信息公布后，市场反应是积极的。Wermers(1999)，Nofsinger 和 Sias(1999)，Jones 等(1999)，Wermers(2000)，Sias 等(2001)的研究表明机构投资者比个人投资者更具有信息优势，因此当机构卖出股票时，对股票价格构成压力，并对该只股票发出坏的信号。

3. 机构投资者持股与公司价值

Bensten 和 Smith (1976), Leland 和 Pyle (1977), Grossman 和 Hart (1980), Nestor(1999), Berglof (1999), Kaplan 和 Stromberg(2001), Gillian 和 Starks (2001)对机构投资者在公司治理中的作用进行了深入研究,发现机构投资者持股与公司业绩正相关。其他一些相关的证据如 Chaganti 等(1995)用资产回报率来衡量公司业绩,结论是机构持股与公司业绩存在显著的相关性。机构投资者通过大量持股,逐渐开始参与公司治理和战略管理,并对业绩产生积极影响。McConnell 等(1994)的实证研究发现托宾 Q 值与机构投资者持股正相关。Pound (1991)和 Black (1992)指出机构投资者因为持有巨额股份而有动机成为上市公司的外部监督者,从而增加上市公司的价值,这种结论的隐含假设是机构投资者和其他股东的目标价值函数一致。

但也有相当的学者并不支持机构持股能够影响公司业绩的观点。Black (1992)认为,机构投资者是否增加上市公司的价值与其动机密切相关,那么以机构投资者监督上市公司,实质就是"以代理人监督代理人",此时如果机构投资者(如公共养老金)受到强烈政治利益的驱使(如关注失业率、社会问题),那么机构投资者和小股东则具有不同的目标函数,也就不能成为有效监督的外部股东(Wahal,1996;Gillan 和 Starks,2000; Woidtke,2002)。Elkins (1990), Daily 等(1995)进一步指出机构投资者仅仅持股,以及仅作出参与者的姿态对公司业绩没有任何意义,每年公布的股东建议书数目与公司业绩没有相关关系。Holderness (2001)发现机构投资者持股集中度与企业经营业绩之间并无显著的相关性存在。

Charkham(1990)认为许多机构投资者把股票看做一件"商品",除具备高流动性外不具备任何内在价值,机构投资者的投资行为本质上是一种短期的交易行为。Hutton(1995)认为,养老基金和保险公司是经典的"缺席房东"(Absentee Landlord),他们施加影响但并不将此作为一种责任:他们向公司提出要求,但并不认识到他们作为股东的义务。当然责任并不一定在机构投资者。Hutton (1995)指出,即使机构投资者觉得负有股东的义务,但这些义务究竟是什么,在公司法下并没有明确的界定,这也妨碍了他们积极主动地履行股东的义务。

在后面的研究中,本书将从投票权角度展开研究,分析随着我国基金的壮大,基金逐步发展成为流通股的大股东,基金的投票权价值显著提升,那么基金持股是否会加强对投资者的保护？基金对大股东以及内部控制人是否具有公司治理功能？对上市公司是否能够产生外部制约作用？

第二节 再融资决策的投票权检验

6.2.1 再融资决策投票权的研究背景

我国上市公司股权高度集中，一股一票的表决权在使大股东意志上升为公司意志的同时，却使得小股东的意志对公司决策变得毫无意义，股东大会流于形式，从而出现小股东意志与其财产权益相分离的状态。由于大股东的控制权远高于其现金流权，具备超额控制能力，极大地方便了大股东通过掠夺小股东利益的方式获取控制权私人收益，造成了证券市场股东之间的显失公平。而证券市场与其他市场的根本差异在于，证券市场从其诞生开始就是一个靠信用和信心维系市场运行的市场，市场信用和信心来自于人们对该市场的公平竞争机会、公平竞争环境、公平竞争制度的信任，如果公平交易的基础不存在，那么这个市场就难以得到健康蓬勃发展。

据本书统计，1997—2005 年我国上市公司共召开了 14 163 次股东大会，其中出现议案否决的只有 174 次，否决率仅为 1.2%，主要集中于增补董事监事、再融资、并购、利润分配等事项。由于股权缺乏制衡，大股东为所欲为，导致其在合法的外衣下屡屡侵占小股东利益，如恶意圈钱、资金占用、转移资产等。而发达国家为了抵制股权过分集中而导致中小投资者失语，设定了累积投票制[①]，我国虽然也在 2002 年《上市公司治理准则(试行)》中要求控股股东控股比例在 30% 以上的上市公司可以采用累积投票制，但实施者甚少，原因是累积投票制在高度集中的股权结构下作用甚微。

---

① 累积投票权制度作为股东选择公司管理者的一种表决权制度，最早起源于美国伊利诺伊州《宪法》的规定。累积投票权制度是指股东大会选举两名以上的董事时，股东所持的每一股份拥有与当选董事总人数相等的投票权，股东既可以用所有的投票权集中投票选举一人，也可以分散投票选举数人，按得票多少依次决定董事入选的表决权制度。这一制度可以增强小股东提名候选人的入选概率。

高度集中的股权结构可能带来两种经济后果:一是大股东对公司的控制有助于增加公司价值,使所有股东都能按照持股比例获得收益,这种收益可称为控制的公共收益(Public Benefits of Control)。二是大股东也有可能以其他股东的利益为代价追求自身利益,通过追求自利目标而不是公司价值目标来实现自身福利最大化,这种收益可称为控制的私有收益(Private Benefits of Control)。大股东对公司控制的公共收益和私有收益将对公司绩效产生两种相反的效应。一方面,控制的公共收益有利于降低传统的代理问题,从而对公司绩效产生正向的激励效应(Incentive Effect);另一方面,控制的私有收益则有可能在企业项目选择、规模扩张、董事任命及控制权转移等重大经营事项上产生代理成本,特别是在国有经济所有权缺位下,内部控制人并不是股权价值提升的最终受益人,大股东更有动机通过掠夺小股东利益获得控制权私人收益,此时代理成本尤为巨大。

不仅是我国,在世界范围内由于大股东谋求私有收益而引发的大小股东利益冲突问题也非常普遍,因此对中小投资者的利益保护成为世界范围内的热点与难点。Hart (1995)和 LLSV(2000)提出解决大小股东利益冲突的有效方式是通过法律途径或规章赋予小股东更大的投票权,这一理论假说的贡献始终受制于现实中投票权的制度难以改进,从而缺乏相关实证检验。而我国作为世界上股权高度集中的国家,也是投资者保护问题最为突出的国家之一,恰恰提供了这样的实验场所。我国监管层于 2002 年 6 月推出了分类表决制(CVS, Classified Voting System),对于保护中小投资者利益进行了开创性的尝试,即在某些大股东严重侵犯小股东利益的事件上,限制大股东投票,提高小股东投票权。分类表决制突破了"一股独大"的限制,赋予了社会公众股股东即外部股东话语权,从法理上讲赋予了社会公众股股东超额投票权。但遗憾的是,分类表决制所引发的理论创新并没有引起我国理论界和实务界的深入思考。本节对这一制度改进的实施效果进行了实证研究,其目的并不只局限于研究分类表决制成功与否,更是探讨在高度集中的股权结构下,适当提高小股东的投票权是否可以降低代理成本这一重要理论与实务课题。

自中国资本市场成立伊始,再融资始终是中国资本市场上大小股东利益之争的漩涡,再融资的核心是向中小投资者"圈钱",如果中小投资者不参与就会面临股权稀释所带来的股价被除权的损失,而大股东通常是放弃或以部分实物资产抵配。但是再融资的主导权在于大股东,这样就形成了有决策权的一方不出钱，而出钱的一方又没有决策权，导致中小投资者的意志完全无法表达，引起中小投资者极大不满。针对上述问题，2002 年 6 月监管层要求凡是再融资的上市公司，除股东大会通过外，还需经社会公众股股东的分类表决通过，以期在再融资方面授予流通股股东话语权，这是监管层为维护流通股利益所迈出的重要一步，实质是给予中小投资者“一票否决权”。

分类表决制的初衷是保护利益长期受损的中小投资者，但这种新的股东权利配置方式是否可以保护投资者利益呢？该制度的实施令人产生两方面的忧虑：一是以往习惯于“免费搭车”的中小投资者是否会主动维权？二是长期以来大股东的恶意“圈钱”行为令中小投资者产生对立情绪，此时是否会将好的公司一并错杀？简而言之，这一制度可能产生两种不利结果：一是中小投资者的不作为，二是中小投资者的胡作为。

本节的研究结论表明，当限制大股东（内部股东）的投票权而放大小股东（外部股东）的投票权时可以提高市场效率。一是分类表决制显著提升了再融资议案的否决率，我们对分类表决制实施前后的再融资议案进行了对比，否决率由 1% 提升到 19%，虽然提高幅度有所上升，但是多数议案依然是获得通过的，并没有出现之前所忧虑的大幅否决的情况。二是在关乎自身利益的重大决策时，外部股东中最大的机构投资者——证券投资基金（在机构投资者中占比 70% 以上）会利用分类表决制充分捍卫自身利益，并且基金持股比例越大、持股时间越长，参与决策的动机越强，再融资议案被否决的可能性越大。三是这种股东权利配置的改进可以提高资源配置效率，它对公司未来业绩予以识别，给予好公司再融资支持和坏公司的否决。四是分类表决制提升了公司价值，本节对采用分类表决制实施再融资的样本和未采用分类表决制实施再融资样本的股票长期回报率进行了分析，发现前者买入一持有超额收益率（BHAR）高于后者，高达 13%，这一发现对财务学中“再融资之谜”提供了新的解决方式。

最后，需要说明的是关于本节的研究意义。从本节的研究结论看，适度增加中小股东的投票权是解决大小股东利益冲突、提高资源配置效率的有效途径，在这一点上充分印证了 Hart（1995）和 LLSV（2000）的观点。另外，即便是股改之后，大股东的股份获得流通，但代理冲突依然存在，分类表决制依然适用，比如由于我国上市公司在上市之初是分拆上市，因此母子公司间的关联交易严重，依据我国法律法规的规定，在涉及我国上市公司关联交易时必须采用分类表决制，即内部股东及关联股东回避，由外部股东进行投票，因此分类表决制将长期存在。而本节的研究结论也表明，这种投票权的制度创新适用于中国国情，监管层应该考虑予以更多的应用。

6.2.2 个人投资者与机构投资者的投票权选择

6.2.2.1 个人理性与集体非理性

在经济学上，对于个人股东参与公司治理，通过一个简单的博弈论支付矩阵就可以推导出，个人投资者不参加投票是其最优选择。

假定投票结果由多数票决定，设 A 为某单个投资者，投票成本为 1，如果投票结果与 A 的期望一致，每个投资者的收益为 2。表 6.1 给出了投票的支付矩阵。如果其他人都投票，A 也投票，A 的净收益与其他人相同，都是 1（收益 2 减去投票成本 1）；如果其他人都投票，A 不投票，则 A 的净收益为 2（因为省掉了投票成本），而其他人的净收益为 1；如果其他人不投票，A 投票，A 的净收益为 -1（因为支付了投票成本，而预期的收益并未达到），而其他人的净收益为 0；如果其他人不投票，A 也不投票，则 A 的净收益与其他人相同，都为 0。这样，给定其他人都投票，A 的最佳选择是不投票；给定其他人都不投票，A 的最佳选择也是不投票。结果，A 不投票，其他人也都不投票，就成为博弈论上所讲的纳什均衡。

表 6.1 个人股东支付矩阵

		投资者 A	
		投票	不投票
其他人	投票	(1,1)	(1,2)
	不投票	(0, -1)	(0,0)

这就是个人理性与集体理性的矛盾：如果大家都投票，都参与基金治理，基金的业绩好了，所有人的利益都会增进。但问题是，如果我投票，你不投票，我得不偿失；如果你投票，我不投票，我就可以获益。所以，在知道其他人不会选择投票的策略下，每个人的最优选择都是不投票，这种纳什均衡使得所有人的利益都得不到增进，个人理性最终导致集体的非理性。这就是纳什均衡与帕雷托最优的冲突。

6.2.2.2　机构投资者主动参与投票的合理性

如果小股东都没有投票的动机，会导致集体利益的损失，这时引入大的机构投资者，让这些机构投资者主动参与投票，则是走出纳什均衡困境的有效办法。我们同样可以用博弈论的方法来分析机构投资者的理性行为。

引入大股东类似于博弈论中的“智猪博弈”。在这一博弈中，大猪的最优选择是行动，而小猪的最优选择是等待，大猪行动与小猪等待形成一种均衡状态。

其场景设定如下：猪圈里圈着两头猪，一头大猪，一头小猪。猪圈的一头有一个猪食槽，另一头安装着一个按钮，控制着猪食的供应。按一下按钮，8 个单位的猪食进槽，但需要支付 2 个单位的成本。如果有一只猪去踩踏板，另一只猪就有机会抢先吃到另一边落下的食物。当小猪踩动踏板时，大猪会在小猪跑到食槽之前吃光所有的食物；若是大猪踩动了踏板，则还有机会在小猪吃完落下的食物之前跑到食槽，争吃一点残羹。若大猪先到，大猪吃到 7 个单位，小猪只能吃到 1 个单位；若小猪先到，大猪小猪各吃到 4 个单位；若两猪同时到，大猪吃到 5 个单位，小猪吃到 3 个单位。这里，每头猪都有两种策略：按钮或者等待。表 6.2 列出对应不同战略组合下的支付矩阵。如大猪按钮、小猪等待，因而表示小猪先到，大猪小猪各吃到 4 个单位，大猪需要扣除 2 个单位的成本，支付水平分别为大猪 2 个单位，小猪 4 个单位。

表 6.2　智猪博弈支付矩阵

		小猪	
		按钮	等待
大猪	按钮	(3,1)	(2,4)
	等待	(7, -1)	(0,0)

6.2.3　分类表决制与假设发展

6.2.3.1　分类表决制

分类表决制是对我国原有股东大会决议机制的补充，根据《中华人民共和国公司法》、《上市公司股东大会规则》和《上市公司章程指引》等相关法律法规，原有股东大会的决议机制分为普通决议和特别决议，普通决议应由出席会议的股东（包括股东代理人）所持表决权的 1/2 以上通过；特别决议应当由出席会议的股东（包括股东代理人）所持表决权的 2/3 以上通过。从 2002 年开始，又增加了分类表决。2002 年 6 月，证监会颁布 55 号文规定“增发股票超过总股本 20%，其增发提案还须获得出席股东大会的流通股（社会公众股）股东所持表决权的半数以上通过”。其后，证监会又于 2004 年 9 月 26 日发布了《关于加强社会公众股股东权益保护的若干规定》，要求：“上市公司向社会公众增发新股（含发行境外上市外资股或其他股份性质的权证）、发行可转换公司债券、向原有股东配售股份（但具有实际控制权的股东在会议召开前承诺 100% 现金认购的除外）、公司进行重大资产重组、股东以其所持有的公司股权偿还其所欠公司债务、对公司有重大影响的附属企业到境外上市、在公司发展中对社会公众股股东利益有重大影响的相关事项必须经全体股东大会表决通过，并经参加表决的社会公众股股东所持表决权的半数以上通过，方可实施或提出申请。”

事实上，在分类表决制出台之前，基金已经有过数次成功的预演。如招商银行 2003 年 10 月发生的“百亿可转债风波”①就是其中的经典案例。在此案例中，基金不拥有分类表决权，但基金以其强大的影响力，与上市公司及大股东讨价还价，并提出了多种理性的可以相对平衡上市公司发展、非流通股股东和流通股股东利益及市场整体利益的方案，供招商银行参考。后来的结果证明，招商银行采取的可转债加次级债募集资金的方式，已经适当考虑了基金提出的建议，也体现了与基金理性沟通的结果。此次基金与上市公司的对话，成为我国股市的一个经典案例，也为股市带来了久违的春风，中小投资者的利益有望借助于基金等机构投资者实现。这次事件也直接导致了其后分类表决制的正式出台。

6.2.3.2 理论分析及文献回顾

Djankov et al.（2008）开始研究小投资者如何进行“反抗”，设计了从法律角度衡量投资者保护程度的“反自利性交易指数”，即如果控股股东想在法律允许的范围内进行自利性交易，小投资者依据法律予以阻击的难度有多大？并且一旦该项侵权形成事实，小投资者又能获得多少补偿？Hart（1995）和 LLSV

① 2003 年 10 月，在招商银行的股东大会上引发了“百亿可转债风波”，基金强烈反对招商银行上市不久就提出的发行百亿可转债议案，基金以其强大的影响力与上市公司及大股东讨价还价，并提出了多种理性的可以相对平衡上市公司发展、非流通股股东和流通股股东利益以及市场整体利益的方案。结果是招商银行充分考虑了基金的建议，大幅度降低融资额，并采取可转债加次级债募集资金的方式。此次基金与上市公司的对话，成为我国股市的一个经典案例，同时也表明中小投资者的利益有望借助于基金等机构投资者实现。

(2000)提出解决大小股东利益冲突的有效方式是通过法律途径或规章赋予小股东更大的投票权。LLSV(1998)指出,对大部分国家而言,强化投资者保护力度需要对证券法、公司法及破产法进行激进的改革,从而构成相互补充的法律体系,在某种程度上是将政府拥有的公司监管权移交给投资者,因此也会遭到政治上的阻力(LLSV,2000)。

在分类表决制下,一个关键力量是机构投资者,因为它们构成了流通股股东的大股东。Jensen(1986)对机构投资者的作用进行了研究,指出机构投资者可以对上市公司的管理层构成约束。Boyd 和 Smith(1996)认为,机构持股有利于完善公司治理结构,机构投资者保持外部独立性,既解决了小股东治理激励不足的问题,又可以制衡大股东。个人投资者面对涉及自身利益的公司重大决策仅限于"用脚投票",机构投资者的规模优势以及机构对长期投资的需求,使机构投资者有动机参与公司重大决策以维护自身权益。但是,机构投资者所发挥的作用并不都是积极的。Pound(1988) 针对机构投资者对公司价值的影响提出了著名的三种假说:(1) 效率监督假说(Efficient Monitoring Hypothesis),认为机构投资者较易取得信息且具备专业知识,因此较一般股东而言,其监督成本较低。因此能比小投资者更有效地监督公司,提升公司价值,在保护了自身利益的同时,小投资者也获得"搭便车"效应。(2) 利益冲突假说 (Conflict-of-interest Hypothesis),认为机构投资者本身可能也存在着代理问题,可能与公司间存在其他业务往来,会因自身利益而支持管理者或董事会的计划,从而使监督职能受到限制。(3) 战略合作假说 (Strategy Alignment Hypothesis),机构投资者和管理层发现他们之间进行合作对双方来说是有利的,这种合作降低了机构投资者监督管理层所产生的对公司价值的正效应,损害了外部投资者利益。以上三种假说,第一种假说归纳为机构投资者的正向作用,后两种假说归纳为负向作用。

另外,一些研究也发现了不同机构投资者由于其持股性质不同,表现出的参与公司治理的程度也不同。Ryan 和 Schneider(2002)将机构投资者分为几类,发现公共退休金是高度的股东积极主义者、私人退休金和共同基金是中度的股东积极主义者、保险公司和银行是低度的股东积极主义者。Chen, Harford, Li(2007)按照机构投资者与上市公司的业务独立性、持股周期、持股数量将机构投资者分为五类,发现只有与上市公司之间业务独立、持股周期在一年以上、持股量大的机构投资者才会在重要决策上对公司施加影响,而其他机构投资者该作用不显著。另外,有大量的文献认为美国机构投资者是短期交易者,代表人物 Porter (1992)指出:美国股市中一个很大的问题是机构投资者过度关注短期收益,沉迷于追逐当期会计盈余,不愿耐心投资与上市公司实现一起成长,它加剧了股市的投机性。Bushee (2001)的研究进一步证实这个问题,并实证了机构投资者对于短期会计盈余的准确预测。

从国内研究现状看,蔡明生、白东文(2002),常巍、贝政新(2002)认为现阶段我国机构投资者只能定位于消极股东的角色。王奇波(2006)通过构造理论模型,提出将机构投资者引入上市公司控制权竞争之中,最终形成制衡的股权结构,从而降低大股东控制权私人收益,改善上市公司治理结构。王永海等(2007)用理论模型阐释了影响机构投资者参与公司治理积极性的四个因素:持有单个公司的股权比率,资本市场中公司治理结构不完善的概率,所投资公司治理结构的完善程度,以及监督成本。肖星、王琨(2005)通过实证研究发现基金持有的上市公司在多项财务业绩和公司治理指标上均显著优于其他公司,基金在选择业绩和治理结构良好的公司进行投资的同时,也起到了促进公司业绩改善的作用。但有关我国机构投资者直接参与公司治理的研究尚为罕见。

最后,为了检验分类表决制是否可以保护中小投资者利益,需要考虑投资者对于再融资行为的反应,将从再融资是否有利于提升股票价值和公司业绩加以分析,如果再融资带来的是正向后果投资者会予以认同,否则会予以反对。相关研究中具有里程碑意义的是 Loughran 和 Ritter(1995)对美国市场的研究,发现股权再融资(SEO, Seasoned Equity Offerings)后不仅股票价格而且公司的经营业绩均表现不佳。该文对 1970—1990 年美国增发新股的 3 702 家上市公司进行了研究,发现增发五年后其平均股票回报率为 7%,低于同期未发行股票 15.3% 的对照组回报率;而且,再融资后公司业绩也趋于下降。之后,Loughran 和 Ritter (1997) 发现 SEO 后四年内,公司的资产回报率和市净率分别下降 23% 和 40%,边际利润率的下降幅度超过了 50%,该现象被称做“SEO 后的业绩下降之谜”(The New Issues Puzzle)。这一现象的解释被归因为大股东的“机会之窗”,在机会之窗即企业价值被高估的前提下,公司不再遵循“融资顺序理论”,也就是大股东在公司价值被高估时进行再融资,而在公司价值被低估时进行回购。进一步的结论是企业利用再融资资金投资的项目很多是净现值为负的项目,使得

SEO 公司的业绩下滑。另外,Myers & Majluf (1984),Eckbo & Masulis(1992)提出信号理论,指出在信息不对称的情况下,再融资本身是向市场发出了一个“坏消息”,导致投资者的逆向选择。Johnson et al. (2008)则指出大股东主要通过自利性交易转移资产或通过再融资等方式对小股东进行掠夺。总之,如果说再融资向市场发出了负面信号,会造成股票价值和业绩的双双下跌,那么分类表决制将会对再融资议案予以识别,并提高否决率。

对我国上市公司再融资的研究发现,符合配股条件的上市公司大都会推出配股方案(阎达五、耿建新和刘文鹏,2001)。黄少安和张岗(2001)将这种行为定义为股权融资偏好。高晓红(2000)将其归结为上市公司管理层普遍缺乏来自流通股股东的约束力,以及股权融资成本偏低。李志文和宋衍蘅(2003)认为上市公司再融资背后体现的是“圈钱”动机,并且当第二大股东和第三大股东对第一大股东的制约能力越强,公司越不会进行配股。李康等(2003)认为非流通股不管是否参与再融资,都能够获得净资产的增长,从而提升自身价值,侵蚀流通股股东的利益。Lee 和 Xiao(2004)发现通过配股融资的上市公司当年的股利发放会有一个较大幅度的增长,这样可以顺利地将部分配股资金转移给大股东。朱凯、陈信元(2005)对配股公告后的市场反应进行研究,发现 1998 年后配股公告的超额回报率为负,且逐年下降。从上述文献可以得出,我国许多上市公司的再融资行为成为大股东掠夺小股东利益的途径,再融资行为良莠不齐,而由于股东制衡能力的缺乏,致使大股东的恶意“圈钱”动机得以实现。

6.2.3.3 假设发展

本节将选取我国最大的机构投资者——证券投资基金(以下简称基金)进行研究。理由如下:首先,基金是我国最大的机构投资者,样本期间持股市值占机构持股总量的 70% 以上。其次,基金符合 Chen, Harford, Li(2007)所提的与上市公司之间业务独立、持股量大的特点,因此基金的参与可能会从维护自身利益出发予以再融资更多的否决。最后,本节预期当大小股东存在利益冲突时,基金基于下列原因可能会积极参与投票:第一,再融资就意味着机构投资者要真金白银地掏出大量现金,否则将面临股权被稀释的问题;第二,从流动性考虑,大量持股者如果“用脚投票”需要支付较高的交易成本;第三,在分类表决制下机构投资者的话语权显著提高,参与投票的收益远大于成本。实际上,基金在主动维权方面的案例已屡见不鲜,早期的如招商银行再融资风波、近期的如中国平安再融资风

波等等。[①] 基于上述文献和实务理由,我们预期:

假设 6.1a 分类表决制下,基金持股比例与再融资否决结果正相关。

首先,为了对第一大机构投资者——基金的投票表决权进一步深入考察,除了基金持股比例外,本节还将研究基金持股时间与议案否决的相关性。Ryan 和 Schneider(2002),Chen, Harford, Li(2007)都发现机构投资者持股时间越长越会关心公司发展,并在重要决策上对公司施加影响。因此,我们预期:

假设 6.1b 分类表决制下,基金持股时间与再融资否决结果正相关。

然后,我们将基金持股比例、持股时间作为交互变量同时加以考虑,我们预期:

假设 6.1c 其他条件不变时,在基金持股比例一定的情况下,基金持股时间与再融资否决结果正相关。

接下来,利用分类表决制是否可以有效识别那些未来业绩好、有发展潜力的公司呢?如果分类表决制可以实现,那么在一定程度上也可以缓解"再融资之谜"。为此本节也将按照 Loughran 和 Ritter(1995,1997)的研究路径,从公司未来业绩和股票回报率两方面予以研究。

由于在分类表决制下机构投资者具有主导作用,而诸多研究如 Chakravarty (2001),Sias, Starks, and Titman (2006)指出机构投资者作为专业投资者较个人投资者更加具有信息优势和理性分析能力,因此本节预期分类表决制可以有效识别公司未来业绩,并给予好公司再融资支持。据此,提出假设 6.2:

假设 6.2 其他条件不变时,再融资否决结果与上市公司未来业绩负相关。

最后,由于国外诸多研究发现增发对市场有负面效应,那么如果分类表决制体现了中小投资者的意志,给予未来业绩好的公司再融资支持,那么这些股票将获得更高的市场回报率。由此,提出假设 6.3:

假设 6.3 采用分类表决制实施再融资的公司其股票长期回报率应显著高于未采用分类表决制的公司。

---

① 2008 年 3 月,中国平安 A 股巨额再融资方案没有采用分类表决制,虽然获得股东大会通过,却遭到以基金为首的机构投资者的强烈反对,但终因大股东的赞成而使议案得以通过。

6.2.4　样本数据

从2002年6月证监会55号文发布到2005年年末，共有94家A股上市公司召开股东大会审议配股、增发方案、可转债方案，并经过了A股流通股股东的分类表决，其中有17家遭到流通股股东的否决。在审议通过的样本中包括1家金融类公司，予以剔除，另有3家样本数据不全，最终得到90家样本，如表6.3、表6.4所示。所有样本全部来自手工搜集，通过《中国证券报》、《上海证券报》查找。其中，财务及交易数据来源于WIND数据库和CSMAR数据库，采用EVIEWS、SPSS统计软件。

表6.3　样本分年度统计表

样本时间	样本数	否决数	再融资方式	样本数	否决数
2002年	2	2	配股	31	7
2003年	4	2	增发	45	7
2004年	28	5	可转债	14	3
2005年	56	8			
合计	90	17	合计	90	17

表6.4　样本分行业统计表

行业	全部样本	比例
农林牧渔业	3	3.33%
采掘业	2	2.22%
制造业	53	58.89%
电力煤气及水的生产和供应业	5	5.56%
建筑业	1	1.11%
交通运输仓储业	6	6.67%
信息技术产业	3	3.33%
批发和零售贸易	3	3.33%
房地产业	8	8.89%
社会服务业	1	1.11%
能源及综合类	5	5.56%
合计	90	100%

为了体现分类表决制的作用，我们分别选取了分类表决制之前（1997—2001年）、分类表决制期间（2002—2005年）、分类表决制之后（2006—2008年）的股东大会表决情况进行对比，如表6.5所示。

表6.5　分类表决制前后再融资议案否决率

股东大会时间	分类表决制前	分类表决制期间	分类表决制后
配股	654	34	21
增发	56	41	299
可转债	12	15	16
合计	**722**	**90**	**336**
被否决公司数①	7	17	5
否决率	1%	19%	1.5%

我们看到分类表决制显著提升了再融资议案的否决率，否决率由1%左右提升到19%。但是，我们也看到在分类表决制期间多数再融资议案依然获得了通过，并没有出现之前所担忧的中小投资者在对立情绪下大幅否决的情况。

6.2.5　实证分析及结果

6.2.5.1　对假设6.1的检验

1. 变量设计

（1）被解释变量

$VETO_i$表示表决结果，通过为0，否决为1。

（2）解释变量

① 基金持股比例

本节对实施分类表决制期间的最大机构投资者——基金进行分析，采用市场公开数据，收集上市公司前十大流通股中的基金持股比例。

① 这里本应对于未采用分类表决制的样本同样进行回归分析，以进行相应结论的比较，但由于被否决的样本数很少，之前为7家，之后为5家，分布不符合回归的要求，因此无法进行。

② 基金持股时间

本节对每一家上市公司中不同基金的持股时间进行简单算术平均[①],作为基金持股时间变量。

(3) 控制变量

① 过度投资

企业进行再融资的目的是要投资新的项目,项目前景应该是再融资通过与否的依据,但由于在再融资决策时新投资项目的前景资料披露非常有限,而且上市公司又经常发生募集资金用途变更,因此投资者一般是基于历史投资情况进行决策,目前是否存在过度投资会成为重要的考量因素。而如何确定过度投资是一个难题,本节借鉴 Richardson(2006) 模型,该模型在 Verdi(2006)、魏明海和柳建华(2007)及辛清泉、林斌和王彦超(2007)等研究中得到了应用,具体见模型(6.1)。

$$\mathrm{Inew}_t{}^{②} = \beta_0 + \beta_1 V/P^{③}{}_{t-1} + \beta_2 \mathrm{Lev}_{t-1} + \beta_3 \mathrm{Ret}_{t-1} + \beta_4 \mathrm{Cash}_{t-1} + \beta_5 \mathrm{Age}_{t-1} + \beta_6 \mathrm{Size}_{t-1} + \beta_7 \mathrm{Inew}_{t-1} + \beta_8 \mathrm{Year} + \beta_9 \mathrm{Industry} + \varepsilon \tag{6.1}$$

$$\mathrm{I}^{\varepsilon}\mathrm{new} = \mathrm{Inew}_t - \mathrm{I}^{*}\mathrm{new} \tag{6.2}$$

模型(6.1)中被解释变量的预测值是由企业成长机会等因素所决定的最优投资水平(I^{*}new),而模型估计的残差为非效率投资(I^{ε}new)。如果残差为正则为过度投资(Overinvt),如果残差为负则为投资不足(Underinvt)。而本节拟验证在企业"超额投资"或"投资不足"的情况下,通过再融资募集资金进行项目投资,是否会得到投资者的认同。本节运用模型(6.1),分年度、分行业拟合出企

① 本书同时对每一家样本公司中不同基金的持股数量和持股时间进行了加权平均,主要结论没有变化。

② 其中 Inew_t 为公司第 t 年现金流量表中"购建固定资产、无形资产和其他长期资产所支付的现金"、"购买和处置子公司及其他营业单位所支付的现金"、"权益性投资所支付的现金"和"债权性投资支出所支付的现金"之和减去"处置固定资产、无形资产和其他长期资产而收回的现金净额"后与年初资产总额的比值。其他变量包括:投资机会(V/P)、资产负债率(Lev)、市场回报率(Ret)、现金持有量(Cash)、上市时间(Age)、股本规模(Size)等指标。

③ 对于 V/P 指标,本书选取了 Tobin's Q,考虑到一些学者认为样本期间中国股市没有实现全流通,从而对 Tobin's Q 指标存有质疑,为了弥补 Tobin's Q 计算的缺陷,本书根据 Abel 和 Blanchard(1986)的销售加速模型(Sales Accelerator Model)关于企业产出刺激投资的分析,同时加入销售收入增长率作为预期投资机会的度量指标。Tobin's Q = [(年末流通股总市值 + 年末每股净资产 × 年末非流通股股数) + 负债的账面价值]/总资产的账面价值。

业的 OVERINVEST 变量，而且各年调整后 R^2 都在 0.3 以上，说明模型可以较为有效地拟合出过度投资的水平。

② 盈余管理

Teoh 等(1998)，Rangan (1998)认为股权再融资期间企业具有实施盈余管理的极大动力，原有股东通过提高报告盈余来影响投资者对企业价值的判断，以更加有效地提升股票发行价格和降低融资成本。因此，我们认为还有必要考虑上市公司为了获得再融资而可能进行的盈余管理(可操控性应计)，我们选择可操控性应计(Discretionary Accruals，DAC)指标加入模型，采用 Dechow，Sloan 和 Sweeney(1995)建立的修正后的琼斯模型(The Modified Jones Model)，用营业利润扣减经营活动产生的现金流量作为总应计额，然后分年度、分行业回归出非可操控性应计，最终得到可操控性应计。

③ 独立财务董事

依照我国监管层的要求，独立董事中至少包括一名会计专业人士。而在美国同样要求中等规模以上的公司审计委员会由至少三位懂财务的董事组成，即通过提高具有财务背景的董事数量，来发挥监督公司财务报表的目的。特别是 2001 年安然公司等发生会计丑闻以后，美国更是以法案的形式要求公众公司向美国证监会披露其审计委员会中是否有财务专家。已有的实证研究也充分支持了具有财务背景的独立董事的作用。Xie 等(2003)和 Bedard 等(2004)都发现具有财务背景的独立董事在限制管理层从事盈余管理倾向上发挥重要作用。Bryan 等(2004)发现当审计委员会是独立的且由具有财务背景的董事组成时，公司具有更强的会计信息含量和更少的应计额高估。那么，对于再融资决策而言，独立财务董事是否具有正向信号作用呢？本节以独立董事中是否拥有财务专家作为虚拟变量。

④ 其他控制变量

除此之外，本节还考虑资产负债率(LEV)、净资产收益率(ROE)、总股本、第一大股东持股比例、市净率、再融资方式(虚拟变量，指增发、配股或可转债)对再融资是否获得通过的影响。

表 6.6 列示了该模型的变量。

表 6.6 变量一览表

变量类型	变量名称	计算方法及含义
被解释变量	$VETO_i$	表决结果,通过为0,否决为1
解释变量	FUND	前十大流通股中基金持股占流通股的比例
	TIME	基金平均持股时间
控制变量	ROE	经行业调整净资产收益率
	LEV	经行业调整资产负债率(总负债/总资产)
	DAC	可操控性应计/总资产
	OVERINVEST	超额投资
	SIZE	总股本的自然对数
	SHARE1	第一大股东持股比例
	P/B	市净率
	TYPE	再融资方式虚拟变量(配股1、增发2、可转债3)
	ACC	独立董事中是否有财务专家任职(虚拟变量)
	$ROE_{avg(0,+1)}$	再融议案表决当年及转年的 ROE 平均值

2. 模型设计

采用 Logit 回归模型,本节将考虑下列因素对再融资议案是否通过的影响,称之为再融资决策识别模型:

$$\begin{aligned} Y = \gamma_0 &+ \gamma_1 \text{INSTITUTION} + \gamma_2 \text{SIZE} + \gamma_3 \text{SHARE1} + \gamma_4 \text{LEV} \\ &+ \gamma_5 \text{ROE} + \gamma_6 \text{DAC} + \gamma_7 P/B + \gamma_8 \text{OVERINVEST} \\ &+ \gamma_9 \text{ACC} + \sum \beta_i \text{ControlVariable} + \varepsilon_i \end{aligned} \tag{6.3}$$

由于有关机构投资者 INSTITUTION 的变量包括:基金持股比例(FUND)、基金持股时间(TIME)、基金持股比例与基金持股时间的交互变量(FUND × TIME),这三者均高度相关且相关系数都在 0.6 以上,为避免多重共线性将在三个模型中分别予以回归。

3. 描述性统计及 Spearman 相关性检验

描述性统计如表 6.7 所示。

表 6.7　描述性统计

变量	平均值	中位数	最大值	最小值	标准差
基金持股(FUND %)	6.513	2.600	35.390	0.000	8.888
基金持股时间(TIME)	1.209	1.33	4.290	0.000	1.336
第一大股东持股比例(SHARE1%)	44.891	45.290	85.000	7.02	18.650
市净率(P/B)	2.829	2.369	13.817	0.950	1.803
总股本自然对数(SIZE)	5.479	5.380	7.097	4.517	0.463
再融资方式(TYPE)	1.806	2.000	3.000	1.000	0.711
资产负债率(LEV)	0.492	0.487	0.797	0.033	0.153
前一年净资产收益率(ROE)	0.119	0.105	0.328	0.027	0.054
可操控性应计(DAC)	0.027	0.007	0.450	-0.244	0.105
后两年净资产收益率($ROE_{avg(0,+1)}$)	0.027	0.033	0.397	-0.460	0.162
超额投资(OVERINVEST)	0.008	-0.006	0.228	-0.088	0.059
独立财务董事(ACC)	0.333	0	1	0	0.474

从描述性统计中发现,基金持股占总股本比最高为35.39%,最低为0,平均持股比例6.513%。而基金持股时间平均为1.209个季度,最高为4.29个季度,最低为0。第一大股东持股比例均值为44.891%,最高为85%,最低为7.02%。前一年净资产收益率均值为0.119,但与之相比,后两年净资产收益率均值大幅下降仅为0.027。

Spearman相关性检验如表6.8所示。

由表6.8可以看出,基金与再融资议案否决结果显著正相关。自变量之间显著相关系数最高的是TIME与FUND为0.655**,说明基金持股时间与持股比例高度相关,另外这两个变量与交叉项TIME × FUND之间相关系数都在0.6以上显著相关,为避免多重共线性,三者不同时加入模型。其余变量系数均低于0.5,不存在高度相关的问题。在控制其他相关变量后,本节将采用Logit回归模型进一步检验。

表 6.8 Spearman 相关性检验

	ROE	LEV	DAC	FUND	VETO	P/B	SHARE1	SIZE	$ROE_{avg(0,+1)}$	OVER-INVEST	TIME	ACC
ROE	1											
LEV	0.148	1										
DAC	0.165	-0.056	1									
FUND	0.068	0.131	-0.029	1								
VETO	-0.080	-0.026	0.073	0.209*	1							
P/B	0.469**	0.275**	0.058	-0.046	0.026	1						
SHARE1	-0.110	-0.238*	-0.163	0.132	-0.221*	-0.167	1					
SIZE	-0.038	-0.162	-0.180	0.179	-0.169	-0.312**	0.368**	1				
$ROE_{avg(0,+1)}$	0.426**	-0.080	-0.043	0.126	-0.202	0.021	-0.043	0.158	1			
OVERINVEST	-0.076	-0.070	-0.111	0.087	0.124	0.047	0.114	0.009	-0.056	1		
TIME	0.004	0.049	-0.124	0.655**	0.015	-0.027	0.103	0.320**	0.294**	0.079	1	
ACC	0.097	-0.030	-0.011	-0.045	-0.040	-0.122	-0.029	0.155	-0.047	-0.222*	-0.029	1

注：** 在 1% 的水平上显著（双尾），* 在 5% 的水平上显著（双尾）。

4. 实证结果与分析

(1) 实证分析

表 6.9 列示了再融资决策识别的三种模型。

表 6.9　再融资决策识别模型

被解释变量:否决结果			
	模型 1	模型 2	模型 3
C	13.249	11.992	16.206*
	1.450	1.398	1.697
FUND	0.127**		
	2.180		
TIME		0.525	
		1.607	
TIME × FUND			0.052**
			2.317
SIZE	-2.228	-2.238	-2.652
	-1.348	-1.373	-1.572
SHARE1	-0.091***	-0.077**	-0.097***
	-2.597	-2.573	-2.734
LEV	-0.032	-0.013	-0.034
	-1.083	-0.499	-1.104
ROE	-0.255**	-0.193*	-0.234**
	-2.308	-1.887	-2.134
DAC	-1.182	-0.778	-2.304
	-0.308	-0.210	-0.586
P/B	0.311	0.182	0.217
	1.023	0.593	0.710
OVERINVEST	-2.377	1.674	-5.443
	-0.378	0.271	-0.705
ACC	-0.734	-0.307	-0.549
	-0.712	-0.316	-0.541

（续表）

被解释变量:否决结果			
	模型 1	模型 2	模型 3
年度①	控制	控制	控制
第一大股东性质	控制	控制	控制
行业	控制	控制	控制
再融资方式	控制	控制	控制
LR Statistic	31.696	28.658	33.040
McFadden R^2	0.410	0.371	0.428

注:本表是模型(6.3)的回归结果。样本为从 2002 年 6 月到 2005 年年末,流通股股东在分类表决制下对再融资议案的表决,共 90 个样本。各变量的含义和计算方法见表 6.6。括号中的数字为回归参数的 z 检验值。*、**、*** 分别表示在 10%、5% 和 1% 的显著性水平上显著(上述结果是双尾检验)。

模型 1 的实证结果表明,基金持股与再融资否决结果显著正相关,假设 6.1a 得以验证。这表明在分类表决制下,基金对再融资议案否决起到了关键性的作用。由于开放式基金的投资者可以随时赎回基金,这就迫使基金经理追求业绩,维权意识强烈。另外,随着开放式基金的快速增长,基金的巨量持股导致其在巨量卖出股票时流动性大幅降低,交易成本大幅提高,在这种情况下,基金有动机运用它们不断增长的投票权去维护自身权益,而不再是简单地卖出股票,从而对上市公司的重要决策形成监督。另外,本节首次研究了基金持股时间和否决率的相关性,模型 2 的结果发现基金持股时间和否决结果不显著,假设 6.1b 没有得到验证。但是在模型 3 中,基金持股比例与基金持股时间的交互变量和否决结果显著正相关,表明如果基金大量持股并且持股时间较长,那么它会积极参与公司治理,并投出否决票,假设 6.1c 得到验证。本节的结论与 Chen, Harford, Li(2007)的结论一致,发现与上市公司之间业务独立、持股周期长、持股量大的机构投资者会在重要决策上对公司施加影响。

① 2001 年,中国证监会对配股监管政策进行了放松,对净资产收益率的要求改为可以有一或两个年度内净资产收益率低于 6% ,只要三年内的净资产收益率平均不低于 6% 即可,但要求大股东必须使用现金配股。2006 年,证监会取消财务硬指标,在财务指标上只规定“具有持续盈利能力,财务状况良好”。可见样本期间(2002—2005 年)配股条件没有差异。另外,从中国股市走势看,2001 年 6 月中国股市创新高后,开始了 2002—2005 年的漫漫熊途,直至 2006 年重拾牛市,因此样本期间从股指走向看都是熊市期间。但为了有效控制不同年度对样本的影响,我们依然设置了年度虚拟变量,并且结果为不显著。

从会计信息指标看,ROE 与再融资否决结果在 5% 的水平上显著负相关,也就是说上市公司的盈利能力越好,再融资议案越容易获得通过;第一大股东的持股比例与再融资否决结果显著负相关,也就是说大股东持股比例越高,与公司利益越趋于一致,这时大股东的"支持"动机越强,以上结论都符合预期。而 OVERINVEST、DAC、ACC 与再融资否决结果不显著相关,这表明公司是否超额投资、是否存在盈余管理、是否拥有财务独立董事这些问题并没有成为投资者决策的依据。其他控制变量与再融资否决结果不显著相关。

(2) 稳健性检验

除上述指标外,我们还加入了考察上市公司成长能力的三年主营业务收入增长率(G_t)、资产周转率(TURNOVER)。另外,为了多角度考虑企业为再融资而进行的盈余管理,我们还加入了非经营性损益(ENOI)指标,Chen 和 Yuan(2004)、夏立军(2003)、张国清等(2004)研究发现我国上市公司为了进行再融资,利用线下项目的操控非常明显,并且线下项目是识别盈余管理的重要手段。因此,本节选取线下项目,包括投资收益、补贴收入、营业外收入、营业外支出,用其合计除以总资产,并经行业调整。但结果表明这些指标与再融资否决结果之间均不存在显著性,考虑到本书的篇幅,实证结果这里不再报告。

6.2.5.2　对假设 6.2 的检验

此处要明确的是再融资议案表决后的两年,公司业绩是否具有可比性,这种业绩差异来自新增再融资项目还是原有项目的支撑?因此我们首先对再融资实施情况进行分析。在表 6.5 中,我们发现样本中共有 73 家公司获得流通股股东的通过,17 家遭到否决。另据统计,在获得通过的 73 家样本中,只有 44 家在随后三年中实施了再融资,在实施再融资的公司中,发现大部分公司实施较晚,有 40 家是在转年的下半年或第三年才实施。考虑到大型项目的建设周期较长,我们认为再融资项目在当年难以产生效益。因此,完全可以说在再融资议案表决的两年内,公司业绩主要来自于原有项目,我们可以将两类公司进行对比。

1. 变量设计

被解释变量:$ROE_{avg(0,+1)}$ 代表再融资议案表决当年及转年这两年的 ROE 平均值,并经行业中位数调整。该种方法借鉴了 Chen 和 Yuan(2004)对配股未来三年内的业绩衡量。

解释变量:VETO 代表再融资议案否决结果,0 为通过,1 为否决。

控制变量：ROE_{-1}代表再融资议案表决前一年的 ROE，基金持股比例(FUND)，基金持股时间(TIME)。

2. 模型设计及实证结果

(1) 模型设计

本节将考虑下列因素对再融资公司未来业绩的影响，称之为未来业绩识别模型：

$$ROE_{avg(0,+1)} = \beta_0 + \beta_1 VETO + \beta_2 ROE_{-1} + \beta_3 FUND + \beta_4 TIME + \sum \beta_i ControlVariable + \varepsilon_i \quad (6.4)$$

未来业绩识别模型如表 6.10 所示。

表 6.10 未来业绩识别模型

被解释变量：未来两年业绩			
	预期符号	系数	*T*-stat.
常数项	?	-4.015	-0.618
否决结果	-	-9.715**	-2.228
前一年净资产收益率	+	0.969***	3.550
基金	+	0.211	0.971
基金持股时间	?	1.617	1.170
年度		Controlled	
行业		Controlled	
大股东类型		Controlled	
再融资方式		Controlled	
Adjusted *R*-squared		0.229	
DW		1.915	

注：本表是模型(6.4)的回归结果，是再融资议案否决结果与未来公司业绩关系的回归分析。样本为从 2002 年到 2005 年年末，流通股股东在分类表决制下对再融资议案的表决，共 90 个样本。各变量的含义和计算方法见表 6.6。*、**、*** 分别表示在 10%、5% 和 1% 的显著性水平上显著。

变量 VETO 与 $ROE_{avg(0,+1)}$ 在 5% 的水平上显著负相关，说明越是被否决(通过)的公司未来业绩越差(好)，反映出分类表决制对公司未来业绩予以了有效识别，假设 6.2 得到支持。前一年净资产收益率与未来业绩在 1% 的水平上显著正相关。同时，基金持股比例、基金持股时间与未来业绩正相关但不显著。

(2) 稳健性检验

在 Chen 和 Yuan(2004)的论文中，发现了上市公司有严重的利用线下项目进行盈余管理的问题，本节同样利用 Chen 和 Yuan(2004)所使用的“Operating ROE”(OROE) 进行稳健性检验，并进行了行业中位数调整，主要结论完全一致。

6.2.5.3 对假设 6.3 的检验

本节将对 CVS 前后实施了再融资的样本进行追踪，比较其再融资实施后两年的股票超额收益率。1997—2001 年共有 699 家公司实施了再融资，而在 2002—2005 年 CVS 通过的 73 家公司中共有 46 家随后进行了再融资(其余 27 家公司并没有进行再融资)。

在比较之前有几点需要说明：一是若想研究“The New Issues Puzzle”就要追踪该股票未来几年的超额收益率，以分析再融资对股票长期收益的影响。但在中国股票市场上这是一件很困难的事情，因为再融资经常与资产重组事项相连，由于许多公司上市几年后就发生业绩严重下滑濒临亏损或已经亏损，各省市政府为了保住上市公司宝贵的“壳资源”，会通过行政干预促成其资产重组，股价也相应翻番或是更高。由此对研究再融资的市场反应产生极大的噪音，因此必须要选取清洁样本，我们对 1997—2001 年间 699 家公司进行筛选，剔除股权转让并导致主要经营业务发生变更的 314 家公司，获得 385 个最终样本。同样，对于 2002—2005 年 CVS 实施再融资的 46 家样本剔除 2 家股权转让样本，获得 44 个最终样本，如表 6.11 所示。二是本节分别考察再融资实施样本在未来 6、12、18、24 个月买入并持有的平均收益率和超额收益率(Buy and Hold Abnormal Returns，BHAR)，如表 6.12 所示。

表 6.11 剔除资产重组后再融资实施样本

	1997—2001	2002—2005
股东大会表决数	722	90
股东大会通过数	715	73
实施配股数	699	46
因资产重组被剔除	314	2
计入实施再融资样本数	385	44

书中采用了计算 BHAR 的常用方法，见 Ritter(1991)。BHAR 的计算公式如下：

$$\text{bhar}_i = \prod_{t=1}^{T}(1 + R_{i,t}) - \prod_{t=1}^{T}(1 + R_{M,t}) \quad \text{BHAR} = \sum_{i=1}^{N} w_{i,t} \times \text{bhar}_i$$

其中,BHAR 是全部样本的买入并持有超常收益率;$bhar_i$ 是第 i 个样本的买入并持有超常收益率; N 是样本的个数;$w_{i,t}$是按照市值加权平均的市值权重,等权平均时为 $1/N$,本节采用等权平均;T 是持有时间;$R_{i,t}$是第 i 个样本在第 t 月的月收益率;$R_{M,t}$是上证综合指数。

表 6.12 未来两年买入—持有收益率之差

	平均收益率	差异	t 值	超额收益率	差异	t 值
$T=6$	0.0367	0.415	-7.048***	-0.0103	0.110	-2.513**
	0.4526			0.1001		
$T=12$	0.0433	0.568	-7.353***	-0.028	0.117	-2.070**
	0.6117			0.089		
$T=18$	0.0074	0.491	-5.490***	-0.0516	0.137	-2.375**
	0.4985			0.0857		
$T=24$	0.0056	0.046	-0.637	-0.0824	0.054	-1.088
	0.0511			-0.0284		
分类表决前样本数				385		
分类表决样本数				44		

注:表中分别统计了买入并持有 6、12、18、24 个月的平均收益率以及扣除同期市场指数(上证综指)涨幅的超额收益率。*、**、*** 分别表示在 10%、5% 和 1% 的显著性水平上显著。

从表 6.12 的统计结果看,分类表决制获得了市场的认同。再融资实施后两年内采用 CVS 的样本组其买入—持有所获得的超额收益率(BHAR)均显著高于未采用 CVS 的样本组,两者 BHAR 之差最高达 13.7%($T=18$)。在四个统计期中,除最后一期,其他年度两组样本超额收益率均值和平均收益率均值均存在显著差异,采用 CVS 的样本组其 BHAR 显著高于未采用组,而且这种差异持续了 18 个月。

6.2.6 研究结论

本节对我国大小股东利益冲突下,赋予中小投资者超额投票权的分类表决制进行了研究,发现分类表决制具有以下积极的作用:第一,再融资议案的否决率显著提高,并且基金持股比例与再融资议案否决显著正相关;第二,表决结果具有理性特征,在否决组中基金持股比例越高其未来业绩越差,说明被否决的再融资议案确实是因为未来业绩较差,而这种决策的理性来自于基金作为成熟投资者的分析识别能力；第三，从长期市场反应看，分类表决制获得了市场的认同。综上所述，分类表决制对大股东的肆意侵权行为予以了反击，在我国大股东肆意侵占中小投资者利益的情况下，分类表决制的出现是对大股东掠夺行为的一种威慑和阻碍。随着投资者结构的改变，基金的力量不断壮大，分类表决制的作用日益体现。

在我国股权高度集中、一股一票表决权在使大股东意志上升为公司意志的同时，却使小股东的意志对公司决策变得毫无意义，使股东大会流于形式，从而出现小股东意志与其财产权益相分离的状态，这在一定程度上破坏了股东之间实质上的平等关系。面对该种法律关系上的实质不平等，一些发达国家的经验值得我们借鉴，如美国的《平权法》[①]，给予弱者"优先机会"，强调"所谓公平，不只是权力和理论，更是事实和结果"，而这种保护弱者的"优先精神"也同样应该给予中小投资者，这样才能保证市场的公平。另外，国外也有与我国分类表决制类似的"一票否决权"，如英国为了维护国家利益而出现的"黄金股"。[②] 这说明无论是政治还是经济方面，当博弈人面对完全不平等的博弈格局时，通过投票权的制度改进既可以在一定程度上保护弱者的利益，给弱者一个公平的市场竞争空间，也是发达国家解决政治和经济问题的有效工具。以上研究表明，在我国代理问题严重的制度背景下，投票权的制度改进应该有更为广泛的运用与拓展。

---

① 《平权法》(*Affirmative Action*)始于1961年3月，由美国总统肯尼迪签署，到1965年约翰逊总统任职时进一步完善。约翰逊总统指出平权的原则不只局限于平等的原则，而应该解释成对黑人等少数民族在就业和就学方面的优先考虑、优先机会。他在哈佛大学的演讲中提到："你不能把一个才从很多年的手铐脚镣束缚中解救出来的人，立刻将他带到与别人并肩的起跑线上，对他说'你可以和别人自由竞争'，并且相信这样做是绝对公平的。因为对于打开一道公平的大门，我们要做的不止这些。如果我们全体公民都能够从公平的大门下通过，那么所谓公平，不只是权力和理论，更是事实和结果。"

② "黄金股"(Golden Share)最早出现在20世纪70年代末英国政府进行国有企业公司改制过程中。1979年保守党撒切尔政权上台后，采用了自由主义的经济政策(新保守主义)，推行了国有企业的民营化。但是，在推行私有化道路时，考虑到国有企业股份制改造后，政府可能再无权对企业的经营管理进行任何形式的干预和控制，而有的国企关系到国计民生、国家安全，如果完全失控，就有可能出现不利影响。为此，英国政府在转让国有股份的同时，发行由政府或财政部持有的"黄金股"，即特权优先股。"黄金股"不同于普通股和优先股，它不代表任何财产权利，"黄金股"股东和优先股股东一样没有普通股的投票权，而且也没有一般的股票收益权，但"黄金股"股东(一般为政府)掌握着公司一些重大经营决策中的"一票否决权"，但这个特别否定权不针对企业管理层人员的任免、企业生产经营管理与分配等一般权限范围。

第三节 股权分置改革的投票权检验

6.3.1 股权分置改革的制度背景分析

6.3.1.1 对价的含义

2005年,证监会32号文件颁布了《关于上市公司股权分置改革试点有关问题的通知》,意味着本次股权分置改革被监管层定位于不是向广大股民支付补偿,而是非流通股为获得流通权,向流通股股东支付对价。那么,这个以往鲜为人知的“对价”又是什么?有关人士的解释是:对价(Consideration)是英美合同法中的概念。“从法律关系看,对价是一种等价有偿的允诺关系,某人允诺是为了换取另外一个人对允诺的承诺。”比如,有偿合同是交易关系,是双方财产的交换,是对价的交换。那么按照对价的定义就意味着先前在二元股权结构下,流通股股东所承担的所有高额融资付出的成本将一概不予考虑。支付对价是为了换取流通权,事实上支付对价本身就是一种补偿,只不过它不是对历史的补偿,而是对未来流通权的补偿。从本次股改的定位来看,监管层集中了高度的智慧,竭尽所能地在避免一个词语“补偿”,但是公布的对价方案却明显带有补偿的含义,“股票不进行除权处理”,送股不除权是白送股票的同义词,不是补偿又是什么?

早在2005年5月8日沪深交易所就发布了《上市公司股权分置改革试点业务操作指引》,要求“股权分置改革方案实施的股权登记日后的第一个交易日,证券交易所不计算公司股票的除权参考价、不设涨跌幅度限制、不纳入当日指数计算”。三一重工完成股改复牌前,上证交易所再次发出通知,称凡股权分置改革实施后复牌的上市公司股票,复牌首日“不作除权处理”。上述两个通知与补偿论暗合,说明用送股的方式补偿流通股股东已经体现在交易所制订的法规中,对价的本质涵义就是补偿。然而市场是最为无情的,三一重工复牌首日就与通知的精神背道而驰,准确地进行了自动除权,由此送股就成了数字游戏,送5也好,送10也罢,送股除权给流通股股东的补偿变成了泡影。

那么本次股改还有一个最大的特点,就是流通股股东在涉及自身利益的重大问题时，受到高度重视。中国证监会此前发布的《关于上市公司股权分置改革试点有关问题的通知》规定，“方案如要获得通过，不仅要经参加表决的股东所持表决权的三分之二以上通过，并且要经参加表决的流通股股东所持表决权的三分之二以上通过”。有业内专家就此分析指出，现在流通股股东手中的1票实际等于非流通股股东的8票甚至11票，在巨大的杠杆效应下，流通股股东手中的投票权价值显著提高。因此，在股改的过程中，流通股的投票权就自然而然地成了改革成功与否的关键，而在流通股中已经形成的流通股大股东——基金的投票权就成为了瞩目的焦点。

6.3.1.2 对价方案的设计

从已经公布的股改方案样本看，“价值不变法”、“合理市盈率法”及“超额市盈率法”基本形成三足鼎立之势。但从对价的内涵看，市盈率法(合理市盈率法及超额市盈率法)是被使用最为广泛的方法。该方法的原理是不使流通股股东在方案实施前后持股市值受损，基本计算公式为 $P = Q(1 + R)$，其中 P 为改革前流通股股价，Q 为方案实施后股价，R 为对价股份数量。在这种方法中，市盈率设定越高、每股收益(一般取2004年或2005年全年每股收益作为全流通后2006年或2007年的每股收益)越高，方案实施后股价越高，则对价越低。另一种方法“价值不变法”的原理是股改前后非流通股与流通股价值均保持不变，股改前流通股价值为流通股股数乘以股票历史平均价格，股改后流通股价值为对价之后的流通股股数乘以股改后的股票价格。

但是从已经通过的股改方案看，在依据上述方法计算出对价后，主要取决于流通股股东与非流通股股东的谈判能力，确定最终对价。从目前试点公司的对价方案看，在重要指标的选取上，如市盈率、净资产、流通前流通股价[①]等这些指标的设定不同，导致对价方案的基准不一。但是所有上市公司的对价方案，都是依据同一个原理，即流通股股东在股改前后的价值不变，据此计算出应向流通股股东支付的送股数量，可以换算成送权证、派现、缩股等方式，因此按照送股比例可以对所有对价方案进行比较。

6.3.1.3 对价支付水平的测算

在本节的研究中，将构建三个实证模型，依次研究机构投资者持股与对价方

① 如在流通前流通股股价的选取上，有的公司取停牌前5个交易日的股价作为均价，有的公司则取停牌前60个交易日或30个交易日的股价作为均价，这样就会使股价产生较大的差异。

案的送达率、送出率和实际对价支付因子的关系。三个模型从不同视角对对价方案予以全面揭示。首先,“送达率”(SDL)是指流通股股东最终实际获得的“对价”,折合成每10股获送的股数。“送出率”(SCL)是指非流通股股东为了解决股权分置问题,向流通股股东支付的成本,用所支付的非流通股占全部非流通股的比例表示,也就是说非流通股股东用多大比例的对价支付换取了流通权。可见这两个指标均为单项指标,但角度不同,一个考察流通股股东的获利补偿,另一个考察非流通股股东的支付成本,二者互为补充。但是,在二者的关系上存在用很小数量的“送出率”就可以体现为较大比例的“送达率”,这种关系在国有控股大盘股中体现得尤为明显。所以说,上述两项指标的缺陷是因为每一家上市公司的情况不同,其合理对价水平区间也不同,因此无法反映出流通股股东所获得对价补偿的真实水平。基于此,在前两项指标之外,本节推导出一个综合性考评指标“实际对价支付因子(π)”,衡量每一个股改公司在合理对价水平区间内所获得的对价补偿水平。通过以上三个模型,本节分别从横向、纵向对股改对价方案进行了分析,而且通过“实际对价支付因子”揭示市场的整体对价水平是否合理。下面将介绍对于“实际对价支付因子”的推导。

赵俊强等(2006)较好地推导出了我国股改过程中的合理对价水平区间,我们予以借鉴,并在此基础上进一步推导出实际对价支付因子。

依据赵俊强的文章,设非流通股股本为 S_1,流通股股本为 S_2,非流通股向流通股支付的对价为 φ(送股、送现金、送权证均可以折合为送股),S'为所获得的对价,$\varphi=\dfrac{S'}{S_2}$。股改实施前,流通股的股价为 P,非流通股的股价为 P_1;股改实施后,非流通股依据市价上市流通,公司股价为 P',流通股股东股改后的价值变化为

$$\Delta V_2 = (S_2 + S')P' - S_2P = S'P' - S_2(P - P') = S'P' - S_2\Delta P \quad (6.5)$$

流通股股东接受股改对价的条件是 $\Delta V_2 \geqslant 0$,则

$$\varphi = \frac{S'}{S_2} \geqslant \frac{\Delta P}{P'} \quad (6.6)$$

非流通股股东股改后的价值变化为

$$\Delta V_1 = (S_1 - S')P' - S_1P_1 = S_1(P' - P_1) - S'P' = S_1\Delta P' - S'P' \quad (6.7)$$

非流通股股东接受股改对价的条件是 $\Delta V_1 \geqslant 0$,由于流通股股东的对价来自于非流通股股东的补偿,因此可以推导出

$$\varphi = \frac{S'}{S_2} \leqslant \frac{\Delta P'}{P'} \times \frac{S_1}{S_2} \tag{6.8}$$

由此，流通股股东与非流通股股东均可以接受的股改对价合理区间为

$$\frac{\Delta P}{P'} \leqslant \varphi \leqslant \frac{\Delta P'}{P'} \times \frac{S_1}{S_2} \tag{6.9}$$

在借鉴赵俊强等(2006)的合理对价水平区间公式后，我们进行了后续研究，即依据该公式确定每一家股改公司的实际对价支付因子。设 π 为实际对价支付因子，R 为送达率；R_L 为对价下限，$R_L = \frac{\Delta P}{P'}$；$R_H$ 为对价上限，$R_H = \frac{\Delta P'}{P'} \times \frac{S_1}{S_2}$。

对于实际对价支付因子的确定，存在以下几种情况：

(1) 一般情况下，$R_L < R < R_H$，$\pi = \frac{R - R_L}{R_H - R_L}$。

(2) 特殊情况下[①]，$P' < P_1 < P$，则 $R_H < R_L$，$R < R_L$。在两类股东均要求股改后价值不能降低的前提下，流通股股东所要求的最低对价补偿高于非流通股股东所愿意承受的最高对价支付，出现这种矛盾时，我们将遵照本次股改的政策精神[②]，以流通股股东的利益为重，以流通股股东股改前后价值不变原则为基准，此时实际对价支付因子设定为：$\pi = \frac{R}{R_L}$。

(3) $R < R_L < R_H$，送达率落在合理对价水平区间的下限以外[③]，实际对价支付因子 π 为0。

(4) $R_L < R_H < R$，送达率落在合理对价水平区间的上限以外，实际对价支付因子 π 为1。

综上所述，合理对价水平因子归纳如表6.13所示。

① 此处，本书对于合理对价区间的考虑不同于赵俊强等(2006)，即当合理对价水平区间上下限倒置时，将实际对价支付因子进行处理后，一并纳入合理对价水平区间予以考虑。

② 在证监会2005年颁发的《关于上市公司股权分置改革试点有关问题的通知》(简称《通知》)中，开宗明义地提出"在解决这一问题时要尊重市场规律，有利于市场的稳定和发展，切实保护投资者特别是公众投资者的合法权益"。

③ 同时考虑了去处离群值的影响，下同。

表 6.13　实际对价支付因子统计

条件	π	样本数
$R < R_L < R_H$	0	129
$R_L < R_H < R$	1	160
$R_L < R < R_H$	0—1	549
$R > R_H, R < R_L$	0—1	121
合计		959

由此,我们获得了各种情况下的实际对价支付因子。现对其具体指标的选取作出如下说明:对股改实施前流通股的股价 P,选取获准股改开始日前一交易日的收盘价;股改前非流通股的股价 P_1,选取股改前一年的每股净资产;股改实施后的股价 P',选取实施复牌日之后一个月的交易日收盘价,这样做的理由是实施复牌当日,信息冲击效应大,股价可能不能真实反映全流通后的公司价格,如果延长一个月的时间,股价对信息流的冲击进行充分消化,能够更客观地反映流通后的均衡价格。

6.3.2　流通权的价值

本次股改对价的实质是非流通股股东在未来获得流通权而向流通股股东支付的对价。那么以往关于流通权的研究获得了如下结论:

陆正飞(2004)对非流通股和流通股的股权价值差异从资本成本的角度进行分析,认为两类股权未来的现金流量相同,其价值差异来自折现率即股权资本的成本差异。非流通股股东因为缺乏流通性,承担了额外的流动性风险,因此所要求的回报率更高,从而导致股权价值低于流通股股价。

Chen 和 Xiong(2001)分析了 2000 年 8 月至 2001 年 7 月间中国上市公司中法人股拍卖和协议转让的数据。他们发现拍卖和协议转让的法人股股价分别只是相应流通股股价的 22% 和 14% 。

那么对于本次股改,唐国正等(2005)研究认为《通知》没有支持投资者的历史诉求,几乎没有保护他们免受流通股带来的供给冲击的权益,改革的结果主要依赖于两类股东谈判力量的对比,具有不确定性。朱凯、陈信元(2005)以转配股上市为样本,运用事件研究方法,分析了股权结构与流通股价值的关系。研究结果表明,非流通股上市比例对流通股当期收益的边际影响平均为 0.7% ,相当于非流通股股东为获得流通权应支付的对价。但是,本次股改相当于是改变了最初的“契约”,当初股票的发行定价及投资者在二级市场的交易价格,并没有包含非流通股将上市的预期,契约改变后所形成的流通股的巨大供给冲击将使得供给—需求的关系发生显著变化,流通权价值也会发生极大的改变。

Klein 等(1978)认为流通权价值是一个可以被剥削的准租。当非流通股转换为流通股时,非流通股股东转让股票所承担的交易成本下降,而且原先流通股股东行使退出契约的“自主权”时,将面临更多的竞争者,提高了原先流通股股东的交易成本。因此,提高流通股比例,将导致流通权价值的租值耗散,降低流通权价值。

Silber(1991)通过实证研究考察了新股上市后,流通股股价与同一公司发行的受到转让限制的股票(公司上市后两年内不得在交易所出售,但可以私下转让)之间的价格差异。他们发现,受到转让限制的股票私下转让的价格平均为同类全流通股票的65%。

中小股东虽然能够理性地预计到他们与公司内部人之间的利益冲突,但由于监督成本过高或者存在搭便车心理而难以有效地降低信息不对称程度,因此在智猪博弈分析中可以证明中小股东不参与投票是个体最优决策,但是如果所有外部股东都是这样想,那么外部股东整体将受到最大的利益侵害,这就出现了个体理性与集体非理性问题。作为流通股大股东的基金管理公司有资源优势和专业能力参与上市公司的监督,保护自身的合法权益,这些监督成本分摊到每股上必然比中小股东直接参与监督具有成本优势,但问题是基金管理公司是否有动机参与监督上市公司。

基金管理公司是独立的利益主体,追求自身利益最大化是其根本目标。因此,在此次股改中,基金管理公司可能会作出三种选择:第一种,如果市场机制健全,基金业绩与流量间存在正向激励机制,基金不是短期过度投机的,那么基金会代表投资者的利益制衡上市公司的大股东行为,有意通过谈判提高股改对价。第二种,在监管层多次要求基金必须要配合改革、支持改革的大前提下,即便是股改方案令基金难以满意,迫于监管层的压力,基金也只能投赞成票。在这种情况下上市公司对基金管理公司或是基金经理的利益诱惑,使得基金很有可能与上市公司达成“合谋”，从而使对价方案偏低。[①] 第三种，基金没有“耐性”关注公司的财务业绩，而主要关注股价的波动注重短期投机，这时基金无意参与股改，只把股改当作炒作的题材，在不同的股票间进行投机，选择不作为即“用脚投票”，导致基金持股与对价方案的高低不显著相关。从基金参与股改的结果，可以反馈基金执行了哪种策略，投资者的利益是否可以因为基金的参与而获得提升。

6.3.3　基金投票与股权分置改革的实证研究

在我国资本市场上，侵害中小投资者的行为屡屡发生，这已成为制约我国资本市场以及上市公司发展的重要问题。随着机构投资者的崛起，我国公司治理结构发生重要变化。机构投资者是介于内部股东与外部中小投资者之间的第三方力量，与个人投资者相比，它们拥有资源优势和专业能力，在与上市公司管理层及大股东的制衡中占据优势。那么，中小投资者是否有望借助于机构投资者实现投资者保护？这就成为理论界和实务界迫切需要研究的课题。

本节将以股权分置改革为视角展开研究，以流通股股东最终获得的对价补偿作为投资者保护的替代指标，分析机构投资者参与股改是否可以为中小投资者争取更高的对价。众所周知，股权分置改革是为了解决长期以来桎梏我国资本市场发展的二元股权结构进行的重大改革。为了切实保护流通股股东的利益，监管层甚至推出了分类表决制。在分类表决制下，流通股股东有权行使一票否决权，这就注定了流通股中的大股东——机构投资者的投票权的行使成为了万众瞩目的焦点。在股改过程中，机构投资者有多种表现，既有基金发挥制衡作用，强烈要求上市公司提高对价方案的案例（如易方达基金对西山煤电的阻击），也有上市公司与机构投资者之间发生的“贿票”[②]、“拜票”[③]等暗箱操作。这不禁使我们产生疑问，机构投资者在股改中究竟扮演了怎样的角色？中小投资者能否借助于机构投资者实现对自身利益的保护？下面本节将通过构建实证

---

① 胡立峰认为，在分类表决制中，最可能出现的基金黑幕环节就是基金销售。在非流通股股东抛出巨额申购基金单子的时候，利益诱惑太大了，基金管理公司的自律行为很可能土崩瓦解。在分类表决制后，必须有配套的制度约束，约束基金管理公司和非流通股股东行为的规定。

② 股改中频曝黑幕，上市公司对机构投资者进行股改贿票，甚至出现基金经理向上市公司索贿现象。

③ 上市公司通常会按股东名册将持股较多的投资者一一挖出，拜访基金等机构投资者，虽相对麻烦但有的放矢。

模型予以研究。

6.3.3.1 研究假设

本次股改实质上是非流通股股东改变契约,向流通股股东支付对价换取流通权。在对于流通权的研究中,Klein 等(1978)认为流通权价值是一个可以被剥削的准租。当非流通股转换为流通股时,非流通股股东转让股票所承担的交易成本下降,而且原先流通股股东行使退出契约的“自主权”时,将面临更多的竞争者,提高了原先流通股股东的交易成本。因此,提高流通股比例,将导致流通权价值的租值被耗散,降低流通股价值。所以,这也是本次股改中,为何非流通股股东要向流通股股东支付对价、换取流通权的理论依据。

我国学者对本次股改进行了一系列相关研究。唐国正等(2005)以首批四家试点公司的流通股股东投票结果为研究对象,研究了公众投资者的支持率差异,发现本次股改没有支持投资者的历史诉求,几乎没有保护他们免受流通股带来的供给冲击的权益,改革的结果主要依赖于两类股东谈判力量的对比,具有不确定性。吴超鹏等(2006)对影响对价支付的诸因素进行了实证,其中关于机构投资者的结果表明机构投资者未发挥议价能力。赵俊强等(2006)发现在流通股股东和非流通股股东均获得增量收益的公司中,股改的增量收益未能在两类股东间均分。张俊喜等(2006)认为上市公司在股改过程中采取了一定的策略,平衡了各方利益。沈艺峰等(2006)发现我国股权分置改革中对价水平存在“群聚”现象,集中于 10 送 3,并将这种情况归之为保荐市场的寡头垄断。

以上研究从股改的对价水平、对价水平的影响因素、公众投资者的利益诉求方面,进行了有针对性的研究。但是,本次股改的特色是两类股东博弈,而对于流通股股东的重要代表——机构投资者却缺乏独立、深入的研究。虽然吴超鹏等(2006)在影响对价支付因素的研究中提到机构投资者未发挥议价能力,但样本集中于股改初期的 330 家上市公司,而且不同的上市公司其对价的合理区间不同,仅以送达率、送出率并不能客观衡量对价水平,从而无法辨别机构投资者所发挥的真实作用。而本节在已有文献的基础上,延长样本期间,构建机构投资者持股与对价影响模型,同时推导出“实际对价支付因子”及模型,并以对价高低作为投资者保护的替代指标,对机构投资者的持股与投资者保护的关系进行全面研究。

另一方面,不同的机构投资者对中小投资者的保护程度不同。Ryan 和 Schneider(2002)从机构投资者的投资特点以及与上市公司间的业务独立性出发,对机构投资者参与公司治理所表现出的“股东积极主义”程度进行了排序:公共退休金被评为高度,私人退休金、共同基金被评为中度,保险公司、银行被评为低度。因此,在本节的研究中也将对机构投资者进行分类研究,研究对象包括证券投资基金(以下简称基金)、券商和 QFII。

由于对我国机构投资者所发挥作用的实证研究非常有限,仅有的文献是吴超鹏等(2006)研究发现机构投资者未发挥保护作用。由于在实践中既有上市公司向机构投资者的“贿票”行为,也有基金的集体阻击行为,因此我们提出以下两种竞争性假设:

假设 6.4a 在股改中,机构投资者持股比例与对价方案负相关,机构投资者不能保护中小投资者的利益。

假设 6.4b 在股改中,机构投资者持股比例与对价方案正相关,机构投资者能够保护中小投资者的利益。

6.3.3.2 研究设计

自股改开始至 2007 年 7 月末共有 1 215 家上市公司的股改方案获得股东大会通过,剔除部分采用资产重组、回购等无法辨别送达率的上市公司,以及数据缺失的上市公司,共获得有效样本数 959 家。所有数据全部来源于 WIND 数据库,采用 EVIEWS、SPSS 统计软件。

为了全面充分地研究机构投资者持股对对价方案的影响,本节将以送达率、送出率和实际对价支付因子为被解释变量,构建三个多元回归模型;分别从流通股股东的获利补偿、非流通股股东的支付成本、实际对价支付在合理对价区间中所处的水平,这三方面对机构持股与对价方案的高低进行研究。

对于机构投资者,我们选取了国内目前最为重要的三大机构投资者:基金、券商、QFII,同时加入必要的控制变量。在 Badrinath, Gay and Kale(1989),汪光成(2001)的研究中,认为机构投资者持股比例较高的公司一般盈利能力较强,成长能力较高、规模较大,因此在研究机构持股与对价关系时,公司规模、主营业务收入增长率、净资产收益率需予以控制,有利于提高回归结论的可靠性。吴超鹏等(2006)、赵俊强等(2006)、张俊喜等(2006)均发现非流通股比例是影响股改对价的重要指标,需予以控制;吴超鹏等(2006)采用研究几大股东相互制衡的 Shapley 指数,发现第一大股东的控制力影响股改对价,因此本节中对第一大股东持股比例予以控制。另外,由于对价计算中涉及每股净资产,因此控制变量中加入上年每股净资产、IPO 时每股净资产。由于不同股权性质对对价安排可能存在不同影响,还加入最终控制人指标。最后,因为本节是从投票权的角度进行研究,因此加入流通股股东认可程度指标(赵俊强等,2006)、股改方案是否调整指标。相关变量见表 6.14。

表 6.14 变量一览表

变量类型	变量名称	含义及计算方法
被解释变量	送达率	SDL,每 10 股送股比例,送股、送现金、送权证均可以折合为送股
	送出率	SCL = 支付的非流通股/全部非流通股比例
	实际对价支付因子	π,送达率在合理对价区间中所处的水平
解释变量	基金	Fund,股改前一季度基金持股占流通股比例
	券商	Secu,股改前一季度证券公司持股占流通股比例
	合格境外机构投资者	QFII,股改前一季度 QFII 持股占流通股比例
控制变量	上年度每股净资产	NTA_Last,股改前一年度每股净资产
	IPO 时每股净资产	NTA_IPO
	最终控制人	Control,最终控制人类型(0,国有控股;1,民营控股;2,外资控股;3,集体控股;4,社会团体控股;5,职工持股会控股)
	股改方案调整	Change,股改方案未调整,0;调整,1
	公司规模	Size,股改前一年度公司规模的自然对数
	第一大股东持股比例	Top1,股改前一年度第一大股东持股比例
	净资产收益率	ROE,股改前一年度净资产收益率
	非流通股比例	Illiq = 股改前一年度非流通股股本/全部股本
	主营业务收入增长率	Grow,股改前一年度主营业务收入增长率①
	流通股股东认可程度	Accept = 流通股表决同意所占股份/流通股表决反对所占股份

由此,本节的模型设计如下:

$$
\begin{aligned}
Y = {} & \gamma_0 + \gamma_1 \text{Fund} + \gamma_2 \text{Secu} + \gamma_3 \text{QFII} + \gamma_4 \text{NTA\_Last} + \gamma_5 \text{NTA\_IPO} \\
& + \gamma_6 \text{Control} + \gamma_7 \text{Change} + \gamma_8 \text{Size} + \gamma_9 \text{Top1} + \gamma_{10} \text{ROE} \\
& + \gamma_{11} \text{Illiq} + \gamma_{12} \text{Grow} + \gamma_{13} \text{Accept} + \varepsilon_i
\end{aligned}
\tag{6.10}
$$

① 本书同时设定了股改前三年度主营业务收入平均增长率,进行了稳健性检验,主要研究结论没有变化。

其中,被解释变量 Y 分别为送达率、送出率、实际对价支付因子。

6.3.3.3 实证结果及分析

1. 描述性统计及相关性分析

描述性统计如表6.15所示。从描述性统计看,第一,送达率平均为29.8%,表明市场平均送股水平是10送3;送出率平均为17.17%,表明非流通股股东平均向流通股股东支付了1/6的股份换取了流通权;实际对价支付因子平均为0.42,低于中等水平。第二,在机构持股比例中,基金持股比例最高,平均持股比例占流通股的4.13%,其次是券商为0.74%,最后是QFII为0.46%,基金持股明显高于另两类机构投资者持股。其他变量同见表6.15。

表6.15 描述性统计

	最小值	最大值	平均值	标准差
送达率(%)	0.000	104.987	29.843	9.370
送出率(%)	1.170	57.050	17.174	8.286
实际对价支付因子	0.000	1.000	0.424	0.362
基金	0.000	67.442	4.128	9.618
券商	0.000	90.086	0.744	3.367
QFII	0.000	27.297	0.462	1.873
上年度每股净资产	-9.640	11.260	2.867	1.555
IPO时每股净资产	0.310	11.260	2.307	1.433
最终控制人	0.000	5.000	0.407	0.770
股改方案调整	0.000	1.000	0.827	0.378
公司规模自然对数	7.616	11.716	9.237	0.437
第一大股东持股比例	0.060	0.838	0.410	0.161
净资产收益率	-12.435	15.600	0.017	0.810
非流通股比例	0.146	0.913	0.610	0.111
主营业务收入增长率	-110.44	1041.09	20.501	57.270
流通股股东认可程度	1.000	924.309	21.122	49.403

表6.16列示了Spearman相关分析结果,表明:第一,送达率与基金、券商、QFII显著负相关,送出率与QFII显著负相关,实际对价支付因子与QFII显著负相关。这些结论与预期假设1一致,在控制其他相关变量后,本节将采用多元回归的方式进一步检验。第二,各自变量间并不存在较大的相关性,自变量间最大相关系数为0.362(Top1与Illiq之间),这表明自变量间并不存在多重共线性。

表 6.16 Spearman 相关分析

	SDL	SCL	π	Fund	Secu	QFII	NTA_IPO	NTA_Last	Control	Illiq	Change	Size	Top1	ROE	Grow	Accept
SDL	1.000															
SCL	0.187**	1.000														
π	0.213**	0.546**	1.000													
Fund	-0.120**	-0.033	-0.054	1.000												
Secu	-0.090**	-0.011	-0.006	0.190**	1.000											
QFII	-0.132**	-0.165**	-0.151**	0.186**	0.050	1.000										
NTA_IPO	0.016	-0.048	-0.032	-0.060*	0.050	0.010	1.000									
NTA_Last	0.013	0.098**	0.329**	0.229**	0.163**	0.141**	0.229**	1.000								
Control	-0.146**	-0.090**	-0.069*	-0.068*	-0.018	-0.075**	0.105**	-0.061*	1.000							
Illiq	0.325**	-0.523**	-0.282**	0.041	-0.006	0.072*	0.034	0.012	-0.017	1.000						
Change	0.062	0.110**	0.068*	-0.002	0.042	-0.011	-0.047	0.076**	-0.214**	-0.004	1.000					
Size	-0.082*	-0.031	0.186**	0.250**	0.146**	0.227**	-0.111**	0.336**	-0.278**	-0.103**	0.121**	1.000				
Top1	0.188**	-0.174**	0.014	0.093**	0.041	0.133**	-0.135**	0.149**	-0.324**	0.362**	0.125**	0.243**	1.000			
ROE	-0.192**	-0.205**	-0.202**	0.302**	0.183**	0.275**	0.107**	0.241**	0.001	0.166**	-0.105**	0.180**	0.090**	1.000		
Grow	0.003	-0.051	-0.069*	0.067*	0.030	0.038	0.033	0.080**	0.005	0.063*	-0.061*	0.075**	0.059*	0.016	1.000	
Accept	0.053	0.051	-0.019	0.185**	0.026	0.061*	-0.005	0.014	-0.082**	0.002	0.002	0.047	0.021	0.166**	0.006	1.000

注：**、*分别表示相关系数在 1%、5% 水平上显著（双尾）。

2. 实证结果

模型回归结果如表 6.17 所示。

表 6.17 模型回归结果

回归模型 被解释变量	模型 1 送达率	模型 2 送出率	模型 3 实际对价支付因子
常数	11.343	60.628***	-0.116
	(1.434)	(10.581)	(-0.403)
基金	-0.134***	-0.060**	-0.010***
	(-3.898)	(-2.419)	(-7.580)
券商	-0.294*	-0.126**	-0.007**
	(-1.779)	(-2.038)	(-2.427)
QFII	-0.208***	-0.405***	-0.024***
	(-2.665)	(-3.105)	(-4.051)
上年度每股净资产	0.039	0.962***	0.084***
	(0.177)	(5.511)	(10.473)
IPO 时每股净资产	-0.045	-0.400**	-0.023***
	(-0.202)	(-2.221)	(-2.783)
最终控制人	-1.438***	-0.641*	-0.018
	(-3.620)	(-1.851)	(-1.231)
股改方案调整	6.074***	2.308***	0.133*
	(2.845)	(3.729)	(1.677)
公司规模	-0.235	-1.068***	0.036***
	(-0.685)	(-4.124)	(2.922)
第一大股东持股比例	0.077	-1.235	0.158**
	(0.037)	(-0.726)	(2.076)
净资产收益率	0.855*	0.343	-0.004
	(1.724)	(0.840)	(-0.233)
非流通股比例	30.532***	-37.586***	-0.907***
	(10.079)	(-15.661)	(-8.141)
主营业务收入增长率	-0.002	0.000	-0.000**
	(-0.293)	(-0.099)	(-2.303)
流通股股东认可程度	0.004	0.003	0.000
	(0.588)	(0.600)	(-0.166)
F	14.344	31.431	24.853
DW	1.89	1.906	1.806
调整后 R^2	0.157	0.295	0.253

注:本表是模型(6.10)的回归结果。从模型 1 到模型 3 的被解释变量分别为送达率(SDL)、送出率(SCL)、实际对价支付因子。自股改开始至 2007 年 7 月末共计 1 215 家上市公司的股改方案获得股东大会通过,剔除部分采用资产重组、回购等无法辨别送达率以及数据缺失的上市公司,共获得有效样本数 959 家。各变量的含义和计算方法见表 6.14。括号中的数字为回归参数的 t 检验值。*、**、*** 分别表示在 10%、5% 和 1% 的显著性水平上显著。

实证结果表明，三个模型的 DW 值都接近于 2，表明模型残差中不存在一阶自相关，反映出模型在解释变量和控制变量的选择上是比较合理的。在所有模型中，解释变量中的基金持股比例（Fund）、券商持股比例（Secu）、QFII 持股比例均与被解释变量呈显著负相关，这表明机构持股与流通股股东所获得的对价补偿全部为负向关系。实证结果与假设 6.4a 一致，基金、券商、QFII 持股比例越高，流通股股东所获得的对价越低，机构投资者对流通股股东不具有保护作用。该结论与吴超鹏等（2006）将机构投资者汇总研究得到的结论一致。这样的结论令人思考，难道机构的谈判能力反而不如中小投资者吗？当然不会，只有一种解释，在股改过程中，当机构投资者与上市公司间发现合作对双方都是最为有利时，便会选择合作战略，从而降低了对上市公司管理层及大股东的制衡能力，因此股改中机构投资者不能成为中小投资者的代言人，不能实现对中小投资者的利益保护。

问题从另外的角度考虑，为什么机构持股比例与对价方案负相关？也许不是因为机构投资者与上市公司间的战略合作降低了对价，而是机构的要价合理，而个人股东要价过高，抬升了对价所致？本节的统计数据给出了否定答案。实际对价支付因子（π）平均仅为 0.42，低于中等水平，表明股改对价的整体支付水平并不高，非流通股股东也不存在过度支付。

另外，从控制变量的结果看，以下控制变量在三个模型中的符号一致；股改方案调整，在三个模型中都与被解释变量显著正相关。上年度每股净资产在三个模型中都与被解释变量正相关，但在模型 1 中不显著。IPO 时每股净资产在三个模型中都与被解释变量负相关，但在模型 1 中不显著。最终控制人①在三个模型中都与被解释变量负相关，但是没有通过模型 3 的显著性检验，这表明若以送达率、送出率进行比较，国有企业确实较其他性质的企业的送达率、送出率更高。最后，流通股股东认可程度在三个模型中都与被解释变量不显著相关。

而以下几个控制变量的符号在三个模型中结果不一致：非流通股比例，与送达率显著正相关，但是与送出率、实际对价支付因子显著负相关。这个结论验证了前文的预期，非流通股比例提高可以提高送达率，但是会降低送出率和实际对

① 本书又将“最终控制人”按照国有控股、非国有控股设为 0、1 变量进行检验，笔者据此检验后发现两种变量设计方案下的结果基本一致。

价支付因子,这也再次表明仅仅以送达率作为对价方案的最终结果难以全面客观分析。而公司规模、第一大股东持股比例、净资产收益率在不同模型间的结论不同,若以综合评价指标为被解释变量的模型3为结论,公司规模、第一大股东持股比例与实际对价支付因子显著正相关,净资产收益率与实际对价支付因子不显著相关,这表明大公司、第一大股东持股比例越高的公司,在对价谈判中的让步越大,而且由于本次股改是以换取流通权为目的,因此公司的盈利状况,并不是影响对价高低的重要变量。

6.3.4 结论

本节对我国股权分置改革过程中,机构投资者持股与投资者保护进行了研究。结果发现,在已实现股改的公司中,股改方案的实际对价支付因子平均仅为0.42,表明股改对价的整体支付水平低于中等水平,流通股股东并不存在要价过高的现象。进一步的实证研究表明,机构投资者(基金、券商和QFII)持股比例与对价方案的送达率、送出率及实际对价支付因子显著负相关,这表明监管层出于保护投资者利益而设立的分类表决制虽然实施,但是寄望于借助机构投资者实现对上市公司管理层及大股东制衡的预想并没有实现。综合来看,以上的研究结论验证了Pound(1988)提出的机构投资者和上市公司间的战略合作假说,表明在股改过程中,虽然机构投资者具有谈判优势,但是并未发挥,股改中以机构投资者作为流通股股东的代言人,并不能实现对投资者利益的保护。

本节的实证结论令人深思。为什么机构投资者在本次股改中会成为投资者利益的损害者?原因可能有两点:一是本次股改过程中,采用了分类表决制,由于机构投资者(基金、券商、QFII)具有举足轻重的一票,在股改巨大利益的驱动下,导致股改过程中出现"贿票"、"拜票",上市公司向机构投资者进行利益输送。机构投资者是兼具投机性与投资性的市场主体,"逐利原则"是其根本目标,因此,如果不能对机构投资者投票的独立性加以严格限制,杜绝舞弊现象,就会促成上市公司与机构投资者间的合作,损害中小投资者利益。二是本次股改过程中,监管层一再强调"股改必须在年内完成"、"没有完成股改的公司不能再融资",这种政策精神违背了市场的博弈机制,在一定程度上也催生了上市公司与机构投资者间的合作。在监管层追求效率的同时损失的是公平。而证券市场从其诞生就恰恰是一个靠信用和信心维系的市场，只有在公平的竞争机制下，才能实现对投资者的保护，才能有利于证券市场的可持续、健康发展。

从另外的角度，本节的研究结果也引发了对代理投票权约束的思考。在美国，当养老金计划发起人将基金的管理权外包出去时，是否将投票权一同外包成为一个有争议的领域。多数公共退休金基金认为，它们应该持有投票权即便是将投资组合的管理权外包出去（Del Guercio 和 Hawkins，1999），它们认为将投资管理权和投票权分离可以防止外包基金经理的内部交易行为。另一方面，共同基金在受托管理基金财产时必须对重要事实（如投票权归属等）作如实陈述和提示、不能省略某些重要事实的陈述和提示以致产生误导。对于基金代为行使的投票权，基金必须在征得委托人充分授权后、按照委托人的意愿和利益代理行使相关权力。在征求委托人对投票权的授权时，必须完全符合 1940 年颁布的《投资公司法》、《投资顾问法》的相关规定，如果委托人愿意自行行使投票权，基金应提供全力的帮助和方便，如果违反上述法律，则构成欺诈罪，因为以上法律属于联邦法，类似的犯罪行为属于重罪。

第四节　研究结论

基金是介于内部股东与外部市场投资者之间的第三方力量。随着后股改时代的到来，在国有股逐渐减持和机构投资者不断增持下，基金的持股比例不断提高，由此导致我国基金在公司治理的地位将愈发重要。世界银行研究报告小组（2001）的报告认为，机构投资者持有股权比率只有达到某个临界值（占股票市场总额的 20%），它们才有可能积极地参与公司治理。那么，在我国基金持股比例没有达到上述临界值的情况下，现有研究对我国机构投资者参与公司治理的动机是怎样的，是否可以对上市公司有效行使监督职能，客观上对中小投资者是否起到保护作用，机构投资者的参与是否有利于提高公司治理水平，尚缺乏清晰认知。由于受制于以往国有股“一股独大”的股权结构，基金发挥治理职能较为有限，且由于隐藏于高度集中的股权结构下容易被忽视，因此相关实证研究匮乏。随着基金的快速发展，如果我们依然对基金参与公司治理的真实动机与效率缺乏足够的研究,那么将失去对实践的指导作用。

本章以独特的视角展开,通过研究分类表决制下,基金投票权陡然上升而与大股东展开博弈,研究了基金参与公司治理的动机与结果。本书以分类表决制为切入点,对2002年到2005年机构投资者持股与上市公司再融资议案的通过情况进行了实证研究。结果表明,对于市场较为反感的再融资行为,基金与中小投资者的立场相同,基金持股比例与再融资议案通过结果显著正相关,但券商持股比例与再融资议案通过结果不显著相关。研究发现,基金作为我国最大的机构投资者,其参与公司治理对公司管理层及大股东起到了监督效用,显著改变了公司重大决策。但是,券商不具有上述职能,其持股所发挥的作用远未如基金积极。本书从分类表决制下所获得的结论具有一般性意义,对于分析未来机构投资者参与公司治理的动机与结果具有预判作用。本部分验证了 Pound (1988)的效率监督假说,基金可以对公司管理层及大股东构成监督,其参与公司治理的结果是改变了公司重大决策,这种决策的改变最终将提升公司价值。

本章的结论表明,在我国股权高度集中,一股一票表决权在使大股东意志上升为公司意志的同时,却使小股东的意志对公司决策变得毫无意义,使股东大会流于形式,从而出现小股东意志与其财产权益相分离的状态,这在一定程度上破坏了股东之间实质上的平等关系。面对该种法律关系上的实质不平等,一些发达国家的经验值得我们借鉴,如美国的《平权法》,给予弱者的"优先机会"、"优先精神"也同样应该给予中小投资者,这样才能保证市场的公平。另外,英国的"黄金股"中实施的"一票否决"制更是分类表决制的代表。总之,本书对分类表决制的实施效果进行了实证研究,目的并不局限于研究分类表决制成功与否,更是探讨在高度集中的股权结构下,股东投票权如何配置才能缓解我国现有的大小股东之间的利益冲突,从而完善公司治理、提升公司价值。

综合本章所述,从招商银行的无分类表决制,到规定流通股通过率在50%以上的再融资表决,再到股权分置改革要求流通股通过率在2/3以上,我们看到在三种不同的机制下,随着外部流通股股东投票权的增大,基金的立场在发生变化。在招商银行[①]案例中未实施基金分类表决制,却表现出了最为强烈的股东积极主义;而在再融资表决中,基金与议案否决正相关;再到股权分置改革的分

① 类似的案例还有中兴通讯2002年的股东大会之争。

类表决，基金的公司治理功能反而不如中小投资者。这不禁使人思考，我们需要怎样的制度设计，才能保证不因设租而寻租？制度设计应是配套的，当给予机构投资者足够大的权利时，必须给予相应的制约。当政府既是制度的设计者又是参与者时，政府的过度干预会使市场秩序更加混乱，对市场机制的破坏使得投资者的利益进一步遭到破坏。要使机构投资者真正发挥公司治理作用，就必须存在一种机制使得机构投资者有动力站在外部股东的立场参与对上市公司的约束，维护外部股东的权益，而这种动力的前提就是公司治理可以切实给机构投资者带来利益。

有效的公司治理可以提升公司价值。在美国，机构投资者已经占据了股市的半壁以上江山，而且从我国未来的发展趋势看，机构投资者的比例将进一步提高。本书的研究表明，以证券投资基金为首的机构投资者的持股提高了对大股东的制衡能力，提高了公司的治理水平，但前提是必须保持投票的独立性并减少政府的行政干预。另外，我们也要看到，机构投资者在发挥股东积极主义方面的差异，国外市场的经验表明共同基金由于具有明显的短期行为特征并表现出对财务业绩的强烈追逐，因而只是中等程度的股东积极主义者（Sherman et al.，1998），明显弱于养老金，依赖共同基金并不能完全解决公司治理的问题。

第七章 研究结论和未来发展方向

第一节 研究结论

本书从功能观的角度研究了我国基金的融资功能、投资功能和公司治理功能及其对我国资本市场的影响,这些结论有助于我们全面、客观地看待基金的市场作用,并为政府监管提供建议。

7.1.1 研究结论

1. 基金的融资功能

许多国外文献证实了基金业绩和现金流之间存在正向激励关系,但本书对我国基金的实证分析表明,不存在好的基金业绩会导致更多现金流入的正向关系。进一步的研究表明,明星基金的品牌效应可以为明星基金带来净申购,但是并不能够对同家族的其他基金产生连带影响。这表明基金公司的“造星”策略,对明星基金是有效的,但并不能够惠及同家族其他基金。

但是政府“超常规、跨越式”发展基金的总体战略没有变,基金整体规模的壮大依靠不断地“发新补赎”,尤其是当市场处于下跌期,由此带来基金向市场输血—抽血的循环,股市的短期涨幅总是随时面临着短期抛压,这对于基金的投资策略以及股市的整体涨跌产生重要影响。

2. 基金的投资功能

第一,本书研究了震荡市场下基金的交易策略,发现机构投资者的交易行为从长期趋势看加剧了萧条期的持续下跌与繁荣期的不断攀升,强化了市场的动量效应,增强了市场的不稳定性。而且,本书发现机构投资者和个人投资者对政府干预的认知与解读完全不同,在市场处于极度悲观的情绪下,政策利好带给机构投资者信心,但是对个人投资者不起作用,个人投资者不看重政策的远景规划,更看重眼前的利益兑现。第二,本书对基金投资是否追求了价值进行大样本的实证研究。研究结果表明基金作为知情交易者其投资追求了价值,并提高了证券市场的定价效率。第三,本书量化了基金的价格压力效应,发现基金完全退出时的价格压力最大,从幅度上看远高于基金首次重仓买入和进行增减仓调整,这表明基金集中性卖出股票时支付了巨大的压力溢价。

3. 基金的公司治理功能

随着基金投票权价值的提高,基金持股可以加强对中小投资者的保护,本书的研究结论对我国现有股权结构下如何更为合理地配置股东权利提供了新思路。但对基金投票的独立性必须加强监管,否则会产生新的代理问题。证据是在股改巨大利益的驱动下,出现"贿票"、"拜票",上市公司向机构投资者进行利益输送。如果不能对机构投资者投票的独立性加以严格限制,杜绝舞弊现象,就会促成上市公司与机构投资者间的合作,损害中小投资者利益。

7.1.2 进一步的启示

按照 Merton 和 Bodie(1993,1995)的观点,金融体系的功能比组织结构更重要,基金生存与兴旺的目的在于实现证券市场的目标,提升证券市场的整体效率,由此引发对政府监管的思考:

1. 基金的发展不能超越其本身的功能

从国内外的实践看,基金只是一种金融中介、一个市场主力,它的本质含义在于代人理财,由此决定了逐利是其本质特征。政府的职能实现需要通过政府的途径,如设立平准基金,而不能将政府的意图附加在基金身上。任何超越基金自身功能的监管政策,都带有"拔苗助长"的色彩,最终只能是破坏金融体系的效率。

2. 基金的市场角色定位及机构的均衡发展

我国基金在机构投资者中的占比接近八成,一味发展证券投资基金的结果是机构投资者比例失衡,基金缺乏机构博弈对象,只能以中小散户为套利对象,这在很大程度上会加剧市场的动量效应,造成股市的震荡(姚颐、刘志远,2008;蔡庆丰、宋有勇,2010)。而在美国证券市场中机构投资者主要由"三驾马车"构成,2009年年末持股占美国股票市场的市值分别为退休金18%、共同基金20%、保险公司7%,三方势力均衡,相互制衡成为稳定股市的核心力量。在这三大主力中,共同基金经理由于受到短期业绩考核的压力,股票的换手率非常高(Chaganti et al.,1993),基金经理持股周期较短一般不会对股票进行长期投资,而且持股结构多变,投资视野短期,注重短期收益(Brancato,1995),较其他机构投资者更多地采用动量交易策略(Jones et al.,1997),而且是纯粹的财务利益追求者。而美国的退休金(Pension)是股票市场中最大且最为长期稳健的机构投资者,其投机性远低于共同基金,比如 CalPERS,是世界上最大的机构投资者(Zorn,1996),由于退休金经理对基金未来的资金流出(支付养老金)有明确的时间预期,这就保证了它们可以进行长期投资(Brown,1998;Monks 和 Minow,1996),因此公共退休金计划的股票换手率和股票持有期要长于其他机构投资者(Brancato,1995),已经发现许多公共退休金计划经理除了追求财务收益外,在同时追求社会业绩(Johnson 和 Greening,1999;Romano,1993)。而第三类机构投资者——保险公司,目前的持股比例要小于养老金和共同基金,但是它们的股票持有量增长很快(美国寿险委员会报告 ACLI,1999)。美国保险公司的规模差异很大,由于保险公司多将债券和抵押品作为长期投资,因此相对来讲对股票的投资就是一种短期视野,其股票换手率明显高于退休金(Eng,1999),持股比例相对较低。

由此可见,依靠某一种单一类型的机构投资者是不能实现市场均衡的,即便它是价值投资者比如美国的退休金,只有当机构投资者布局多元化,长短期目标的投资者都存在,投资类型、投资风格迥异时,才有利于实现整个市场的均衡和稳定。因此,多元化发展机构投资者,改变目前失衡的生态结构已成为当务之急。目前,我国社保基金、保险资金入市的比例还相当小,应逐步提高社会保障基金、企业补充养老基金、商业保险资金等长期入市资金的比例。其意义绝不仅仅限于以新增资金带动股市走出谷底,而是完善市场结构,使机构投资者的布局合理,形成市场的长期均衡发展。

比较而言,我国证券投资基金与美国共同基金既有相似性也有相异性。我国基金从诞生到发展是一种自上而下的强制性而非诱致性制度变迁,基金的运作受到政府的干预,基金既不是独立运作的市场主体,又不是政府主导下的平准基金,它是二者的混合体。我国开放式基金的融资能力远不如美国共同基金,基金规模的增长更多是靠不断地“发新补赎”,但基金作为一种逐利性金融机构同样具有“追涨杀跌”的动能,基金既然是一种市场力量就不能完全起到平抑市场、稳定市场的作用。国外的共同基金是一种纯粹的市场力量,而改进后的中国基金多多少少在承担稳定市场、促进理性投资、完善公司治理的职责。在这种双重目标下,国内外基金表现出较大的差异,在我国基金受到严格监管以及非公司型的组织形式下,我国基金表现出的纯粹的财务利益追求者的角色效应弱于国外共同基金,其投机性被淡化,但同时创新性也受到极大的压制。而且在其市场属性弱于国外共同基金的情况下,所发挥的股东积极主义的作用也远不如国外共同基金。

这里,我们需要澄清一个基本问题“发展基金的目的是什么?”,基金生存和兴旺的目的是为了实现资本市场整体的功能,提高资本市场的效率(Merton 和 Bodie,1993,1995)。但是如何发挥资本市场的功能?不能靠过多的行政干预,而要靠法制、规则、技术完善后资本市场自身良性机制的发挥,监管的目的只是提供一个效率平台。基金只是一种市场中介,对其过度附加的政府职责,是基金不能承受之重。对基金的监管应以实现金融体系的功能为主导,而不是借助基金实现政府对市场的调控以达到“自利性”监管为目标。

3. 公平与效率——孰轻孰重?

政府监管应该采取什么样的价值取向,在于如何处理公平和效率的关系。证券市场公平和效率的矛盾几乎是不可调和的,政府要对广大的中小投资者负责,就必然面临对效率的一定程度的损害。在发展经济学中有一种观点认为,对于大多数处于经济发展初期和经济起飞阶段的发展中国家来说,效率与公平的对应关系应该是“效率优先、兼顾公平”,换句话说,是通过对公平的某种程度的损失或牺牲,换取经济增长的速度和市场效率的提升。但是证券市场与其他市场的根本差异在于,证券市场从其诞生开始就必然是一个靠信用和信心维系市场运行的市场,市场信用和信心来自于人们对该市场的公平竞争机会、公平竞争环境、公平竞争制度的信任。况且,在全球资本市场,效率通常都是给公平让路的,比如美国在安然事件后推出的给企业带来“麻烦”的《萨班斯-奥克斯利法案》、《公平信息披露制度》等都是典型的例证,关键原因便在于诚信和公平更加关乎证券市场存亡。

第二节　研究局限性及未来发展方向

7.2.1　研究局限

首先,在震荡交易日的研究中,由于缺乏基金在震荡交易日的内部成交数据,因此不能对基金的交易行为进行直接观测。但这一难题是在国内外的研究中普遍存在的,而且也没有因此阻碍国外相关研究的蓬勃发展,研究者通过观测基金重仓股的市场反应进行了替代研究。另外,在逻辑推理上我们借鉴 Dennis 和 Strickland(2002)的研究思路,依据基金重仓股的市场反应推断其买入、卖出的交易策略,虽然现实中这种买入、卖出不会完全源自于基金,还包括其他投资者的交易行为,但是无论如何基金对于其重仓股具有高度影响力,因此这种方法具有较强的合理性,是一种合理的替代方式。

其次,在基金投资功能的研究中,受限于基金季报只披露其前十大重仓股的投资组合,我们只能将每季度每只基金的前十大重仓股作为研究对象,虽然在基金半年报及年报会披露其全部股票的投资组合,但由于基金第 1 季度、第 3 季度公告中只披露前十大重仓股,因此如果要连续计算基金持股比例只能选取前十大重仓股。但由此会带来一个问题,即研究者无法了解某只股票在成为基金重仓股之前或退出基金重仓股之后基金的持股比例,那么对于基金新进入重仓股和新退出重仓股就不能计算其持股比例变化,对于该问题书中用持股比例的水平变量予以研究,即通过考察基金新进入重仓股后或新退出重仓股前的持股比例进行考察。另外一个问题,由于基金只披露前十大重仓股,因此当该只股票处于第十名重仓股的边缘位置时,可能会出现“被进入”或“被退出”的问题,即由于其他股票的持股变化,而使该只股票被进入或退出重仓股,这一问题在当前的信息披露制度下无法回避,而且类似问题在国外的研究中也无法避免,由于这种样本毕竟只是极少数样本,对于绝大多数样本都适用于本书的研究方法。未来可以通过向金融机构定向收集部分高频数据再予以验证和深入研究。

再次,在再融资的检验中,对于上市公司再融资的动机,本书无法识别样本公司的再融资计划是“圈钱”抑或确是经营发展所需，而只是以以往文献的经验性结论和制度背景为基础，认为我国上市公司的再融资带有明显的“圈钱”动机，从而验证基金是否对再融资具有阻击作用。

最后，在股改投票权检验中，由于股权分置改革是中国特有的经济行为，在国外文献中无法找到对应文献，因此在变量及模型的设计上，本书只能从中国的制度背景出发，分析补偿的动机、方法、方式，设计变量及模型。在计算出的对价基础之外，两类股东有一个很大的讨价还价的余地，但是这种谈判能力无法再进一步量化，在今后的研究中我们将适当考虑加入股票的历史高价、发行价等变量，验证股改是否对流通股股东的历史诉求有所倾斜。

7.2.2 未来研究方向

首先，在国内外的股市中，随着基金等机构投资者的快速增长，有两个方面的问题有待深入研究：一是基金的高度持股是否会减少内部人控制。二是在基金和持有人之间，一个新的代理问题产生，即基金在作出决定时是代表机构的利益还是持有人的利益将对未来的公司治理产生深刻影响。

其次，进一步设计关于投资者结构的理论模型，考察在一方独大的市场结构中，基金的投资策略和中小投资者投资策略的异同，并将理论模型的结果与实证分析相对照，考虑如何从制度上保护中小投资者的利益。

最后，本书从政府监管的理论出发，分析了中国基金业生存的制度背景，并且通过实证分析得到在现有制度背景下，我国基金所发挥的功能。在未来的研究中，考虑将政府监管作为变量内生化，构建理论模型和实证模型进行研究，探讨对基金的适度监管的边界和经济后果。

参 考 文 献

1. 保尔·安东尼·萨缪尔森,经济学,北京:商务印书馆,1951.

2. 贝广多,证券经济理论,上海:上海人民出版社,1995.

3. 宾国强、舒元,股权分割、公司业绩与投资者保护,管理世界,2003(5):101—108.

4. 蔡明生、白东文,论培育机构投资者与建立国企法人治理结构,北京航空航天大学学报(社会科学版),2002(2):30—32.

5. 蔡翔、李志文、张为国,中国证券市场中的财务问题:实证研究述评,中国会计评论,2003(1):1—23.

6. 曹凤岐,中国金融改革、发展与国际化,北京:经济科学出版社,1999.

7. 曾昭武,上市公司股权再融资,北京:经济管理出版社,2004.

8. 常巍、贝政新,资本市场发展中投资主体与投资行为,经济研究,2002(7):58—62.

9. 陈浩,中国股票市场机构投资者羊群行为实证研究,南开经济研究,2004(2):91—94.

10. 陈绍胜,前景理论与中国开放式基金实证分析,证券市场导报,2006(1):23—26.

11. 陈小悦、陈晓、顾斌,中国股市弱型效率的实证研究,会计研究,1997(9):13—17.

12. 陈小悦、徐晓东,股权结构、企业绩效与投资者利益保护,经济研究,2001(2):3—11.

13. 陈信元、汪辉,股权制衡与公司价值:模型及经验研究,数量经济与技术经济,2004(11):102—110.

14. 陈卓思、高峰、祁斌,机构投资者交易行为特征研究,金融研究,2008(4):122—130.

15. 程书强,机构投资者持股与上市公司会计盈余信息关系实证研究,管理世界,2006(9):129—136.

16. 戴晓凤、张敏文,我国基金家族明星基金溢出效应显著性的实证分析,海南金融,2010(3):50—53.

17. 戴志敏、郑洁,关于机构投资者与证券市场稳定关系的思考,浙江学刊,2004(6):216—128.

18. 道格拉斯·C.诺斯,陈郁、罗华平等译,经济史中的结构与变迁,上海:上海三联书店,1991.

19. 冯金余,开放式基金赎回与业绩的内生性——基于中国动态面板数据的分析,证券市场导报,2009(3):28—34.

20. 高晓红,产权效率与市场效率:我国上市公司股权融资偏好分析,投资研究,

2000(8):17—22.

21. 耿志民,论中国机构投资者监管的制度选择,上海金融,2003(3):29—31.

22. 耿志民,中国机构投资者研究,北京:中国人民大学出版社,2002.

23. 何佳、何基报、王霞、翟伟丽,机构投资者一定能够稳定股市吗?——来自中国的经验证据,管理世界,2007(8):35—42.

24. 胡赫男、吴世农,基金羊群行为测度及其影响因素分析,厦门大学管理学院工作论文,2005.

25. 胡庆康、刘宗华、魏海港,金融中介理论的演变和新进展,世界经济,2003(3):67—80.

26. 胡志勇、魏明海,财务信息解释能力对价格发现机制的影响:基于封闭式证券投资基金的研究,金融研究,2005(7):67—75.

27. 黄海燕,中国股票市场与宏观经济管理,宏观经济管理,2004(2):39—41.

28. 黄静、高飞,基金投资行为与投资绩效实证研究,证券市场导报,2005(2):23—27.

29. 黄少安、张岗,中国上市公司股权融资偏好分析,经济研究,2001(11):12—20.

30. 李康、杨兴君、杨雄,配股和增发的相关者利益分析和政策研究,经济研究,2003(3):43—53.

31. 李翔,股权分置与上市公司配股行为,南开大学博士学位论文,2005.

32. 李心丹、王翼宁、傅浩,中国个体证券投资者交易行为的实证研究,经济研究,2002(11):54—63.

33. 李曜、于进杰,开放式基金赎回机制的外部效应,财经研究,2004(12):111—120.

34. 李志文、宋衍蘅,影响中国上市公司配股决策的因素分析,经济科学,2003(3):59—69.

35. 林毅夫,关于制度变迁的经济学理论:诱致性变迁与强制变迁,上海:上海三联书店,1996.

36. 刘传葵,投资基金效应论,北京:经济科学出版社,2001.

37. 刘志远、姚颐,开放式基金的"赎回困惑"现象研究,证券市场导报,2004(2):37—40.

38. 刘志远,财务管理与政策,大连:东北财经大学出版社,2000.

39. 娄静、王亚南,开放式基金投资者的赎回行为与对策研究,深交所第七届会员单位与基金公司研究成果评选终评会,2005.

40. 陆蓉、陈百助、徐龙炳、谢新厚,基金业绩与投资者的选择——中国开放式基金赎回异常现象的研究,经济研究,2007(6):39—50.

41. 陆蓉、刘亚琴,基金溢出效应研究新进展,经济学动态,2009(3):112—116.

42. 陆蓉、徐龙炳,中国股票市场对政策信息的不平衡性反映研究,经济学(季刊),2004(3):319—330.

43. 陆正飞、叶康涛,中国上市公司股权融资偏好解析——偏好融资就是缘于融资成本低吗?经济研究,2004(4):50—59.

44. 陆正飞、姜国华、张然,财务会计与资本市场研究,北京:中国人民大学出版社,2009.

45. 罗伯特·J.希勒著,廖理等译,非理性繁荣,北京:中国人民大学出版社,2004.

46. 潘伟荣、梅雪,政策变化对中国股市产生的影响分析,华泰证券研究报告,2002.

47. 朴树、李翔等,他们真的是明星吗——来自中国证券基金市场的经验证据,金融研究,2009(5):107—120.

48. 祁斌、黄明、陈卓思,机构投资者与股市波动性,金融研究,2006(9):54—64.

49. 钱颖一,激励理论的新发展与中国的金融改革,经济社会体制比较,1996(6):33—37.

50. 钱颖一,中国的公司治理结构改革和融资改革,经济研究,1995(1):20—29.

51. 乔治·J.施蒂格勒,产业组织和政府管制,上海:上海三联书店,1989.

52. 邱华炳、刘宏,我国开放格局下的金融效率与金融风险,经济研究,1999(8):58—63.

53. R.科斯、A.阿尔钦、D.诺斯,财产权利与制度变迁——产权学派与新制度学派译文集,上海:上海人民出版社,1991.

54. 沈维涛、黄兴李,我国证券投资基金业绩的实证研究与评价,经济研究,2001(9):22—30.

55. 沈艺峰、肖珉、黄娟娟,中小投资者法律保护与公司权益资本成本,经济研究,2005(6):115—124.

56. 沈艺峰、许琳、黄娟娟,我国股权分置中对价水平的'群聚'现象分析,经济研究,2006(11):102—111.

57. 施东晖,上海股票市场风险性实证研究,经济研究,1996(10):44—48.

58. 施东晖、孙培源,市场微观结构——理论与中国经验,上海:上海三联书店,2005.

59. 施东晖,证券投资基金交易行为与市场影响实证分析,世界经济,2001(10):26—31.

60. 斯坦利·费希尔、鲁迪格·唐布什,经济学,北京:中国财政经济出版社,2001.

61. 宋军、吴冲锋,基于分散度的金融市场的羊群行为研究,经济研究,2001(11):21—27.

62. 宋玉、李卓,机构投资者持股与会计盈余宣告的信息含量,证券市场导报,2007(2):29—35.

63. 孙培源、施东晖，基于 CAPM 的中国股市羊群行为研究——兼与宋军、吴冲锋先生商榷，经济研究，2002(2)：64—70.

64. 唐国正、熊德华、巫和懋，股权分置改革中的投资者保护与投资者理性，金融研究，2005(9)：137—152.

65. 唐盛培，机构投资者与上市公司会计信息相关性分析，证券市场导报，2006(5)：49—52.

66. 唐正清、顾慈阳，机构投资者参与公司治理：理论分析、经验总结与对策建议，江淮论坛，2005(3)：24—31.

67. 汪光成，证券投资基金持股特征的实证研究，中国会计与财务研究，2001(1)：139—177.

68. 汪光成，基金能够把握市场时机吗？深交所第五届会员单位与基金管理公司研究成果评选，2003.

69. 王国刚，中国股市走势与经济走势的异动机制探析，财贸经济，2000(1)：46—51.

70. 王克敏、陈井勇，股权结构、投资者保护与公司绩效，管理世界，2004(7)：127—133.

71. 王琨、肖星，机构投资者持股与关联方占用的实证研究，南开管理评论，2005(2)：27—33.

72. 王茂斌、毕秋侠，业绩排名、投资者选择和投资基金行为，证券市场导报，2006(4)：52—55.

73. 王奇波，机构投资者参与的股权制衡研究，东北财经大学学报，2006(1)：32—35.

74. 王擎，再析中国封闭式基金折价之谜，金融研究，2004(5)：28—36.

75. 王永海、王铁林、李青原，机构投资者参与公司治理积极性的分析，南开管理评论，2007(1)：4—7.

76. 吴超鹏、郑方镳、林周勇、李文强、吴世农，对价支付影响因素的理论和实证分析，经济研究，2006(8)：14—23.

77. 吴福龙、曾勇、唐小我，中国证券投资基金的羊群行为分析，管理工程学报，2004(3)：115—116.

78. 吴世农，我国证券市场效率的分析，经济研究，1996(4)：13—19.

79. 伍旭川、何鹏，我国开放式基金羊群行为分析，金融研究，2005(5)：61—69.

80. 夏立军，盈余管理计量模型在中国股票市场中的应用，中国会计与财务研究，2003(2)：94—154.

81. 肖星、王琨，证券投资基金：投资者还是投机者？清华大学经济管理学院工作论文，2004.

82. 徐妍、林捷、裘孝锋,证券投资基金投资行为对市场影响研究,深交所第六届会员单位与基金公司优秀研究成果评选,2003.

83. 许宁、刘志新、蔺元,基金现金流、明星基金与溢出效应,证券市场导报,2010(1):64—69.

84. 闫增强、郭晓峰,中国证券市场监管困境及解除,工作论文,2002.

85. 杨贵宾、王晓芳,投资者保护、证券市场与经济增长,系统工程理论方法应用,2004(12):525—529.

86. 姚颐、刘志远,我国开放式基金赎回行为的实证研究,经济科学,2004(5):48—57.

87. 姚颐、刘志远,震荡市场、机构投资者与市场稳定,管理世界,2008(8):22—32.

88. 余佩琨、李志文、王玉涛,机构投资者能跑赢个人投资者吗? 金融研究,2009(8):147—157.

89. 原红旗,上市公司配股行为与经济后果研究,北京:中国财政经济出版社,2004.

90. 张国清、夏立军、方轶强,会计盈余及其组成部分的价值相关性——来自沪、深股市的经验证据,工作论文,2004.

91. 张俊喜、王晓坤、夏乐,实证研究股权分置改革中的政策与策略,金融研究,2006(8):1—19.

92. 张庆,以投资者权益保护为中心的证券投资基金制度分析,华东师范大学博士学位论文,2004.

93. 张婷,投资者的选择与基金溢出效应研究,证券市场导报,2010(1):70—77.

94. 赵宏宇,证券投资基金的投资风格分析与比较,证券市场导报,2005(10):58—62.

95. 赵俊强、廖士光、李湛,中国上市公司股权分置改革中的利益分配研究,经济研究,2006(11):112—122.

96. 赵旭、吴冲锋,开放式基金流动性赎回风险实证分析与评价,运筹与管理,2003(12):1—6.

97. 中国证券业协会,证券投资基金,北京:中国财政经济出版社,2010.

98. 朱宝宪、唐淑晖,基于功能观点的金融体系改革理论,清华大学中国经济研究中心工作论文,2001.

99. 朱彤、叶静雅,投资评级发布日的机构投资者行为与证券的异常收益——来自上海证券市场的证据,金融研究,2009(3):154—170.

100. 庄序莹,证券市场中的机构投资者问题研究,财经研究,2001(6):29—35.

101. Aboody, D., and Lev, B., 1998, "The Value Relevance of Intangibles: the Case of Software Capitalization", *Journal of Accounting Research*, 36: 161—191.

102. Abreu, D. , and Brunnermeier, M. K. , 2002, "Synchronization Risk and Delayed Arbitrage", *Journal of Financial Economics*, 66: 341—360.

103. Allen, F. , Gale, D. , 1995, A Welfaire Comparison of Intermediaries and Financial Markets in Germany and US, *European Economic Review*, 39: 179—209.

104. Amir, E. , and Lev, B. , 1996, Value-relevance of Nonfinancial Information: The Wireless Communications Industry, *Journal of Accounting and Economics*, 22: 3—30.

105. Andy Puckett, 2004, Who Blinks Revisited: Evidence from Daily Institutional Trading, *University of Georgia, Working Paper*.

106. Annaert, J. , Broeck, J. V. D. , and Vennet, R. V. , 2003, Determinants of Mutual Fund Underperformance: A Bayesian Stochastic Frontier Approach, *European Journal of Operational Research*, 31: 617—632.

107. Annaert, J. , Broeck, J. V. D. , Vennet, R. V. , 2001, Determinants of Mutual Fund Performance: A Bayesian Stochastic Frontier Approach, *Working Paper at Union College in Schenectady*.

108. Badrinath, S. G. and Wahal, S. , 2002, Momentum Trading by Institutions, *Journal of Finance*, 57: 2449—2478.

109. Badrinath, S. , Gay, G. , and Kale, J. , 1989, Patterns of Institutional Investor, Prudence, and the Managerial 'Safety-net' Hypothesis, *Journal of Risk and Insurance*, 56: 605—629.

110. Bagehot W. , 1971, The Only Game in Town, *Financial Analysis Journal*, 22: 12—14.

111. Baker, M. , Litov, L. , Wachter, J. , and Wurgler, J. , Can Mutual Fund Managers Pick Stocks? Evidence from Their Trades Prior to Earnings Announcements, *Journal of Financial and Quantitative Analysis*, Forthcoming.

112. Ball, R. , and Brown, P. , 1968, An Empirical Evaluation of Accounting Income Numbers, *Journal of Accounting Research*, 6: 159—178.

113. Barber, B. , Odean, T. , and Zheng, L. , 2000, Out of Sight, Out of Mind: the Effects of Expenses on Mutual Fund Flows, *Forthcoming in Journal of Business*.

114. Barberis, N. , and Shleifer, A. , 2003, Style Investing, *Journal of Financial Economics*, 68: 161—199.

115. Bartov, E. , Radhakrishnan, S. , and Krinsky, I. , 2000, Investor Sophistication and Patterns in Stock Returns after Earnings Announcements, *The Accounting Review*, 75: 43—63.

116. Baysinger, B. D. , Kosnik, R. D. , Turk, T. A. , 1991, Effects of Board and Ownership Structure on Corporate R&D Strategy, *Academy of Management Journal*, 34: 205—214.

117. Bedard J., Chtourou, S. M., and Courteau, L., 2004, The Effect of Audit Committee Expertise, Independence, and Activity on Aggressive Earnings Management, *Auditing: A Journal of Practice & Theory*, 23: 13—35.

118. Bennett, J., Sias, R., and Starks, L., 2003, Greener Pastures and The Impact of Dynamic Institutional Preferences, *Review of Financial Studies*, 16: 1203—1239.

119. Bensten, G., 1976, A Transaction Cost Approach to the Theory of Financial Intermediation, *Journal of Finance*, 31: 215—231.

120. Bhattacharya, S., 1980, Nondissipative Signaling Structures and Dividend Policy, *Quarterly Journal of Economics*, 95: 1—14.

121. Black, B., 1992, Agents Watching Agents: The Promise of Institutional Investor Voice, *UCLA Law Review*, 39: 811—893.

122. Black, F., 1986, Noise, *Journal of Finance*, 41: 529—543.

123. Bodie, Z., Merton, R. C., 1993, *Pension Benefit Guarantees in the United States: A Functional Analysis*, Philadelphia, PA, University of Pennsylvania Press.

124. Boyd, J. H. and Smith, B. D., 1996, The Co-Evolution of the Real and Financial Sectors in the Growth Process, *World Bank Economic Review*, 102: 37—196.

125. Brancato, C. K., 1995, The Brancato Report on Institutional Investment, Equity Turnover and Investment Strategies, *Chicago: The Conference Board.*

126. Brealey, R. and Mayers, S., 1984, *Principles of Corporate Finance (2nd edition)*, McGraw-Hill.

127. Brickley, J., Lease, R., Smith, C., 1988, Ownership Structure And Voting on Anti-Takeover Amendments, *Journal of Financial Economics*, 20: 267—291.

128. Brown, C., 1998, Rise of the Institutional Equity Funds: Implications for Manangerialism, *Journal of Economic Issues*, 32: 803—821.

129. Brown, K. C. and Brooke, B. A., 1993, Institutional Demand and Security Price Pressure: The Case of Corporate Spinoffs, *Financial Analysis Journal*, 49(5): 53—62.

130. Bryan, D. M., Liu, C. and Tiras, S. L., 2004, The Influence of Independent and Effective Audit Committees on Earnings Quality, *SSRN Working Paper.*

131. Bushee, B. J., 1998, The Influence of Institutional Investors on Myopic R&D Investment Behavior, *The Accounting Review*, 73(3): 305—333.

132. Bushee, B. J., 2001, Do Institutional Investors Prefer Near-term Earnings over Long-run Value? *Contemporary Accounting Research*, 18: 207—246.

133. Campbell, J. Y. , and Kyle, A. , 1993, Smart Money, Noise Trading, and Stock Price Behavioral, *Review of Economic Studies*, 60:1—34.

134. Chaganti, R. , Sherman, H. ,Damanpour, F. ,1994, The Role of Institutional Investors In Corporate Governance, *Handbook of Business Strategy*, *New York*: *Faulkner & Gray.*

135. Chakrabarti, A. , and Rungta, H. , 2000, Mutual Funds Industry in India: An In Depth Look into the Problems of Credibility, Risk and Brand, *The ICFAI Journal of Applied Finance*, 16(2): 27—45

136. Chakravarty, S. , 2001, Stealth-Trading: Which Traders "Trades Move Stock Prices"? *Journal of Financial Economics*,61: 289—307.

137. Chan, L. K. C. and Lakonishok, J. , 1993, Institutional Trades and Intraday Stock Price Behavior, *Journal of Financial Economics*, 33: 173—199.

138. Chan, L. K. C. and Lakonishok, J. , 1995, The Behavior of Stock Prices Around Institutional Trades, *The Journal of Finance*, 50(4): 1147—1174.

139. Chen Xia, Jarrad Harford, Kai Li, 2007, Monitoring: Which Institutions Matter? *Journal of Financial Economics*,86: 279—305.

140. Chen, J. , Hong, H. , and Stein, J. C. , 2001, Breadth of Ownership and Stock Returns, *Working Paper of Stanford University and Harvard University.*

141. Chevalier, J. , and Ellison, G. , 1997, Risk Taking by Mutual Funds as a Response to Incentives, *Journal of Political Economy*, 105: 1167—1200.

142. Chiyachantana,C. , Jain,P. , Jiang,C. ,Wood,R. ,2004,International Evidence on Institutional Trading Behavior and Price Impact, *Journal of Finance*, 59: 869—898.

143. Choi, S. J. , Kahan, M. , 2006, The Market Penalty for Mutual Fund Scandals,*Working Paper of University of New York.*

144. Christophe Faugère,Hany A. Shawky,Volatility and Institutional Investors Holdings During A Declining Market: A Study of NASDAQ During the Year 2000,*Center for Institutional Investment Management University at Albany.*

145. Collins, D. W. , Kothari, S. P. , Shanken, J. , and Sloan, R. G. , 1994, Lack of Timeliness and Noise as Explanations for the Low Contemporane 2003 Ous Return-Earnings Association, *Journal of Accounting and Economics*, 18: 289—324.

146. Daniel, K. , and Titman, S. , 2006, Market Reactions to Tangible and Intangible Information, *The Journal of Finance*, 61: 1605—1643.

147. De Long, J. B. , Shleifer, A. , Summers, L. H. , and Waldmann, R. J. , 1990, Positive

Feedback Investment Strategies and Destabilizing Rational Speculation, *The Journal of Finance*, 45: 379—395.

148. Dechow, P. , Sloan, R. and Sweeney, A. , 1995, Detecting Earnings Management, *Accounting Review*, 70:193—226.

149. Demsetz Harold, Lehn Kenneth, 1985, Structure of Corporate Ownership : Cause and Consequence, *Journal of Politics Economy*,93(6): 10—55.

150. Dennis,Patrick, J. ,and Deon Strickland,2002,Who Blinks in Volatile Markets, Individuals or Institutions? *Journal of Finance*, 57(5): 1923—1949.

151. Diebold,Francis X. , and Kamil Yilmaz, 2007, Macroeconomic Volatility and Stock Market Volatility, World-Wide, *Working Paper of University of Pennsylvania and NBER.*

152. Djankov, Simeon, Rafael La Porta, Florencio Lopez-de Silanes and Andrei Shleifer, 2008, The Law and Economics of Self Dealing, *Journal of Financial and Economics*, 88: 430—465.

153. Philip Davis, E. , 2000, Pension Funds, Financial Intermediation and the New Financial Landscape, *Working Paper of University of Landon.*

154. Easley, D. , O'Hara, M. , 1992, Time and the Process of Security Price Adjustment, *Journal of Finance*, 47: 577—605.

155. Eckbo, B. E. ,and Masulis, R. W. , 1992, Adverse Selection and Rights Offer Paradox, *Journal of Financial Economics*, 32: 293—332.

156. Eng, L. L. , 1999, Comparing Changes in Stockholdings of Different Institutional Investors, *Journal of Investing*, 1:46—50.

157. Falkenstein, E. G. , 1996, Preferences for Stock Characteristics as Revealed by Mutual Fund Portfolio Holdings,*Journal of Finance*,51: 111—135.

158. Ferson Wayne, Rudi Schadt, 1996, Measuring Fund Strategy and Performance in Changing Economic Conditions, *Journal of Finance*,51:425—462.

159. Foster, G. , Olsen, C. , and Shevlin T. , 1984, Earning Releases, Anomalies, and the Behavior of Security Returns, *The Accounting Review*, 59: 574—603.

160. Garry J. Schinasi, 2004(10), Defining Financial Stability, *IMF Working Paper International Capital Markets Department.*

161. Gibson, S. and Safieddine, A. , 2003, Does Smart Money Move Markets?, *Journal of Portfolio Management*, 29: 66—77.

162. Goetzmann Ibbotoson,1994(Winter), Do Winners Repeat? Patterns in Mutual Fund Be-

havior, *The Journal of Portfolio Management*, 9—18.

163. Goetzmann, W. N., and Peles, N., 1997, Cognitive Dissonance and Mutual Fund Investors, *Journal of Financial Research*, 20: 145—158.

164. Goetzmann, W. N., and Ibbotson, R. G., 1993, Games Mutual Fund Companies Play: Strategic Response to Investor Beliefs in the Mutual Fund Industry, *Working Paper of Yale School of Management.*

165. Gompers, Paul, A., and Andrew Metrick, 2001, Institutional Investors and Equity Prices, *Quarterly Journal of Economics*, 116: 229—259.

166. Graham, B., Dodd, D., 1951, *Security Analysis: Principles and Technique* (3d ed.), 33—36.

167. Graves, S., Waddock, S., 1990, Institutional Ownership and Control: Implications for Long Term Corporate Strategy, *Academy of Management Executive*, 4(1): 75—83.

168. Griffin, J. M., Harris, J. H. and Topaloglu, S., 2003, The Dynamics of Institutional and Individual Trading, *The Journal of Finance*, 58: 2285—2320.

169. Grinblatt Mark, Sheridan Titman, Russ Wermers, 1995, Momentum Investment Strategies, Portfolio Performance, and Herding: A Study of Mutual Fund Behavior, *American Economic Review*, 85: 1088—1105.

170. Grinblatt, M., and Titman, S., 1989, Mutual Fund Performance: An Analysis of Quarterly Portfolio Holdings, *Journal of Business*, 62: 394—415.

171. Grossman, S. J., and Stiglitz, J. E., 1980, On the Impossibility of Informationally Efficient Markets, *American Economic Review*, 70: 393—408.

172. Grossman, S. J., and Oliver D. Hart, 1980, Takeover Bids, The Free-rider Problem, and The Theory of The Corporation, *Bell Journal of Economics*, 11: 42—64.

173. Gruber, M. J., 1996, Another Puzzle: The Growth in Actively Managed Mutual Funds, *Journal of Finance*, 51: 783—810.

174. Hand, J., 1990, A Test of the Extended Functional Fixation Hypothesis, *The Accounting Review*, 65: 740—763.

175. Hansen, G. S., Hill, C. W., 1991, Are Institutional Investors Myopic? A Time Series Study of Four Technology Driven Industries, *Strategic Management Journal*, 9: 577—590.

176. Harris, L. and Gurel, E., 1986, Price and Volume Effects Associated with Changes in the S&P 500 List: New Evidence for the Existence of Price Pressures, *The Journal of Finance*, 41(4): 815—829.

177. Hart, O. , Firms, 1995, *Contracts, and Financial Structure*, Oxford University Press.

178. Hoskisson, R. E. , Johnson, R. A. , Moesel, D. , 1994, Corporate Divestiture Intensity In Restructuring Firms: Effects of Governance, Strategy and Performance, *Academy of Management Journal*,37:1207—1251.

179. Hu, P. , Jayant R. Kale and Ajay Subramanian, 2002, Relative Risk Choices by Mutual Fund Managers, *Working Paper.*

180. Hugh Sherman, Sam Beldona, Maheshkumar P. Joshi, 1998, Institutional Investor Heterogeneity:Implications for Strategic Decisions,*Corporate Governance*, 6(3):167—173.

181. Huij Joop, Verbeek Marno, 2007, Spillover Effects of Marketing in Mutual Fund Families, *Working Paper.*

182. ICI. ,2001, Redemption Activity of Mutual Fund Owner, *Fundamentals*, 10.

183. Indro, D. C. , Jiang, C. X. , Hu, M. Y. , Lee, M. Y. , 1999, Mutual Fund Performance:Does Fund Size Matter? *Financial Analysis Journal.*

184. Ippolito, R. A. ,1993, On Studies of Mutual Fund Performance, *Financial Analysis Journal*, January/February: 1962—1991.

185. Ippolito, Roger, A. , 1992, Consumer Reaction to Measures of Poor Quality: Evidence from the Mutual Fund Industry, *Journal of Law and Economics*, 35: 45—70.

186. Ippolito, Roger, A. ,1989, Efficiency with Costly Information: A Study of Mutual Fund Performance, *Quarterly Journal of Economics*, 104:1—23.

187. Ivkovic, Z. , 2001, Is Blood Thicker than Water: Spillovers in Mutual Fund Families, *Working Paper of University of Illinois at Urbana-Champaign.*

188. Jarrell, G. , Lehn, K. , Marr, W. ,1985, Institutional Ownership, Tender Offers and Long-Term Investments,Office of the Chief Economist,Securities and Exchange Commission, Washington D. C.

189. Jensen, M. C. ,1986, Agency Costs of Free Cash Flow, *American Economics Review*,76: 323—339.

190. Jensen, Michael, C. ,1968, The Performance of Mutual Funds in the Period 1945—1964, *Journal of Finance*, 23: 389—416.

191. Jiambalvo, J. , Rajgopal, S. , and Venkatachalam, M. , 2002, Institutional Ownership and the Extent to Which Stock Prices Reflect Future Earnings, *Contemporary Accounting Research*, 19: 117—145.

192. Jiang, H. , 2010, Institutional Investors, Intangible Information, and the Book-to-market

Effect, *Journal of Financial Economics*, 96: 98—126.

193. John C. Bogle, 2005, The Mutual Fund Industry 60 Years Later: For Better or Worse? *Financial Analysts Journal*, Vol. 61, 1:15—24.

194. Johnson, R. D., Greening, D. W., 1999, The Effects of Corporate Governance and Institutional Ownership Types on Corporate Social Performance, *Academy of Management Journal*, 42: 564—576.

195. Johnson, S., R. La Porta, F., Andrei Shleifer, 2008, Tunnelling, *NBER Working Paper*.

196. Jones, C. M. and Lipson, M. L., 1999, Execution Costs of Institutional Equity Orders, *Journal of Financial Intermediation*, 8(3):123—140.

197. Keim, D. B. and Madhavan, A., 1997, Transactions Costs and Investment Style: An Inter-Exchange Analysis of Institutional Equity Trades, *Journal of Financial Economics*, 46(3): 265—292.

198. Kempf, A., and Stefan Ruenzi, 2004, Family Matters: The Performance Flow Relationship in the Mutual Fund Industry, *Working Paper*.

199. Kevin C. W. Chen and Hongqi Yuan, 2004, Earnings Management and Capital Resource Allocation: Evidence from China's Accounting-Based Regulation of Rights Issues, *Accounting Review*, 79: 645—665.

200. Kochar, R., David, P., 1996, Institutional Investors and Firm Innovation: A Test of Competing Hypotheses, *Strategic Management Journal*, 17:73—84.

201. Kothari, S. P., and Sloan, R. G., 1992, Information in Prices about Future Earnings: Implications for Earnings Response Coefficients, *Journal of Accounting and Economics*, 15(2—3): 143—171.

202. Kraus, A. and Stoll, H. R., 1972, Price Impacts of Block Trading on the New York Stock Exchange, *The Journal of Finance*, 27(3): 569—588.

203. Kraus Alan, Hans R. Stoll, 1972, Parallel Trading by Institutional Investors, *Journal of Financial and Quantitative Analysis*, 7: 2107—2138.

204. La Porta, R., Lopez-de-Silanes, F., Shleifer, A., and Vishny, R. W., 2000, Investor Protection and Corporate Governance, *Journal of Financial Economics*, 58: 3—28.

205. La Porta, R., Lopez-de-Silanes, F., Pop-Eleches, C., Shleifer, A., 2002, The Guarantees of Freedom, *Unpublished Working Paper of Harvard University*.

206. La Porta, R., Lopez-de-Silanes, F., Shleifer, A., Vishny, R. W., 2002, Investor

Protection and Corporate Valuation, *Journal of Finance*, 57:1147—1170.

207. La Porta, R. , Lopez-de-Silanes, F. , Shleifer, A. , Vishny, R. W. ,1999,The Quality of Government, *Journal of Law, Economics, and Organization*, 15:222—279.

208. La Porta, R. , Lopez-de-Silanes, F. , Shleifer, A. , Vishny, R. W. , 2000, Agency Problems and Dividend Policies around the World, *Journal of Finance*,55:1—33.

209. La Porta, R. , Lopez-de-Silanes, F. , Shleifer, A. , Vishny, R. W. ,1997, Legal Determinants of External Finance, *Journal of Finance*, 52:1131—1150.

210. La Porta, R. , Lopez-de-Silanes, F. , Shleifer, A. ,and Vishny, R. W. , 1998, Law and Finance, *Journal of Political Economy*,106:1113—1155.

211. Lakonishok Josef, Andrei Shleifer, Richard Thaler, Robert W. Vishny,1991, Window Dressing by Pension Fund Managers, *American Economic Review*, 81: 227—231.

212. Lehavy, R. and Sloan, R. G. , 2008, Investor Recognition and Stock Returns, *Review of Accounting Studies*, 13: 327—361.

213. Leine, R. ,1998,The Legal Environment, Banks, and Long-run Economic Growth, *Journal of Money, Credit, and Banking*, 30:688—726.

214. Levine, R. ,1999,Law, Finance, and Economic Growth, *Journal of Financial Intermediation*, 8:36—67.

215. Loughran, T. and Ritter, J. R. ,1997, The Operating Performance of Firms Conducting Seasoned Equity Offerings, *Journal of Finance*, 52: 1823—1850.

216. Loughran, Tim and Jay Ritter, 1995, The New Issues Puzzle, *Journal of Finance*, 50: 23—51.

217. Malkiel, Burton, 1995, Returns from Investing in Equity Mutual Funds, *Journal of Finance*, 50:549—572.

218. Marc L. Lipson and Andy Puckett, 2007, Institutional Trading During Extreme Market Movements,*SSRN Working Paper*.

219. Marcin Kacperczyk and Amit Seru, 2007, Fund Manager Use of Public Information: New Evidence on Managerial Skills, *Journal of Finance*, LXII(2): 485—528.

220. Markowitz, Harry, M. , 1991, Individual vs. Institutional Investing, *Financial Services Research*, 1:1—8.

221. Marsh, T. A. and Merton, R. C. , 1987, Dividend Behavior for the Aggregate Stock Market, *The Journal of Business*, 60(1):1—40.

222. Melcher, R. ,Oster, P. , 1993, Relationship Investing, *Business Week*, 15: 68—75.

223. Merton, H. , Modigliani, F. , 1961, Dividend Policy, Growth, and the Valuation of Shares, *Journal of Business*, 34: 411—433.

224. Monks, R. ,Minow, N. , 2001, *Corporate Governance* (2nd edition), Cambrige, MA: Blackwell.

225. Monks, R. , Minow, N. , 1995, *Corporate Governance*, Cambridge, MA: Blackwell Publishing.

226. Morck, Randall, Bernard Yeung and Wayne Yu, 2000, The Information Content of Stock Markets: Why Do Emerging Markets have Synchronous Stock Price Movements? *Journal of Financial Economics*,58(1): 215—260.

227. Mrcis, R. , West, S. ,1995, Mutual Fund Shareholder Response to Market Disruptions, *Perspective*, 1.

228. Myers, S. and Majluf, N. , 1984, Corporate Financing and Investment Decisions When Firms have Information that Investors Do not have, *Journal of Financial Economics*, 13: 187—221.

229. Nanda Vikram, Wang Z. Jay, Zheng Lu, 2004, Family Values and the Star Phenomenon: Strategies of Mutual Fund Families, *The Review of Financial Studies*.

230. Nofsinger, J. R. and Sias, R. W. , 1999, Herding and Feedback Trading by Institutional and Individual Investors, *The Journal of Finance*, 54(6): 2263—2295.

231. Norton, R. , 1991, Who Owns This Company, Anyhow? *Fortune*, 29: 131—142.

232. Nussbaum, B. ,Dobrzynski, J. , 1987, The Battle for Corporate Control, *Business Week*, 18: 102—109.

233. Oliver Hart and John Moore, 1995, Debt and Seniority: An Analysis of the Role of Hard Claims in Constraining Management, *American Economic Review*, 85: 567—585.

234. Parker, M. ,Givant, M. , 1987, Executives Warned of Proxy Vote Liability, *Pensions & Investment Age*, 15: 53—58.

235. Pettengill, G. N. , Sundaram, S. , and Mathur I. , 1995, The Conditional Relation Between Beta and Returns, *Journal of Financial and Quantitative Analysis*, 30(1):101—116.

236. Porter, M. E. , 1992, Capital Disadvantage: America's Failing Capital Investment System, *Harvard Business Review*, 70: 65—82.

237. Potter, G. , 1992, Accounting Earnings Announcements, Institutional Investor Concentration, and Common Stock Returns, *Journal of Accounting Research*, 30(1): 146—155.

238. Pound, J. , 1988, Proxy Contests and The Efficiency of Shareholder Oversight, *Journal of Financial Economics*, 20: 237—265.

239. Rangan, R. G. ,1998, Earnings Management and the Performance of Seasoned Equity Offerings, *Journal of Financial Economics*, 50: 101—122.

240. Reid, B. , Kimball, S. , 2003, Mutual Fund Industry Developments in 2002, *Perspective*, 9.

241. Richard Sias, Laura Starks and Sheridan Titman, 2006, Changes in Institutional Ownership and Stock Returns: Assessment and Methodology, *Journal of Business*, 79: 286—291.

242. Richardson,S. ,2006, Over-investment of Free Cash Flow, *Review of Accounting Studies*, 11: 159—189.

243. Ritter, Jay, R. , 1991, The Long-run Performance of Initial Public Offerings, *Journal of Finance*, 42: 365—394.

244. Roe, M. J. ,1990, Political and Legal Restraints on Ownership and Control of Public Companies, *Journal of Financial Economics*, 27: 7—41.

245. Roger, M. , Edelen J. , Warner, B. , 1999, Aggregate Price Effects of Institutional Trading: A Study of Mutual Fund Flow and Market Returns, *Wharton Working Paper.*

246. Roll, R. , 1984, A Simple Implicit Measure of the Effective Bid-Ask Spread in an Efficient Market, *The Journal of Finance*, 39(4): 1127—1139.

247. Roll, R. , 1988, The International Crash of October 1987, *Financial Analysts Journal*, 44(5): 19—35.

248. Romano, R. , 1993, Public Pension Fund Activism in Corporate Governance Reconsidered, *Columbia Law Review*, 93: 795—853.

249. Roger M. ,Edelen,1999, Investor flows and the Assessed Performance of Open-end Mutual Funds, *Journal of Finance*, 5:439—466.

250. Roston, Marc, N. ,1996, Mutual Fund Managers and Lifecycle Risk: An Empirical Investigation, *Ph. D. Thesis*, *University of Chicago.*

251. Rubin, A. , Smith, D. , 2007, Institutional Ownership, Volatility and Dividends, *Working Paper of Simon Fraser University.*

252. Ryan Lori Verstegen, Marguerite Schneider, 2002, The Antecedents of Institutional Investor Activism, *Academy of Management Review*, 27:554—573.

253. Badrintath, S. G. and Sunil Wahal,2002, Momentum Trading by Institutions, *Journal of Finance*, 12: 2449—2475.

254. Saunders, A. , 1997, Financial Institutions Management: A Modern Perspective, McGraw-Hill Press.

255. Scharfstein, David, S., and Jeremy C. Stein, 1990, Herd Behavior and Investment, *American Economic Review*, 80: 465—479.

256. Scholes, M. S., 1972, The Market for Securities: Substitution Versus Price Pressure and the Effects of Information on Share Prices, *The Journal of Business*, 45(2): 179—211.

257. Sharpe, W.,1966, Mutual Fund Performance, *Journal of Business*, 39: 119—138.

258. Shiller, R. J., 1981, Do Stock Prices Move Too Much to be Justified by Subsequent Changes in Dividends? *The American Economic Review*, 71(3): 421—436.

259. Shleifer, Andrei, and Robert, Vishny, W., 1986, Large Shareholders and Corporate Control, *Journal of Political Economy*, 95: 461—488.

260. Sias, R. W., Starks, L. T. and Titman, S., 2001, The Price Impact of Institutional Trading, *Washington State University and University of Texas*, *Working Paper.*

261. Sias, R. W., 1996, Volatility and the Institutional Investor, *Financial Analysis Journal*, 3/4: 13—20.

262. Sias, R. W., Starks, L. T., and Titman, S., 2006, Changes in Institutional Ownership and Stock Returns: Assessment and Methodology, *The Journal of Business*, 79: 2869—2910.

263. Sias, R. W., 2007, Reconcilable Differences: Momentum Trading by Institutions, *The Financial Review*, 42: 1—22.

264. Sirri, E. R., Tufano, P., 1998, Cost Search and Mutual Fund Flows, *Journal of Finance*, 53: 1589—1622.

265. Smith, M. P., 1996, Shareholder Activism by Institutional Investor: Evidence from CalPERS, *Journal of Finance*, 51: 227—252.

266. Spitz, A. E., 1970, Mutual Fund Performance and Cash Inflow, *Applied Economics*, 2: 141—145.

267. Star, M.,1993, Sears Resolution Gains Support, *Pensions & Investments*, 21(9): 2—46.

268. Stewart, T., 1993, The King Is Dead, *Fortune*, 11:34—41.

269. Strickland, Deon, Kenneth W. Wiles, and Marc Zenner, 1996, A Requiem for the USA: Is Small Shareholder Monitoring Effective? *Journal of Financial Economics*, 40: 319—338.

270. Sunder, S.,1998, Growth Prospects of Mutual Funds and Investor Perception with Special Reference to Kathari Pioneer Mutual Fund, *Project Report*, Andhra University.

271. Szewczyk, S., Tsetsekos, G., and Varma, R., 1992, Institutional Ownership and the Liquidity of Common Stock Offerings, *The Financial Review*, 27: 211—225.

272. Taylor, W., 1990, Can Big Owners Make A Big Difference, *Harvard Business Review*,

9/10: 70—82.

273. Teoh, S. H., Welch, I. and Wong, T. J., 1998, Earning Management and the Underperformance of Seasoned Equity Offerings, *Journal of Financial Economics*, 50: 63—99.

274. Thaler, T., 1999, Mental Accounting Matters, *Journal of Behavioral Decision Making*, 12: 183—206.

275. Useem, M., 1993, *Executive Defense: Shareholder Power & Corporate Reorganization*, Cambridge, MA: Harvard University Press.

276. Warther, V., 1995, Aggregate Mutual Fund Flows and Security Returns, *Journal of Financial Economics*, 39: 209—236.

277. Wermers, R., 1999, Mutual Fund Herding and the Impact on Stock Prices, *Journal of Finance*, 54: 581—622.

278. Wermers, R., 2000, Mutual Fund Performance: An Empirical Decomposition into Stock-picking Talent, Style, Transactions Costs, and Expenses, *The Journal of Finance*, 55: 1655—1695.

279. Xie, B., and Davidson, W. N., 2003, Earnings Management and Corporate Governance: The Roles of the Board and the Audit Committee, *Journal of Corporate Governance*, 9: 295—316.

280. Zheng Lu, 1999, Is Money Smart? A Study of Mutual Fund Investors Fund Selection Ability, *Journal of Finance*, 54(3): 901—933.

281. Zorn P., 1995, Survey of State and Local Government Employee Retirement Systems: Survey Report, Chicago Public Pension Coordinating Council, Government Finance Officers Association, 1996.

后　记

历经八年的辛勤耕耘，本书终于完成。八年间，围绕我国证券投资基金的投融资行为，我刻苦研读，完成了博士学位论文，主持和参与国家自然科学基金各一项（其中一项评估结果为“优”），并在国内外权威期刊发表论文二十余篇。我将这些年所取得的研究成果凝结成书。在求学求真的道路上，我虽秉承“博学之、审问之、慎思之，明辨之，笃行之”，但愈是求学愈觉得“生也有涯，知也无涯”。

本书得以出版，首先要感谢我的博士导师、南开大学刘志远教授对我多年的倾力培养和指导。导师引领我步入了财务管理的殿堂，他深厚的理论素养、敏锐的学术洞察力、严谨的治学态度让我受益终生，他的睿智、坦荡、淡定更是令人钦佩，对导师的感念，无以言表。另外，感谢我的硕士导师中国人民大学朱小平教授，不仅为我的会计理论研究奠定基础，导师求实务真的科学精神、宽厚豁达的为人更教会我许多做人道理。同时，还要由衷地感谢北京大学光华管理学院陆正飞教授，陆老师渊博的学识、严谨的治学态度、高尚谦逊的人格令人景仰，对青年教师的指导与帮助令我受益匪浅。

感谢在我研究过程中的国际合作者，感谢美国 Rochester Institute of Technology 的杨荣教授、Southern Illinois University at Carbondale 的徐莉教授以及 Rensselaer Polytechnic Institute and Bank of Finland 的 Iftekhar Hasan 教授，与他们的合作与交流让我进一步融入国际化的研究队伍中，提升了研究水平。

另外，感谢南开大学商学院的领导，感谢学院为我们搭建了良好的学术平台，让我得以潜心科研；感谢南开大学给予我的多次奖励和资助。

我还要感谢我的父亲，在人生的历程中一直有父爱相随，他教会我以正直、乐观、豁达的态度面对人生、面对困难。感谢所有深爱我和我深爱的亲人和朋友们对我的理解与支持，尤其感谢我的先生，正是他的鼎力支持使我得以全神贯注于科研、教学。

本书的出版得到了 2012 年教育部“新世纪优秀人才支持计划”、国家自然科学基金面上项目(70872052,71272187,71072099)和南开大学2011年基本科研业务费专项资金项目(NKZXB1116)的资助,在此对国家自然科学基金委、教育部、南开大学表示诚挚的感谢。此外,还要特别感谢北京大学出版社,尤其感谢叶楠女士的出色策划、编辑工作,她的严谨工作使本书得以顺利出版。

最后,谨以此书献给天堂中的母亲。在那场史无前例的唐山大地震中,母亲作为一名医生参加震灾重建,却意外身负重伤,以致后来英年早逝。今天我已成人成家,但是母亲的养育之恩却无以为报,正是"子欲养而亲不待",令人抱憾终生!

唯以爱心和努力回报所有给予我关爱的人!

姚颐

2012年12月于南开大学商学院